KB129392

암실문고

AXIOMATIC

Maria Tumarkin

암실문고
고통을 말하지 않는 법

발행일
2023년 12월 5일 초판 1쇄
2024년 5월 10일 초판 4쇄

지은이 | 마리아 투마킨
옮긴이 | 서제인
펴낸이 | 정무영, 정상준
펴낸곳 | (주)을유문화사

창립일 | 1945년 12월 1일
주소 | 서울시 마포구 서교동 469-48
전화 | 02-733-8153
팩스 | 02-732-9154
홈페이지 | www.eulyoo.co.kr

ISBN 978-89-324-6140-3 04330
ISBN 978-89-324-6130-4 (세트)

고통을 말하지 않는 법

마리아 투마킨 지음

서제인 옮김

목차

지은이. 마리아 투마킨 Maria Tumarkin (1974~)

소련 하르키우(현재는 우크라이나에 속함) 출생. 10대이던 1989년에 가족이 함께 오스트레일리아로 이주했다. 멜버른대학에서 문화사 전공으로 박사 학위를 받았다. 다양한 사회 문제와 인간 내면의 수수께끼 같은 측면을 함께 탐구하며, 그 과정을 독특한 산문으로 풀어내면서 주목받았다. 2005년 『트라우마 광경 Traumascape』을 출간한 후 지금까지 총 네 권의 책을 비롯해 다양한 집필 작업을 이어 오고 있다. 2018년 출간한 『고통을 말하지 않는 법』이 전미 비평가 협회상 비평 부문 최종 후보에 오르는 등 국제적으로 주목받았다.

옮긴이. 서제인

기자, 편집자, 작가 등 글을 다루는 다양한 일을 하다가 번역을 시작했다. 거대하고 유기체적인 악기를 조율하는 일을 닮은 번역 작업에 매력을 느낀다. 옮긴 책으로 『목구멍 속의 유령』, 『잃어버린 단어들의 사전』, 『노마드랜드』, 『아파트먼트』, 『아무도 지켜보지 않지만 모두가 공연을 한다』, 코펜하겐 삼부작(『어린 시절』, 『청춘』, 『의존』), 『사람들은 죽은 유대인을 사랑한다』 등이 있다.

목차

일러두기

1. 본 작품의 번역 판본은 『Axiomatic』(Fitzcarraldo Editions, 2019)이다.

2. 모든 주석은 한국어판 번역자와 편집자가 작성한 것이다.

시간은 모든 상처를 치유한다

5년 동안 프랜시스가 쓴 모든 글은 동생에 관한 이야기였다. 한때 프랜시스는 진지한 표정으로 웃기는 이야기를 곧잘 했었다. 그 유머는, 그리고 그 비꼬는 말투는 어디로 가 버린 걸까? 프랜시스는 열일곱 살, 케이티는 열여섯 살이었다. 어머니는 둘의 옷을 맞춰 입히곤 했는데, 그럴 때 가장 많이 입혔던 건 데님으로 된 원피스였다. 사람들은 그들을 쌍둥이로 오해했다.

프랜시스는 12학년 영어 과제로 이런 글을 썼다. 그날 아침 그 애의 방에 들어갔을 때 무언가가 지독하게 잘못돼 있다는 게 느껴졌다. 그 애의 몸이 중력을 거스른 곳에, 이상한 위치에 있었다.

1년 뒤 대학교에서 쓴 글은 이랬다. 그 애는 무릎을 꿇은 채 몸을 앞으로 굽히고 있었고, 믿을 수 없을 만큼 꼼짝조차 하지 않고 있었다. 나는 그 애가 비스듬한 자세로 잠든 거라고 생각했다…….

그다음 해 학기말 과제로 쓴 글 중간에는 이런 문장들이 들어가 있었다. 그 애의 얼굴에 쏟아진 머리칼이 진실을 가리고 있었다. 툭 튀어나온 푸른 핏줄들이 그 애의 앳된 몸을 뒤덮은 채 꽉 뭉쳐 있었다.

5년이 지나자 무언가가 달라졌다. 질문들이 목구멍에 걸려 있는 듯한 느낌이 사라졌다(왜 케이티는 전화를 해서 자기를 깨워 달라고 했을까? 왜 내가 발견해 주길 바랐을까? 그리고 가장 커다란 질문: 일부러 그런 걸까?) 프랜시스의 머릿속에는 그 의문문들이 다음과 같은 평서문들로 바뀌는 광경이 떠올랐다.

그 애는 내가 발견해 주길 바랐다.

일부러 그런 것이다.

5년이 더 지나자 프랜시스는 그 일에 대해 그렇게 많이 이야기할 필요가 없어졌다. 몇몇 사람들에게 가끔 꺼낼 수는 있겠지만 말이다. 이제 그는 어떤 영화들을 피해야 하는지 알고 있고, 언니들과 함께 있으면 그 이야기를 꺼내지 않아도 된다. 케이티의 10주기 기일에 "케이티를 위해"라고 말해서 모두가 잔을 들어 올리게 했던 아버지는 어쩌면 가족끼리 이야기라도 좀 하고 싶었던 걸까? 그랬는지도 모른다. 프랜시스는 아버지에게 물어볼 생각이다.

내가 프랜시스를 만난 때는 그가 막 변화하기 시작할 무렵이다. 프랜시스는 이제 케이티의 죽음 때문에 항상 숨쉬기가 힘들다고 느끼지는 않는다. 전에는 그 애의 죽음이 내내 가슴 위에 올라앉아 두 무릎으로 갈비뼈 사이를 짓누르는 것 같았는데 말이다. 프랜시스는 나중에 내게 이렇게 말할 것이다. "전에 뵀을 때는 제가 너무 어리고 혼란스럽고 온통 그 애한테 사로잡혀 있어서 정신이 없었어요." 프랜시스를 만난 나는 캐서롤에 관해 묻는다. 캐서롤에 대해서는 누구나 알고 있다. 누군가가 죽으면 사람들—가깝고 각별했던 사람들, 그리고 특별 명단에 이름을 올린 온라인상의 몇몇 지인들—은 캐서롤을 가지고 죽은 이의 집에 모여든다. 그렇게 캐서롤 무더기가 나타났다가 몇 주 뒤 꼭 그만큼 갑자기 사라져 버리는 걸 보면 새 떼가 황급히 땅에 내려앉았다가 다시 날아오르는 모습이 떠오른다. 후드득. 그 몇 주 동안, 그리고 자주 있는 일은 아니지만 때로는 몇 달 동안, 그 집에 남아 있는 가족들은, 누구든 그 집에 있는 사람은, 술렁이는 사람들의 극단적인 관심 속에 파묻힌다. 관심. 뜨거운 집중. 그러다가 그 일이 멈춘다. 어느 쪽이 더 나쁜지는 알기 어렵지만, 프랜시스와 이야기하기 전에 내가 이야기를 나눠 본 사람들, 그러니까 과거에 캐서롤을 받아 보았던 사람들은 차라리 캐서롤 이후의 시간이 더 낫다고 생각하는 듯하다. 프랜시스와 나는 엘리자베스 스트리트를 따라 달리는 시가 전차 안에서 케이티가 죽고 난 뒤의 몇 주에 관해 이야기한다.

　　— 무슨 기간이라고요? (프랜시스는 내 억양 때문에 잘 알아듣지 못했고, 전차 내부는 시끄럽다.)

　　— 캐서롤 기간이요.

　　— 아, 전 좋았어요. 그 시간이 계속됐더라면, 훨씬 더 길었더라면 좋았을 것 같아요. 지금이 캐서롤 기간이었으면 좋겠어요.

　　사람들로 꽉 차고 꽃을 더 놓을 자리조차 없어진

집은 프랜시스에게 사무치는 외로움과는 정반대에 있는 공간처럼 느껴졌다. "그러다가," 그는 말한다. "꽃이 다 시들었어요. 사람들은 떠났고요. 그렇게 되니까 그 텅 빈 곳을 채울 게 아무것도 없더라고요."

케이티가 자살하고 20일 뒤에 프랜시스가 제출한 12학년 문예 창작 과제에는 다음과 같은 문장들이 나온다.

그 애의 입에서 느껴지던 맛을 잊지 못할 것이다. 아직도 그 애가 마지막으로 내쉰 숨결의 맛이 느껴진다.

예비반에서 12학년까지 다 합해서 여학생이 550명쯤 되는 작은 학교. 그곳에서 21년간 교편을 잡았던 앤은 프랜시스네 네 자매 모두를 가르쳤다. (한때 그들은 네 자매였다. "셋은 평범하지만 넷은 특별하죠." 프랜시스는 말한다.) 강인하고 차분한 앤은 교사 일을 타고난 사람처럼 보인다. 그 자신도 여러 아들을 키워 낸 어머니인 그는 현재 은퇴한 상태다. 그가 나와 대화를 나누는 두 시간 동안 속상해하는 모습을 보인 건 딱 한 번, 대화의 주제가 그해의 문예 창작 과제로 옮겨 갔을 때다. 그해에 프랜시스가 쓴 글, 그리고 프랜시스와 같은 반이었던 다른 두 여학생—그중 한 명은 정신병원에 입원해 있다—이 쓴 글 이야기가 나오자 앤은 눈물을 참지 못한다. 왜일까? "아마 그때 제가 진실을 알고 있었기 때문일 거예요. 이건 아이들이 부모한테도, 친구들한테도, 정신과 의사한테도 하지 않는 이야기예요. 오직 자신한테만 하는 이야기죠."

동유럽에 속하는 어딘가(그곳이 어디인지는 별로 중요하지 않다)를 떠나 이 세계로 오면서 한 가지 느낀 게 있다면, 우리가 와서 살게 된 이 오스트레일리아라는 세계에서는 언어의 힘이라는 게 느껴질 때가 별로 많지 않다는 것이다. 사실 그건 괜찮다. 심지어 우리 가족은 거의 감사하는 마음으로 그 점을 받아들이고 인정했다. 왜냐하면 우리가 잘 알고 있는 다른 선택지가—즉, 언어가 너무도 중요하기 때문에 시인들과 그들의 가족이 박해받고 살해되는 세계가—훨씬 더 심각한 악이라고 판단했기 때문이다. 하지만 아마도 나는 이 새로운 세계에 대해 잘못 생각하고 있었던 것 같다. 어쩌면 완전히 엉뚱한 곳들만 들여다보고 있었는지도 모른다. 내가 보고 있지 않았던 어떤 남학생들과 여학생들은 자신의 가장 내밀한 이야기를, 언어로는 다룰 수 없다고 스스로 판단한 이야기를, 자신의 심장 박동을 떠내서 과제로 제출하고 있었다. 그들은 산더미같이 쌓여 있는 말들 한가운데, 섣부른 논설을 휘갈겨 써 놓은 말 뭉텅이 한가운데에 자기들의 과제를 파묻어 놓는다. 이런 식의 처리 혹은 거래[1] 행위는 언어를 점수로 바꾸는 학교의 경제 체계를 거치지 않고 우회한다. 이 거래가 비공식적으로 은밀하게 이루어지는 이유는, 여기서 교환되는 것들이 비밀과 속내와 질문과 영혼의 아픔이기 때문이다. 그리고 자기 학생들이 한 말을 가슴에 품고 다니는 선생님들도 있는데, 그들 역시 내가 바라보고 있지 않았던 사람들이다. 그들 외의 사람들은 그들 속에 있는 것들을 아무것도 모른다. 모르는 게 당연하다. "11학년 아이들한테는 글로 쓰고 싶은 정말로 특별한 일이 있다면 12학년이 될 때까지 아껴 두라고 해요." 앤은 말한다. "그때가 돼서 어떤 진실에 관해 글을 쓰면 그 일이 글이 되어 나오거든요. 그리고 아이들 대부분은 정말로 그걸 그때까지 아껴 둔답니다."

앤은 남학교 교사로 있던 시절에 다음과 같은 사실을 알게 되었다. 자신은 키가 작아서 밝은색 옷을 입어야 한다는 것이었다. ("안 그러면 그 애들이 저를 못 보고 그냥 밀쳐서 넘어뜨릴 거거든요.") 그는 아이들에게 의자에 앉는 법까지 가르치지는 않을 줄도 알게 되었다. 또 어떤 아이들에게는 학교 규정이 어떻든 자기 휴대 전화 번호를 알려 주고 싶어진다는 것도, 또 때로는 결국 후회하게 되더라도 학생의 말은 있는 그대로 받아들여야 한다는 것도 알게 되었다. 또한 그는 누구나 알고 있지만 다루기는 까다로운 사실 역시 알게 되

---

1 transaction.
이 단어는 앞 문장에서는 '처리'의 뜻으로, 뒷 문장들에서는 '거래'의 뜻으로 동시에 쓰인다.

었다. 아이들을 두려워해서는 안 된다는 것.

프랜시스는 앤과의 영어 수업을 제외하고는 마지막 학년의 어떤 수업도 기억하지 못한다.

그해 그들은 〈룩 보스 웨이즈 Look Both Ways〉라는 영화를 교재 삼아 공부하게 되었다. 살아가다 보면 죽음과 그로 인한 슬픔에 발이 걸려 넘어지기 마련이라는 이야기를 담고 있는 그 영화는 (그때는 살아 있었던) 사라 와트가 감독을, 그 남편인 윌리엄 맥킨스가 주연을 맡은 작품이었다. 학교의 누군가가 맥킨스와 아는 사이여서 맥킨스가 초대되었고, 그는 12학년 학생들과 대화를 나눴다. 이후 케이티가 죽었다. 하지만 교육 과정을 바꾸기에는 너무 늦은 상황이었다. 그다음 해에 12학년 영어를 배우게 된 아이들은 케이티의 동급생들이었고, 그 애들은 〈룩 보스 웨이즈〉와 완전히 거리를 두었다. 한편, 프랜시스네 반 아이들은 케이티가 죽은 뒤로 입을 다물었다. 아무도 그 영화 이야기를 하려들지 않았다. 그 해의 남은 수업 시간 내내 앤은 혼자서 모든 말을 다 해야만 했다. 앤은 프랜시스에게 필요하면 언제든 교실 밖에 나가 있어도 된다고 했다. 그냥 일어나서 걸어 나가라고, 여기저기를 걷되 학교 안에 있기만 하라고 말이다. 하지만 프랜시스는 교실을 떠나려하지 않았다. 거기, 앤 앞에서 꼼짝하지 않고 앉아 울고 있을 뿐이었다. 그러면 앤은 화장지를 건네곤 했다. 그

고통을 말하지 않는 법

러고는 수업을 계속했다.

멜버른에 있는 또 다른 학교 교사인 모니크는 7학년 때부터 가르쳐 왔던 브린이라는 11학년 남학생을 자살로 잃었다. 프랜시스와 모니크는 서로 모르는 사이다. 앤 또한 모니크를 알지 못한다. 브린의 시신을 발견한 사람은 모니크가 아니었다. 다른 교사 한 명이 모니크에게 전화를 걸어 그 사실을 알려 주었다. 6년 뒤, 그 교사가 누군가의 전화번호를 물어보려고 모니크에게 다시 전화를 걸어왔을 때, 모니크는 지난번 그와 통화한 이후로는 처음으로 곧장 가슴이 무너져 내리며 목이 메었다. 기억이 갑자기 덮쳐 오는 느낌이었다. 모니크는 브린에 대해 설명해 준다. 주니어 스쿨[2] 시절 학교 대표, '개성 있고 상당한 영향력을 발휘했던 아이', 외동이자 유일한 손주, 태국에서 불교 수도승들에 둘러싸여 보낸 유년기. 너무나 교묘하게도 모두에게 작별 인사를 하는 데 성공한 그 아이는 자기 장례식에서 틀 선곡표까지 짜 놓았다.

"저 좀 보세요, 교복 완벽하게 갖춰 입었죠." 그게 브린이 모니크에게 마지막으로 한 말이었다. 모니크는 지난 3, 4년 동안 교복을 완벽하게 갖춰 입은 브린을 본 적이 없었지만, 애초에 그런 일을 중요하게 생각한 적

2　　보통 유치원과 초등학교가 결합된 형태의 사립학교를 가리킨다.

은 한 번도 없었다. 하지만 브린은 마치 할 일 목록을 만들어 둔 다음 그 목록을 하나씩 지워 가고 있었던 듯했다. 그 애가 짠 선곡표에는 무슨 노래가 있었지? 티어스 포 피어스Tears for Fears의 「미친 세계Mad World」가 있었다.

안녕하세요 선생님 말해 보세요 제가 주는 교훈이 뭘까요?

제 속마음을 알아차려 보세요.

대화를 나누는 동안 모니크는 캐서롤 이야기를 꺼낸다. 장의사의 딸인 자신은 죽음이라는 상황을 쉽게 받아들이는 사람, 캐서롤을 들고 사람들의 집에 나타나는 사람인 것 같다고 그는 말한다. "스스로한테 한번 물어 보세요." 그가 말한다. "캐서롤이 다 없어진 다음엔 무슨 일이 일어나죠? 제가 보기에 사람들이 조의를 표하는 건 2주쯤 가요." 그러고 나면 세상은 당신을 위해 숨죽이기를 그만둔다. 그렇게 다들 다시 살아가기 시작하지만, 당신은 그럴 수가 없다. 모니크가 캐서롤을 선호하는 타입이 아니라는 건 이제 분명해 보일 것이다. 그의 몇몇 친구가 가족을 잃었을 때, 그는 다른 사람들보다 2주 늦게 꽃을 보냈다.

인간의 삶은 이렇게 묘사할 수 있지 않을까. 삶의 전성기에는 샐러드의 나날들이 있고, 삶의 끝에는 캐서롤의 나날들이 있다고. 그리고 우리가 떠나면서 뒤에 남겨 둔 이들에게는 캐서롤 이후의 영원 같은 시간이 주어진다.

모니크는 10대들과 함께 있는 일을, 또 그 애들의 정직함을 좋아한다. 브린이 죽은 뒤 그와 같은 반 학생들 앞에 다시 선 모니크는 그 애들의 얼굴에 시선을 두기가 무척 어려웠다. "선생님이 지금 너희를 쳐다볼 수가 없구나." 그는 말했다. "쳐다보면 울 것 같아서 그래. 선생님도 너희만큼이나 어떻게 해야 할지 모르겠어. 한 가지 말하고 싶은 게 있는데, 장례식에 갔을 때 다른 사람들이 보이는 반응을 평가하지는 말았으면 좋겠다. 그 사람들은 브린을 모르니까 슬퍼해서도 안 된다고 말하지는 말자. 그 사람들한테는 요란하게 떠들어댈 권리가 없다고도 말하지 말고."

고등학교에서 애도를 한다는 건 얼마나 어려운 일일까. 모두가 모두를 쳐다보고 있는 그곳에서 말이다. 거의 모두가 말도 안 될 만큼 연약하다. 친구들은 적들보다 자주, 그리고 더 전문적으로 당신의 마음에 상처를 입힌다. 반드시 그런 건 아니지만 파벌이, 위계가, 권력을 가진 아이들의 무리가, 겉도는 아이들의 무리가, 무리 속에 또 다른 무리가 있을 가능성이 상당히 높다. 케이티가 속한 학년에서는 이제 세상을 떠난 케이티를 가장 사랑하는 사람이 누구인지를 두고, 망가진 모습을 공공연히 드러낼 권리는 누구에게 있는지를 두고 말다툼이 일어났다. 또한 채드스톤 쇼핑센터에서 케이티의 얼굴을 레이저로 각인한 은 펜던트를 맞추는 일을 누가 맡아야 할지를 두고서도, 편지를 한 통씩 매단 헬륨 풍선을 교외의 해변에서 날리는 일을 두고서도 논쟁이 펼쳐졌다. 프랜시스는 이런 일들을 아무것도 기억하지 못한다. 그는 심지어 장례식에 대한 기억도 없다. 프랜시스는 12학년 때 좋은 성적을 받았다고, 그건 사실이라고, 하지만 그 해에 뭘 하며 시간을 보냈는지는 전혀 모르겠다고, '그 일'을 다시 떠올린 순간들만 기억에 남아 있다고 이야기한다. (잠깐, 여기서 프랜시스와 나는 어제 처음 만나 막 대화를 시작한 사이라거나 그런 건 아니다.) (그런데 프랜시스, 설마 이 책과 당신의 인생이 같은 징크스에 시달리고 있는 걸까? 중간에 갑자기 퓨즈가 끊어져 버리는 징크스?)

다음은 우리가 만났던 해에 프랜시스가 썼던 글의 한 토막이다.

로봇은 할 일을 미루지 않고, 감정이 없으며, 일하도록 만들어진 기계다.

"펜 하나만 주실래요?" 프랜시스가 쓴 글들이 주위에 흩어져 있다. 나는 그에게 펜을 건넨다. 그는 자신이 성실하게 프린트해 온, 중고등학교와 대학교에서 썼던 과제물들 위로 내 펜을 움직이고 싶어 한다. 어떤 부분들에 줄을 그어 지우고 싶어 한다. 프랜시스는 이 글들이 죄다 형편없다는 걸 자신이 알고 있음을 내가 알

고통을 말하지 않는 법

아 주길 바란다. "전 글쓰기라는 기술에 대해서는 꽤 잘 알고, 기교를 사용하는 것도 아주 좋아하고, 뭐가 효과가 있고 뭐가 없는지도 알아요. 그리고 이 시들은 엉망이에요."

그는 '엉망'에 이어 '가짜'라는 말을 한다. 우리는 '가짜'라는 말을 좀 더 깊이 파고들어 본다. 아마도 잘못 고른 말일 것이다. 프랜시스가 말하려는 건 그가 케이티를 보호해야만 했다는 것이다. 그는 사람들이 자기 동생을 이기적인 아이, 혹은 남의 고통에 무감한 아이라고 생각하게 놔둘 수 없었다. 케이티는 자기 남자 친구가 자살한 일 때문에 무너져 내렸고, 비난받는 일을 견디기 어려워했다. 프랜시스는 사람들이 그 사실을 알아 주기를 바랐다. 나는 말한다.

—당신이 언젠가 쓰겠다는 그 책 말인데요, 논픽션이 될까요? 아니면 소설로 바꿀 생각인가요?

—아, 아뇨. 전 소설이 싫어요. 성적이 최악이었던 과목이 소설이에요. 대학에서 받은 성적 중에서 가장 낮은 점수였어요. 저는 항상 논픽션 쪽이었어요. 그리고 그 책은 그냥 회고록이기만 한 건 아니고…… 좀 더 깊은 문제들도 섞어서 쓰고 싶어요.

—예를 들면?

—예를 들면 가족의 비밀이라는 개념을 탐구한다거나 그런 거요. 관계들도요. 그것들이 어떻게 변하

는가 하는 거요. 저는 시점 변화에 관심이 있어요. 목소리의 변화에도요. 3인칭, 1인칭, 그런 거요. 벌써 제목도 생각해 뒀어요. '케이티가 마지막으로 한 일'.

　　나는 프랜시스에게 잠깐 이야기를 들려준다. 형제자매를, 친구를, 자녀를 자살로 잃은 다른 사람들이 쓴 책들에 관한 이야기다. 우리가 처음 만났을 무렵, 그런 책들은 보기 드물었고 반쯤은 숨겨져 있었다. 누군가로부터 이야기를 전해 들어야 비로소 그 존재를 알아차릴 수 있었던 책들. 그 책들에는 폭로의 힘이 담겨 있었다. 다시 말해 그 책들은 의학 용어 말고도 자살을 설명해 주는 말들이 있다는 사실을, 그리고 자살은 프랜시스네 같은 가족들(케이티가 죽은 뒤 한 경찰은 이렇게 말했다. "제대로 된 가족처럼 보이고 집도 좋은데 정말 이상한 일이네요.")에게도 일어나는 일이라는 사실을 폭로해 주었던 것이다. 찰스 담브로시오는 자기 남동생 대니가 죽었을 때 신고 있었던 군용 부츠에 돌들을 채워 넣은 뒤 책상 위에 보관하고 있다. 남동생이 목을 매 자살한 존 니븐은 자살을 핵폭탄에 비유하는데, "믿을 수 없을 만큼 강력한 반감기와 함께 연쇄 반응이 따라오기 때문"이라고 한다. 그 뒤로 우리 사회에서는 자살 이야기를 담은 책들이 크게 늘었다. 이제 그런 책들은 어디에나 있는 것처럼 보인다. 그건 어떤 면에서는 좋고, 어떤 면에서는 나쁜 일이다. 나는 그쯤에서 이야기를—이런 글들에 대한 문학적 탐구를—멈춘다. 이제 프랜시스도 자신을 보호해야 하니까. 슈퍼마켓에 치킨스톡을 사러 갈 때마다 뜨거운 석탄 위를 걸어다닐 수는 없으니까.

프랜시스가 고개를 돌리고 있다는 게 아니다. 언제 그 일을 직시할지는 그가 선택할 수 있다는 뜻이다.

프랜시스가 그 책을 쓸 생각을 여전히 갖고 있는지는 잘 모르겠다.

내가 어렸을 때, 사람들은 가장 예쁘고 잘생긴 아이들은 혼혈이라고 했다. 프랜시스는 유라시아 혼혈이다. 그리고 아름다운가 하면, 그렇다. 괜찮다면 그의 피부와 눈과 광대뼈와 머리카락을 상상해 보는 일은 당신에게 맡기고 싶다. 그냥 대놓고 말하고 싶지 않은 이유가 있다. 누군가가, 특히 젊은 여성이 택배 봉투에 인쇄해 넣어도 잘 어울릴 정도로 아름답다는 말을 들으면, 우리의 머릿속에서 무슨 일인가가 일어나 버리기 때문이다. 아직 별다른 이야기를 듣지 못했음에도 우리는 어째서인지 그를 알게 되었다는 느낌을 받게 되고, 그러면서 그 사람을 향한 주의력도, 그를 더 알고 싶다는 마음도 줄어들게 된다. 하지만 이 이야기를 오래 미루면서 질질 끄는 것도 옳지는 않은 것 같다. 프랜시스는 케이티가 네 자매 중에 가장 아름다웠다고 생각한다. 얼마나 아름다웠기에? 케이티는 화장이라는 걸 할 필요가 없었다. 한 번도.

"놀랄 만큼 예쁘고, 인기도 많고, 아무도 막을 수 없고, 여기저기 참여하는 일도 많은 아이였어요. 엄청나게 똑똑하기도 했고요." 프랜시스가 말한다. "그리고 웃기기도 잘했어요. 연예인 같고 리더 같은 타입이었죠."

모니크에 따르면, 브린은 말 안 듣는 타입의 아이라면 누구라도 가리지 않고 친구가 되었다고 한다. 브린이 죽고 나자 그가 그동안 학교의 길 잃은 아이들에게 일종의 목동 역할을 해 왔다는 사실이 선명히 드러났다.

●

케이티의 남자 친구가 자살한 다음날―케이티 자신이 자살하기 5주 전―케이티는 〈오스트레일리안 아이돌〉의 2차 예선 오디션에 참가하면서 하루를 보냈다. 그날 케이티가 보여 준 묘기는 뒤로 공중제비를 돌면서 원소 주기율표 전체를 읊는 것이었다. 케이티는 오디션에 합격하거나 TV에 나오는 일은 조금도 중요하게 여기지 않았다. 프랜시스는 말한다. "그 애는 지역 사회에 과학 정신을 불러일으키고 싶었던 거예요." 프랜시스의 목소리에 웃음기가 묻어난다. 케이티의 남자 친구는 엄밀히 말하면 전 남자 친구였다. 그들은 약 6개월간 사귀고 헤어졌다. 남자 친구는 케이티보다 나이가 많았고, 더 이상 학교에 다니지 않았고, 직업도 없었으며, 케이티의 부모님은 그를 인정해 주지 않았다. 두 사람은 마약이라고는 알지 못했다. 들어 보니 열정적인 관계였던 모양이다. 두 사람은 싸우고 나서 몇 분만 지나면 곧 다시 사랑으로 달아오르곤 했다고 친구들은 기억한다. 하지만 프랜시스는 케이티가 남자 친구를 사랑한 게 아니라고 한다. "열여섯 살 때 뭐가 진짜 사랑이고 뭐가 드라마 같은 망상인지 신경 쓰는 사람이 어디 있겠어요."

5월의 어느 날 저녁, 케이티와 남자 친구는 11학년 무도회에 함께 갔고, 그 뒤에 케이티가 관계를 끝냈다. 그로부터 얼마 지나지 않아 남자 친구는 스스로 목숨을 끊었다. 그가 마지막으로 한 대화가 케이티와 한 전화 통화였다는 사실이 사람들에게 알려졌다. 그 남자의 가족은 (그의 어머니만 빼고) 케이티를 비난했다. 그 남자의 형은 케이티를 살인자라고 불렀다. 장례식에서 케이티는 이야기를 해도 된다는 허락을 받지 못했다. 두 사람의 관계를, 아니, 케이티라는 존재를 언급하는 사람은 아무도 없었다. 케이티에게는 애도할 공간 역시 주어지지 않았다. 그의 자살로 케이티는 부서져 버렸다. 케이티는 곧바로 자살 감시 대상자가 되었다. 알고 보니 헤어지기 전에 두 사람은 합의하에 함께 자살을 시도한 적이 있었다. 케이티는 다시 그런 시도를 하는 일은 없을 거라고 프랜시스에게 말했다. "동생으로서 약속할게." 그런 다음 케이티는 학교 화장실에서 목을 매려고 했다. 누군가가 중간에 막아서 멈춰야 했지만 말이다. "그 애가 학교에서 그랬더라면 너무나도 끔찍했을 거예요." 앤은 말한다. "그러면 그 장소에 영향이 남았을 테니까요. 집은 팔고 이사 가면 되지만 학교는 팔 수도 없잖아요."

〈오스트레일리안 아이돌〉 오디션장의 카메라들은 케이티를 향하고 있었다. 사람들을 즐겁게 해 주고 있는 케이티. 총 여덟 시간이 걸린 녹화. 같은 반 학생이었던 누군가는 케이티에게 전화를 걸었던 기억을 이렇게 떠올린다. "그 애가 '안녕'이라고 하기에 전 '오디션 보러 간 거야?'라고 했죠. 그랬더니 '응, 처음 순서는 끝났고 몇 시간 있으면 심사 들어갈 거야' 하는 거예요. 그래서 제가 '아, 그래' 그랬죠. 그 애가 이러더라고요. '걔 죽은 거 알지.' 그래서 제가 '응, 오늘 아침에 우리도 들었어. 너 괜찮아?'라고 했더니 '아, 응.' 이러더라고요. 틀림없이 엄청 충격을 받았을 텐데."

프랜시스는 말한다. "언니들하고 동생은 제 자신의 인생이나 다름없었어요. 함께 있는 네 자매였죠. 세상에 맞서는 네 자매." 프랜시스가 자라는 동안 그를 케이티와 혼동하는 사람들도 있었는데, 프랜시스는 그 이유를 전혀 이해하지 못했다. 어린 시절에 찍은 사진을 보다 보면 가끔 자신과 케이티를 구별하기가 어렵긴 하지만 말이다. 심지어 둘은 목소리도 비슷했다. "전 녹음된 제 목소리를 듣는 게 싫어요. 케이티랑 너무 똑같거든요. 꼭 그 애가 말하는 것 같아요." 눈부시고 오차 없는 닮음이 넷 모두를 엮어 놓고 있었다. 케이티의 반 친구였던 누군가는 장례식장에서 네 자매 중 2호가(프랜시스는 3호, 케이티는 4호였다) 방으로 들어오는 걸 보았던 일을 떠올리며 이렇게 말했다. "저희는 어쩔 줄을 몰랐어요. 꼭 귀신을 보는 것 같아서요."

그로부터 얼마 지나지 않아 이상한 일이—프랜시스의 표현에 따르면 "너무 소름끼치는 일이"—일어났다. 프랜시스와 케이티 둘 다 일한 적이 있었던 카페의 단골손님 중 한 명이 〈오스트레일리안 아이돌〉의 제작사인 프리맨틀 미디어에 일자리를 얻었다. 그 여성의 남동생은 케이티보다 조금 먼저 자살했다. 케이티에 대해 알게 된 그 여성은 시드니로 날아가 8시간 분량의 오디션 영상에서 케이티가 나오는 장면만 하나하나 잘라 편집했고, 그렇게 만든 테이프를 프랜시스와 가족에게 보냈다. 프랜시스는 그 테이프를 딱 한 번 보았고, 그 뒤로는 5년간 손도 대지 않았다. "그 영상 속에 있는 건 그 애가 아니었어요. 좀 이상하게 행동하고 있더라고요. 그냥, 그날 하루를 흘려보내려고 애쓰느라 그랬나 봐요."(프랜시스보다 여섯 살 많은) 자매 1호는 그 테이프가 도착한 뒤 약 1년 동안 그 영상을 매일 보았다.

●

브린은 형제자매가 없었지만 친구는 많았다. S는 7학년
이 끝날 무렵 브린의 학교에 전학 온 이후로 브린의 절
친한 친구로 지내 왔었다.

"브린 어머니가 전화로 소식을 전해 주셨어요. 아
니, 아버지였나. 아무튼 부모님 중 한 분이었어요. 일요
일 아침이었어요. 저는 부엌에서 차를 한잔 마시고 있
었거든요. 그런데 전화가 오더니 브린의 시신이 발견됐
다는 거예요. 그렇게 짧게만 통화했어요."

나는 작은 공원에 있는 커다란 나무 아래서 S와
조용히 이야기를 나누고 있다. 내 휴대 전화에 녹음된
음성을 다시 들어 보니 여기저기서 떠드는 새들과 아이
들 소리가 우리 목소리보다 크다.

그날 S의 부모님은 집에 없었다. S는 할머니에게
전화했다. 할머니가 집에 오셨다. 그 뒤로는, 특히 처음
몇 주 동안은 기억이 흐릿하다. 꼭 가야 할 필요는 없었
지만 S는 학교에 갔다. 학교는 그냥 가만히 있기에 좋은
곳이었다. 친구들과 몇몇 배려심 많은 선생님들이 거기
있었다. 그해 전체를 통틀어 S가 상심하고 분노를 느꼈
던 유일한 순간은 학기 마지막 날 조회 시간이었다. 교

장 선생님이 브린에 대해 아무런 언급도 하지 않았던 것이다. 그다음 해가 되어 브린의 동급생들이 졸업하는 시기가 다가왔고, 송별 만찬에 참석한 모니크는 발언을 해 달라는 요청을 받았다. "그 무렵에," 모니크는 말한다. "학교 측에서는 그 일이 그냥 조용히 지나가기를 바라고 있었을 거예요. 저는 알고 있었어요. 게다가 원래 저는 여러 사람 앞에서 말하는 걸 싫어해요. 그래도 일어섰죠. 많은 사람이 있는 큼직한 공간이었어요. 저는 이렇게 말했어요. 제가 정말 잘하는 게 있다면 적절한 시간에 적절한 장소에 있는 건데, 우리가 브린을 잃었을 때 저는 적절한 시간에 적절한 장소에 있었던 것 같다고요. 그러자 실내가 조용해졌어요. 사람들이 고개를 끄덕이고 있었고요. 무언가 말하기로 한 게 잘한 결정이었다는 걸 알 수 있었죠."

그 학년은 특별했다고, 다들 이례적으로 친하게 지냈다고 S는 말한다. 이후 몇 해 동안은 브린의 생일이 되면 한 무리의 아이들이 모이곤 했다. 그들은 가끔 브린의 유골이 뿌려진 숲으로 피크닉을 가서 브린에 관한 이야기를 하며 시간을 보내기도 했다. "저는 아이들한테 이렇게 말했어요. 우리는 다르지, 우리는 마음이 무너져 봤으니까 누구한테도 똑같은 일은 하지 않을 거야." 모니크는 말한다. "이 감정을 기억하렴."

S는 고등학교에서 영어와 인문학을 가르친다.

"브린이 죽은 거랑 제가 교사가 되기로 한 결정 사이에 관련이 있다는 생각은 별로 안 해 봤는데요." 나는 믿을 수 없다는 듯 그를 쳐다본다. "전 그냥 그런 사람이 되려고 노력하고 있을 뿐이에요." 그가 말한다. "다가갈 수 있는 사람이요. 학생들이 와서 이야기하기에 편한 사람이요. 도움이 되는 사람이 되고 싶거든요." 나는 내 생각을 굳이 되풀이하지는 않는다. 그가 거기 있고, 알고 있다는 것으로 충분하다.

모니크는 아이들이 몇 년 전에 자살한 남학생에 대해 물으면 그 이야기를 들려준다. 만약 교실로 걸어 들어온 누군가가 경솔하게도 "아, 그냥 자살하고 싶네" 하고 큰 소리로 말한다면 어떻게 될까. 그러면 다른 학생들이 "쉿, 선생님 앞에서 그런 말 하면 안 돼" 하고 속삭일 것이다. 모니크 주위의 학생들은 알고 있다.

어디를 보든 구멍들이 보인다. 빈 의자들, 텅 빈 책상들, 학생 명단에 난 구멍들. 사물함으로 말하자면, S의 시선은 언제나 브린의 사물함에 가 부딪히곤 했다. 잊으려 애쓴다고 정말로 잊을 수 있겠는가? 하지만 그와 달리 학교의 제도적 기억 속에는 자살을 위한 공간이 존재하지 않았다. 어쩌면, 자살한 학생이 학교 대표였다면 학교 측에서 명판이나 그 비슷하게 눈에 잘 안 띄는 무언가를 걸어놓았을지도 모른다. 죽음의 이유는 언급하지 않고서 말이다. 내가 아는 어느 학교에서는

34 고통을 말하지 않는 법

부모들이 고집해서 장미 정원을 마련했다. 학교 운동장에 만들어지는 장미 정원, 왜 그것이 존재하는지에 대한 아무런 설명도 없는 조용하고 향기로운 기표.

●

"리사," 내가 말한다. 리사는 내가 학생들을 자살로 잃는 학교들에 대해, 또 그 이야기를 쓰고 싶은 내 마음에 대해 처음으로 이야기를 나눈 사람이었고, 이제 우리는 친구가 되어 있다. "자살이 학교에 일어날 수 있는 최악의 일인가요?"

"학교는 기관이지만 가족이나 마찬가지예요." 리사가 말한다. "인 로코 파렌티스In loco parentis, 즉 부모의 자리에 있는 기관이죠. 자살 사건이 발생하면 학교는 가족과 마찬가지로 돌이킬 수 없는 피해를 입어요. 가족과 마찬가지로 자살 사건의 기억에 시달리죠. 가족과 마찬가지로 그 안의 구성원들은 우리가 안 한 게 뭘까, 못 본 게 뭘까, 말을 했어야 했을까, 무슨 말을 어떻게? 하고 묻고 있는 자신을 발견하게 돼요."

"리사, 그런데 학교가 어떻게 어린 영혼들을 안전하게 보호할 수 있을까요?" 나는 묻는다. "그 아이들은 자기 자신에 대해서도 모르고, 죽으면 끝이라는 것도 모르고, 혼란에 빠져 있고, 가끔은 도움을 청하는 방법조차 모르잖아요. 그런 아이들의 필요에 응답할 수 있는 기관 같은 게 존재할 수 있을까요?"

리사는 여전히 영어와 문학을 가르치지만 정규직 교사는 아니고, 이제는 브린이 다녔던 그 학교에도 출근하지 않는다. 그림을 그리고 글을 쓰고 밴드에서 연주도 하는 그는 자기 나이보다 열다섯 살은 젊어 보인다. (그는 케이티와 마찬가지로 화장을 하지 않는다.) 리사가 대답한다. "레이먼드 게이타Raimond Gaita가 쓴 에세이를 보면 앤 만이 친한 친구였던 그에게 쓴 편지의 발췌문이 나오거든요. 레이먼드가 어머니의 자살이라는 비극과 그 비극에 평생 따라붙을 일들을 진정으로 직면하려면 무엇보다 어린 소년으로서의 자신을 연민할 줄 알아야 한다는 내용이에요."

연민. 그 말에 나는 놀란다.

"학교도 그런 연민의 감정을 가질 수 있어야 해요." 리사가 말한다. "학교 스스로에 대해서요. 그런 용서가 필요해요."

집에 온 나는 게이타의 책 『로물루스 이후After Romulus』를 꺼내 다시 읽는다. 그가 친구의 편지를 인용한 부분, 이어서 그 편지를 읽은 게이타 자신이 예전에 썼던 글을 기억해 내는 부분이다. '그리스인들에게 연민이라는 단어는 오늘날 그 말이 우리에게 종종 그러하듯 우월감이라는 함의를 품고 있지 않았다. 연민이란

고통을 말하지 않는 밤

슬퍼하고 측은하게 여기는 마음을 나타내는 말이었다. 우리 인간이 불운 앞에서 드러낼 수밖에 없는 취약함을 일종의 경이로움으로 받아들일 때마다 드러나는 마음.'

"제가 마지막으로 이야기를 들은 어느 학교에서는," 모니크가 말한다. "학교 대표가 졸업식 전날 자살했어요. 그 학생들은 그 친구를 어떤 식으로 그리워할까요? 우리는 브린을 어떻게 그리워했죠?"

연민과 용서, 그 두 단어는 '꺾이지 않는 마음, 힘을 합치기, 역경을 극복하기, 재건하기, 가치의 공유, 미래를 위한 비전'처럼 여기저기서 요란하게 소리치는 구호들이나 '지역 사회'처럼 지원금 신청서에나 나올 듯한 경직된 느낌의 단어와는 전혀 닮은 데가 없다.

브린이 자살하기 몇 년 전, 브린의 학교에서는 스티븐이라는 10학년 남학생이 스스로 목숨을 끊었다. 근처 기차역으로 가서 달려오는 기차 앞에 서 있었던 것이다. 스티븐과 같은 시기에 학교에 있던 사람 중에서 지금껏 남아 있는 사람은 별로 없다. 그들 중 대부분은 연락이 닿지 않았지만, 어맨더는 예외였다. '브린 사건'이 일어나기 전에 정리해고를 당한 어맨더는 그때까지 그 학교에서 이탈리아어를 가르쳤다. 그는 지금은 세상을 떠난 교장이 10학년 학생들을 모아 놓고 다음과 같이 말했을 때 그 자리에 있었다. "여러분이 슬퍼하는 건 자기중심적인 방종이에요. 스티븐의 부모님을 생각해 보길 바랍니다."

그 말을 들은 어맨더는 속이 뒤집혔다. 감정을 느끼는 건 이기적인 일이라는 말을 들은 그 아이들 가운데 몇몇은 스티븐의 친구였고, 다른 몇몇은 스티븐을 괴롭혀 온 아이들이었다. 스티븐이 자살하기 전날 밤, 집으로 가던 길에 기차역 플랫폼에서 그 아이를 '미친 개'라고 불렀던 아이들.

"저는 기차역으로 가야만 했어요. 그 플랫폼에 서서 봐야 했죠. 그러고 나서 생각해 봐야 했어요. '어떤 기분이었기에 그런 일을 한 거니?' 저는 기차가 들어오는 걸 지켜봐야 했어요." 어맨더는 말한다. "머릿속에 있던 그 끔찍한 이미지를 몰아내려고 애를 써야 했죠."

교실로 돌아온 어맨더는 학생들에게 말했다. "여기가 우리 반은 아니지만 너희한테 말해야겠구나. 당연히 너희는 감정이 있어. 너희는 얼마든지 무언가를 느낄 권리가 있단다." 그는 교장실로 올라가 교장이 한 말이 잘못됐다고 말했다. 그 나이 든 교장은 어맨더를 어찌나 죽도록 싫어했던지. 그는 훗날 어맨더를 치워 버리는 데 성공하지만, 그 순간만큼은 어맨더의 말을 부인할 수가 없었다. 교장은 10학년 아이들을 다시 불러 모은 뒤 이렇게 말했다. "제가 실수를 했네요." 다시금, 감정은 느껴도 괜찮은 것이 되었다.

브린이 생을 마감했을 때는 새로운 교장이 부임

한 뒤였는데, 그 새 교장은 자신의 감정이든 남의 감정이든 두려워하지 않는 사람이었다. 강의실에 들어간 교사들은 일어난 일을 돌려 말하지 않고 사실 그대로 진술해 놓은 글을 소리 내 읽었다. 그 학교에 몸담았던 리사는 그런 변화가 도움이 되었으리라고 여긴다. 그 이후로는, 아이들이 여기저기 모여 괴로워하며 울고 있는 이유를 궁금해하며 운동장 여기저기를 돌아다니는 사람이 생겨나지 않았다. 리사는 이런 중요한 변화의 공을 이전 교장에게—본래 고루한 사람이었지만 이곳에와서 깨달음을 얻은 뒤 자기 고루한 교육관의 일부와 연을 끊게 된 그에게—돌린다. 그 무렵 교문 바깥의 사회 또한 달라지고 있었다. 해가 갈수록 금기 때문에 마음속의 무언가가 서서히 갉아 먹히는 듯한 일은 점점 사라져 갔다. 여러 가지 일들이 불쑥불쑥 터져 나오고 또 도약하고 있었다. 심리학자 마디 휘틀라Mardie Whitla 가 오스트레일리아의 학교들을 위해 엮은 위기 관리 가이드북은 '참사/위기'라는 포괄적인 이름을 가진 사건들의 뭉텅이에서 '자살'을 분리해 냈다. 자살은 그 자체로 하나의 위기가 되었고, 자신만의 장章을 따로 부여받았다. 휘틀라의 책은 당시로서는 진보적인 업적이었다. 당시란 2003년을 말하는데, 이 이야기에서는 한 해한 해가 모두 중요하다. 학교 현장에서는 기관의 자기보전보다 더 중요한 무언가가 위기에 처해 있었다. 여전히 발달이 진행 중인 10대들의 뇌, 충동을 제어하는 장치의 부재, 또래로부터 받는 압력, 동반 자살 합의, 집단 자살과 연쇄 자살의 위험성, 죽음에 대한 낭만적인 관념—이것들 전부가 결합된 문제와 씨름해야 하는 기관이 학교 말고 또 어디 있을까? 이것들 하나하나가 모두 진짜 문제였고, 이것들이 결합해 생겨나는 것 또한 진짜 문제였다. "아무 일도 일어나지 않은 척할 수는 없어요." 마디 휘틀라는 내게 말한다. "교장은 책임을 져야 합니다. 부모들은 학교가 계획하고 있는 일을 알아야 하고요." 여기서 부모들이란 살아 있는 학생들의 부모들을 뜻한다.

　　이런 변화들은 자살을 비밀스럽게 다루는 태도로부터 한발 멀어지는 결과를 낳았다. 학교 측은 또한 자력으로 문제를 해결해야 하는 압박으로부터, 또한 너무 많은 문제에 포위당해 있다는 느낌으로부터도 멀어졌다. 학생들의 감정이 폭주해 학교가 불안정해질 것을 (이는 특히 교육비가 비싼 사립학교에 해당되는 이야기였다) 우려한 보수적인 교장이 "자기중심적인 감정에 사로잡혀서 서로 더 가까이 붙어 앉지 않는다"며 아이들을 호되게 꾸짖어도 된다고 여겼던 시기로부터 멀어진 것이다. 그러다가 케이티가 죽었을 무렵에는 감정을 '느껴도 괜찮은 것'으로 여기는 낯선 전환기가 찾아와 있었다. 그때는 자살이 더 이상 학교에 생긴 (양 손으로 가려야 하는) 흠이 아니라 상처에 더 가까운 것으로, 평판을 더럽히는 사건이 아니라 고통스러운 일로 여겨지고 있었다. 그보다 몇 년 전이기는 했지만, 브린의 죽음 역시 학교들이 자살을 (광적으로) 문질러 지워 버리려는 태도를 (마지못해) 자제하던 그 시기에 찾아왔다. 슬픔은 정당한 것이 되었다. 하지만 그러면서 '관리'를 받게 되었다.

이 '관리'라는 개념은 휘틀라의 책이 나온 지 3년 뒤에 발행된 여러 권의 연방 보건부 지침서 속으로 온통 퍼져 나갔다. 21세기가 시작되던 때에 작성된 그 문장들, "모든 학교는 애도 표출 작업에의 적절한 참여를 용이하게 해야 하지만"을 비롯해 변비에 걸린 듯 답답하게 얽혀 있는 그 말들을 지금 돌아보면 그 안에 짙게 드리워 있는 불안과 두려움을 선명하게 알아볼 수 있다. 연쇄 자살이 일어날지도 모른다는 불안. 그리고 슬픔이 길어질지도 모른다는 두려움.

(그 지침서들은 슬픔을 어떻게 '관리'해야 한다고 말했을까. "인생의 소중함을 새롭게 이해하고 그것을 통로 삼아 슬픔을 흘려보내기. 학교의 규칙적인 일상을 통해 슬픔에 맞서기. 슬픔은 인정하되 그것을 확대하거나 그것이 금방 사라지지는 않을 거라고 주장할 여지는 주지 않기. 가능한 것: 상담. 불가능한 것: 조기 게양, 제단 만들기, 특별 추모 공연, 죽은 학생의 사진을 벽에

붙이는 행위.") 자살의 여파는 마치 짧은 순간 번쩍이는 섬광 같았다. 그것은 인간들이 피부 없이 살아가는 어떤 다른 세상의 모습을 순식간에 드러내 보였고, 그런 뒤에는 그만큼이나 순식간에 사라져 주어야 했다.

이런 일이 가능해졌다. 속삭임과 소문만이 가득한 학교에 입학했다가 모든 걸 드러내는 분위기가 된 학교를 졸업한 다음, "오스트레일리아 정신보건부 장관이 '자살 생존자들의 이야기는 말해져야 한다'고 주장하다"라는 뉴스 머리기사가 조금도 놀랍지 않게 느껴지는 새로운 세계로 들어서는 것.

그 새로운 세계의 지침서에서 가장 중요한 부분은 다음과 같다. "자살은 금지된 주제가 되어서는 안 된다. 학생들이 말할 수 있도록 허용해야 한다." 다만 지침서에 있는 몇몇 말들, 이를테면 "자살이나 자살 시도가 이루어진 방법을 자세히 묘사해서는 안 된다" 같은 말들은 예전 그대로 남아 있다.

자살 사건이 일어난 뒤, 학교 당국은 그 사건에 가장 많은 영향을 받은 학생들을 위해 옳은 일을(그게 무슨 일이건 간에) 하고 싶어 할 수도 있다. 심지어 그런 시도는 거의 필사적일 수도 있다. 하지만 학교가 의무적으로 돌봐야 하는 대상은 '모든 학생'이며, 더 넓게는 그 학생들의 가족까지 포함된다. 리사는 브린이 죽고 난 뒤 엄청난 충격을 받은 학생의 수는 전체 학생의

10에서 15퍼센트였다고 어림잡는다. 나머지 학생들도 충격을 받기는 했지만 뼛속 깊은 곳까지 영향을 받지는 않았다. 그런 아이들은 말하자면 "그 일을 일상의 한구석으로 치워둘 수 있었다." 이렇게 15퍼센트와 85퍼센트로 나뉜 학생들에게 학교가 의무적으로 제공해야 하는 돌봄은 서로 다르다. 이 두 돌봄 사이에는 긴장감이 존재한다. 아마도 언제나 존재할 것이다. 어쩌면 그런 긴장은 하나의 기관으로서의 학교를 규정하는 특징일지도 모른다. 15퍼센트에게는 언제나 나머지 85퍼센트와는 다른 것들이 필요하고, 그렇다고 85퍼센트에게 주어져야 할 것들이 균일하지도 않으며, 그러는 내내 교사들은 이미 자신의 100퍼센트를 쏟아붓고 있고…….

어맨더의 이탈리아어 수업을 듣던 학생 가운데 여럿이 가족의 병으로 힘들어하고 있었다. 스티븐의 자살은 모두를 위태로운 상황까지 밀어붙였다. 어맨더는 학생들의 내적 투쟁에 개입했다. 이 시기는 교사들이 그들의 곁에서 일어난 자살에 대해 학생들에게 이야기해 주던 시기였다. 그런 교사들은 특수한 훈련을 받은 특수한 전문가들에게 자살에 관한 대화를 외주로 맡기는 건 부도덕한 일이라 여겼고, 거칠게 숨을 몰아쉬는 아이들을 볼 때마다 도움이 되어 주려고 밤낮없이 애를 썼다. 그리고 그건 교사 자신의 일자리를 위태롭게 만드는 일이었다. 어맨더는 개입했다. 죽음에 가까워지고 있던 엄마를 둔 한 남학생이 머리 위로 의자를 치켜든 채 흔들고 있었다. 어맨더는 그 학생을 교실 밖으로 데리고 나갔다. "그 애가 저를 향해 쓰러지더니 울기 시작하더라고요." 어맨더는 아무 말도 하지 않았고, 그저 그 애를 안아 주고는 다시 교실로 들어갔다. "있지, 이 일을 해결해야 할 것 같구나." 어맨더는 반 아이들에게 말했다. "오늘 일은 아무한테도 얘기하지 마. 만약 올해 말까지 그럴 수 있으면 그때 피자랑 리모나타 음료수랑 아이스크림을 주문해. 선생님이 살 테니까."

그 반의 또 다른 남학생은 여동생을 잃었다.

"어떻게 했으면 좋겠니?" 어맨더가 그 아이에게 물었다.

"애들이 저한테 말을 걸어 줬으면 좋겠어요." 여동생이 죽었기 때문에 다른 아이들이 자기를 쳐다보지 않고 피해 왔다는 것이었다.

"그 애들이 하는 질문에 대답할 준비를 할 수 있겠니?"

어맨더는 그 아이를 교실 앞에 나가 서게 했다. 그해의 나머지 시간 동안 그 아이들이 한 일은 오직 대화뿐이었다.

어맨더, 그런 일에 적합한 자격을 갖춘 많은 사람들이 당신을 몹시 나무라며 이렇게 말할 거예요. "그런 극단적인 행동 방침은 상담사의 조언은 받고 취한 건가요?" 아뇨. "학생들 각자가 장기적인 심리적 지원을 받도록 개별적으로 확실히 후속 조치를 했나요? 가족들과 다른 교사들은 참여시켰나요? 학생들이 정규 교육을 경험할 기회와 거기서 얻을 성과를 놓치게 되는 일이 그들에게 어떤 영향을 끼칠지는 고려했고요?"

　　아뇨, 아뇨, 아뇨. 당신은 도와주는 사람 없이 혼자였고, 그 아이들은 자기 내면에서, 그리고 서로의 뱃속에서 (고통이 머물러 있는 곳이 어디겠는가?) 느껴지는 고통으로 미쳐 가고 있었고, 당신은 그걸 못 본 척할 수 없었어요. 누가 가장 먼저 당신에게 돌을 던질까요, 어맨더?

　　멜버른 외곽에서 교사로 일하는 내 친구 한 명은 최근에 라클란이라는 열네 살짜리 남학생을 자살로 잃었다.

　　　전화를 내고 싶어서 견딜 수가 없었어요.
　　　아이들한테 너희 목숨은 하나밖에
　　　없다고, 너희가 하는 비디오 게임 속
　　　주인공처럼 세 개가 아니라고 말하고
　　　싶었죠. 서약서에 서명이라도 받아 내고
　　　싶었어요. 그런데 교사들은 아이들
　　　곁에 있어 주는 일을 못 하게 되어
　　　있었어요. 아이들은 말하고 싶은 마음을

견디질 못하고 있었고요. 학교 측은
상담사들을 데려왔죠. 그 상담사들이 뭘
할 수 있었을까요? 그 사람들은 걔들을
하나도 모르는데요. 라클란에 대해서도
모르고요. 그 사람들은 그 애의 정신
건강이 문제였다고 했어요. 전 그것보다
많은 이유가 있다고 봐요. 라클란은
페이스북에 이렇게 썼어요. 자기는
중고등학교에 입학하면서 겪기 마련인
문제, 그러니까 친구들과 작별해야 하는
문제를 겪지 않았는데, 그건 초등학교
때 친구가 하나도 없었기 때문이라고요.
그리고 그 밑에는 댓글이 150개
달렸어요. '친구가 없다는 것'에 공감했던
아이들이 그렇게 많았던 거죠.

학교가 기능 정지 상태에 들어가면—이런 일은 여전히
일어나고 있다. 모든 불행한 학교는 언제나 그 학교만
의 방식으로 불행하다(또는, 오직 행복한 학교들만이
서로 비슷하다)—학교는 스스로를 궁지에 몰아넣을
뿐 아니라 외부인들에게 지나치게 의존하게 된다. 상담
사들과 전문가들. 겁을 먹은 학교는 학생들과 교사들이
서로 이야기를 나누지 못하게 한다. 그래, 그들을 막는

46

다고? 그래 봤자 효과가 없다. 전혀, 아무런 효과도 얻지 못한다. 그렇다고 학교 바깥에 있는 우리가 효과적인 방법을 잘 안다고 확신해서도 안 된다. 예를 들면, 자살 예방은 대체 어디서부터 시작해야 할까?

소중한 아이들아, 이걸 이해해 주렴, 대개의 죽음에는 아무런 의미가 없단다.

소중한 아이들아, 너희 가운데 어떤 아이들은 자기 안에 엄청나게 쌓여 있는 분노와 슬픔을 발견하게 될 거야.

소중한 아이들아, 너희 주변의 어른들, 너희 안전의 수호자라는 그 사람들도 실은 간신히 침착함을 유지하고 있는 수준에 불과하단다.

소중한 아이들아, 모르는 사람이나 테러리스트가 너희를 해치거나 죽일까 봐 너무 걱정하지 말렴. 통계로 보나 다른 무엇으로 보나 너희에게 있어 가장 큰 문제는 너희 가족이니까.

나는 몇몇 부모와 이야기를 나눈 적이 있다. 그들은 자기 아이들이 학교에서 억지로 접하는 프로그램 때문에 불안에 사로잡히거나 그보다 더 나쁜 상태에 빠져 있었다. 프로그램. 좋은 의도로 외부 인사들에게 위탁해 학년 규모 혹은 학교 전체 규모로 진행되는, 무언가를 방지하기 위한 프로그램 말이다. 그런 프로그램에서 아이들은 자신과는 아무런 관련이 없는 아이들의 죽음이나 고통에 대한 이야기를 듣게 되고, 아무리 좋게 해석해 보려 해도 아무 의미 없어 보이는 의식이나 활동에 참여하게 된다. 그런데 그런 경험은 아이들의 공감 능력을 강화해 주거나 기운을 북돋아 주기는커녕, 불안이나 불길한 예감처럼 신경 쓰이는 감정들을, 혹은 우울을, 그도 아니면 그저 권태를 불러일으킬 뿐이다.

한번은 한 여학생이 어맨더에게 다가와 말을 걸었다. 어맨더는 그 여학생에게 물었다. "그런데 왜 나한테 얘기할 생각을 했니?" 어맨더는 무언가를 캐낼 생각은 없었다. 그저 이해하고 싶었던 것이다. "왜냐하면," 그 여학생이 말했다. "선생님은 충격을 안 받으실 것 같았거든요." 충격을 받지 않으려면 뭐가 필요할까? 그 여학생은 가족 중 한 명에게 학대를 당하고 있었다. 어맨더는 교사들이 교원 교육을 받을 때 사실과 통계를 전달받아야 한다고 생각한다. "교편을 잡고 있을 때, 저는 통계를 알고 있었거든요." 어맨더는 말한다. "성적으로 학대당하는 아이들의 통계를요. 수업에 들어갈 때마다 속으로 혼자 생각했어요. '여기도 다섯 명 있겠구나, 누구누굴까?' 그 다섯 명을 곧바로 알아볼 수 있을 때도 있어요. 저는 새로 온 교사들한테 그 통계를 알고 있느냐고 묻곤 했어요. 그런 걸 알려 주는 사람이 전혀 없었다니, 어떻게 그럴 수가 있는지 모르겠어요."

S는 자기가 받은 교육에는 그런 건 전혀 포함되

어 있지 않았다고 한다.

사실 이 문제는 더 깊이까지 들어가야 한다. 요즘 많은 학교들은 '학생들을 해로운 것들로부터 벗어나게 하자'는 목표를 진심으로 추구하고 있지만, 애초에 학교는 구조상 그 목표를 100퍼센트 달성할 수 없는 기관이다. 그건 어쩔 수 없는 일이다. 인간의 본성이 그렇다. 사춘기라는 게 원래 그렇고, 10대들을 하나의 시설 속에 무더기로 밀어 넣는 일 역시 태생적인 한계를 갖고 있다. 고리 달린 뚜껑으로 꽉 봉인된 깡통 하나에 너무 많은 정어리가 들어가 있는 것, 아이로 산다는 건 그런 것이다(잉가 클렌디넌Inga Clendinnen이 쓴 인상적인 문구가 있다. "그 모든 개성이 모여 아무런 경험도 쌓지 못하는"). 세상이라는 영토의 지도는커녕 그럭저럭 괜찮은 손전등조차 갖지 못한 채로, 때로는 그게 얼마나 괴로운 상황인지 알아차리지도 못하는 삶. 게다가 학교의 한계는 다른 곳에서도 드러난다. 학생과 교사 사이의 공간이 완전히 무해해질 수는 없다는 것이다. 타인에 대한 권력은 마치 연금술을 펼치듯 자신의 형태를 마음대로 바꿀 수 있으며, 권력에 의한 강압인지 아닌지 모호한 회색지대도 0.5퍼센트든 0.05퍼센트든 언제나 존재한다. 섹스 이야기다. 하지만 꼭 섹스만 문제인 건 아니다. 어린 사람들에게 강압이란 종종 꼭 안아 주고 싶은 양의 탈을 쓴 늑대처럼 찾아오는 법이다.

나는 말한다. 어맨더, 학교를 떠난 뒤엔 모든 게 공원에서 산책하는 것처럼 느껴지던가요?

•

이 책을 작업하는 동안 1년이 지나갔고, 그런 다음 2년이, 그리고 또다시 2년이 흘러갔다(그동안 나는 항로에서 이탈한 곳으로 내던져지지 않으려고 헛되이 발버둥을 쳤다). 그러는 내내 내가 감정적으로 학교를 좋아하지 않는 사람이었다는 사실은 전혀 떠오르지 않았다. 그러자 내 아이들이 그 사실을 상기시켜 주었다. 엄마, 엄마는 학교를 싫어하잖아. 나는 생각했다. 아니, 학교는 나를 미치게 만드는데 그걸 어떻게 잊어버린 거지? 어쩌면 여러 비극이 학교에 어떤 영향을 끼쳤고, 그러면서 예전의 내가 결코 이해하지 못했던 무언가를 들춰낸 것인지도 모른다.

나는 우크라이나에서 36번 학교에 8년간 다녔고, 우리 가족이 오스트레일리아로 온 뒤에는 멜버른에 있던 두 군데의 중고등학교를 다녔다. 이 세 학교 모두 거의 비슷한 정도로 견디기 어려웠다는 것 말고는 별로 할 말이 없다. 이제 와서 학교를 아주 좋아하게 된 양 굴지는 않을 것이다. 그건 사실이 아니니까. 거기에는 아무런 희망도 없이 몇 년 동안 강제로 해야만 하는 출석

고통을 말하지 않는 법

이 있다. 줄 서기나 제복에 대한 집착처럼 군대와 비슷한 분위기도 있다. 화장실에 가려면 손을 들어야 한다. 네모난 안뜰을 가로지르려면 당신이 초대받지 못한 파티에 관해 의논하는 아이들의 무리를 여럿 지나쳐야 한다. 설익은 교육 과정이 있고, 오판으로 인해 너무 오래 익혀 버린 교육 과정이 있다. 당신은 순응과 뛰어난 외모에는 무한한 보상이 따른다는 사실을 그곳에서 처음으로 깨닫는다. 그리고 모니크나 앤이나 어맨더 같은 선생님이 한 명쯤 있는 반면, 그저 그렇거나 전혀 가까워지고 싶지 않은 교사는 열 명씩 있다는 것도 알게 된다. 물론 이건 그나마 상황이 좋고 안전할 때의 이야기다. 그러니까 최소한의 제어 장치만 단 채 학교를 이리저리 뒤흔드는 폭력배나 사이코패스, 성적 착취를 일삼는 교사, 인종 차별이나 동성애 혐오를 적극적으로 전파하는 인간, 학교 구석에서 필로폰과 헤로인을 싼 값에 내놓고 파는 딜러, 피해자들을 쉬지 않고 공격해서 그들이 방 안에서 태아처럼 몸을 웅크리거나 자기 몸을 도려내는 자해를 하게 만드는 트롤,[3] 이 모두가 하나도 없을 때의 이야기다.

학교를 싫어하게 되는 이 수많은 이유 중에는

---

3   원래 트롤은 유럽 신화의 거인을 뜻하지만, 현대 사회에서는
     일부러(대개는 그저 재미로) 남들을 괴롭히는 사람을 뜻하기도 한다.

(데이비드 라코프David Rakoff의 표현에 따르면) 우리의 '내면 나이'도 있다. 내 경우를 예로 들자면, 오스트레일리아로 왔을 때 내 달력상의 나이는 열다섯 살이었지만 그 내면은 서른아홉 살에 더 가깝게 느껴졌고, 라코프가 정의하는 지극한 행복의 상태, 즉 "외면과 내면이 조화를 이루고 신체와 정신이 최대한 완벽하게 맞물려 돌아가는" 상태로부터는 거의 수십 년이나 떨어져 있었다. (라코프는 암으로 마흔일곱 살에 세상을 떠났다. 그때 그의 내면 나이는 몇 살이었을까? 라코프 자신은 마흔일곱에서 쉰세 살 사이일 거라고 추정했다.) 어떤 사람들은, 아마도 꽤 많은 이들은, 어린이로 지내는 일에 정말 뛰어나다. 나는? 전혀 아니었다. 그렇다고 특별히 끔찍한 일이 일어났던 건 아니다. 그저 무력하고 선택지가 없는 상태, 의존 상태, 언제나 다른 누군가의 생각에 맞춰 행동해야 하는 상태가 이어졌을 뿐이다. 나는 그 시간이 끝나기를 너무나도 간절히 바랐다. 그리고 이제 그 시간은 끝났다. 나는 구스 스텝[4]을 밟으며 중년('중세'라고 타이핑할 뻔했다)을 향해 나아가는 중이다. 이제는 내 아들의 차례가 왔고(내 딸은 그 시기가 끝났다), 앞으로는, 모든 일이 잘 풀린다면, 그들의 아이들 차례가 돌아올 것이다. 그 과정들을 지켜보는 일은 그 자체로 고문이다.

프랜시스는 중고등학교를 떠나고 싶어 하지 않

았다. 그에게 끔찍했던 건 중고등학교 시절이 아니라 대학에 들어가 학부에서 보낸 몇 년이었다. 자신을 알고 좋아해 주는 사람들에게 둘러싸여 있던 중고등학교에서는 안전하게 지지받는 기분이었지만, 대학에서 만난 아이들은 아무렇게나 술에 취해 파티를 벌이곤 했다. 프랜시스는 자신은 그런 건 전에 다 해 봤다고 느꼈다. 케이티가 죽기 전에 말이다. 프랜시스는 대학에서 3년을 보내는 동안 한 명의 친구도 사귀지 못했다. 나중에는 석사 과정을 밟았는데, 그때는 공감할 수 있는 사람들을 찾아내서 상황이 훨씬 나아졌다. 나 또한 대학 학부 시절에는 정말 외로웠었다고, 나는 그에게 말한다. 내 중고등학교 시절의 외로움에 대해서는 말하지 않는다.

•

만약 당신의 여동생이 바로 지난달에 목을 매 자살했는데, 어느 선생님이 "오늘은 『안티고네』에 대해 이야기해 보자"라고 말한다면 (실제로 프랜시스에게 일어난

4　　상체를 꼿꼿이 세운 채 무릎을 굽히지 않고 다리를 높이 들어올리며 행진하는 군대식 걸음걸이. 과거에는 여러 공산주의와 전체주의 국가에서 널리 채택했으나 현재는 북한 등 극소수의 국가를 제외하면 거의 모습을 감췄다.

시간은 모든 상처를 치유한다　　　　　　　　　　53

일이다) 당신은 그 말을 조금이라도 진지하게 받아들일 수 있을까?[5]

아니, 어쩌면 그 반대일지도 모른다. 학교가 그나마 가장 납득할 만한 방식으로 돌아갈 때는 죽음에 직면했을 때인지도 모른다.

전교생이 800명인 밀두라 공립 고등학교는 여섯 명의 학생을 잃었을 때 카메라를 들이대는 인간쓰레기(어슬렁거리는 언론 관계자의 이미지는 그곳 사람들의 기억 속에 인간쓰레기로 새겨졌다)를 제외한 모두에게 문을 활짝 열었다. 모퉁이를 돌던 스테이션왜건이 한 무리의 10대들을 들이받은 사고였다. 내가 알고 지내는 바브라는 교사는 입원한 생존 학생 중 한 명을 면회하러 갔는데, 이 여학생의 둔부에는 96조각의 자갈 파편이 박혀 있었다(이 학생은 나중에 그것들을 병에 담아 보관했다). 학생들은 도로변을 따라 걸어 파티에 가는 중이었다.

그 비극은 토요일에 일어났다. 그 지역의 모든 중고등학교는 그다음 주 월요일에 등교를 해야 하는지에 관해 요란한 논쟁을 벌였다. 졸업생들, 다른 학교에 다니는 친구들, 사망 학생들의 부모들은 그 월요일에 학교로 방문해 달라는 권유를 받았다. 학교 카페테리아는 애도를 위한 공간으로 전환되었다. 학교 측은 사망 학생 가족 가운데 교회와 연결 고리가 강하지 않은 가

고통을 말하지 않는 법

족들을 위해 장례 일정 잡는 일을 도왔다. 학교의 교목이 의식을 이끌었다. 셰인, 애비, 스티블리, 카산드라, 코리, 조세핀이 세상을 떠난 뒤의 몇 주, 그리고 몇 달 동안, 학교는 무너져 내리는 세상을 지탱하는 중심이 되었다. 2006년의 일이었다. 그 뒤로 여러 해가 지난 지금, 바브의 말들 속에는 시간이 흘러도 변하지 않는 무언가가 아직도 얼룩처럼 박혀 있는 것만 같다.

> 그날 밤 비번이었던 간호사들이
> 떠올라요. 서로에게 전화를 걸고, 자기
> 아이들을 맡긴 다음 병원으로 가서
> 유가족들이 보기 전에 시신을 닦는 일을
> 도왔던 간호사들요. 사고 이후 처음
> 맞았던 그 월요일 아침도 떠올라요.
> 교사로서 나머지 아이들 얼굴을 어떻게
> 마주했는지, 떠난 아이들의 이름이
> 아직 그대로 있는 출석부를 보며
> 출석을 어떻게 불렀는지. 언론들도……
> 그 인간들이 얼마나 무자비했는지도

---

5   안티고네는 그리스 신화의 인물로, 반역자로 규정되어 방치된 오빠의 시체에 장례 의식을 행했다가 산 채로 지하 무덤에 갇힌다. 이후 굶어 죽기 전에 목을 매 자살했다. 소포클레스부터 브레히트에 이르기까지 많은 작가가 이 이야기를 극화했다.

생각나네요. 제 상사가 타원형
운동장을 성큼성큼 가로질러 가면서
카메라맨들한테 우리 학교에서 나가라고
말했죠. 우리 학교 운동장이 무척 넓어서,
아이들은 큰 건물들 뒤에 숨어 다른
사람들의 방해 없이 애도할 수 있었어요.
얼마나 다행이었는지.

"1주일, 아니면 조금 더 지났던가, 그날 학교에 도착해
서 차에서 내렸어요." 바브는 말한다. "학교는 다시 시끌
시끌해져 있었어요. 세상에서 가장 아름다운 소리였죠.
북쪽에서 겨울을 보내고 돌아온 새들 같더라고요."

　　모의고사, 실제 시험, 부모-교사 간 인터뷰, 수업
시간…… 아무런 기준도 순서도 없이, 서로 아무런 관계
도 없이 떠오르는 그 기억들은 얼핏 불합리하게 느껴지
기도 한다. 하지만 이전의 충격에 그 어떤 영향도 받지
않았다는 듯 떠오르는 그 기억들은 중요한 의미를 담고
있다.

　　2011년, 일본에서 지진과 그에 따른 해일과 그에
따른 원자로 노심 용융이 시작된 시각은 오후 2시 46분
이었다. 그 시각에 그 나라의 취학 연령 아동들이 대부
분 있었던 곳은…… 〔뻔하다〕. 천재와 인재가 결합된 이
재앙에 관한 이야기에서 잘 알려지지 않은 부분이 있는

고통을 말하지 않는 법

데, 바로 그곳의 여러 학교가 주민들을 얼마나 잘 보호했는지에 관한 것이다. 학교 체육관은 구호 물품 보급소가 되었다. 학교 벽들은 게시판이 되었다. 많은 학생이 식량과 약품을 나눠주는 일을 맡았는데, 이 일은 그들에게 목적의식을 주었고 자연스러운 조직화를 이끌었다. 시간이 흘러 학교들은 다시 학교로서 기능하기 시작했고, 그때 학생들은 다시 한번 달라졌다. 이시노마키시市의 어느 학교 교장은 아이들이 참사의 잔해로부터 몸을 돌려 다시 학교 생활에 몰두하게 되고 나서야 교육이 무엇을 할 수 있는지 이해하게 되었다고 말했다. 퀸스랜드 북부에 있는 이니스페일 주립 중고등학교의 경우는 어떨까. 그곳의 교장이었던 줄리 포졸리는 취임 8주째에 5등급 사이클론 '래리'로 인해 폐허로 변해 버린 학교를 보았을 때 자신이 가장 먼저 해야 할 일이 무엇인지 깨달았다. 그건 교문을 다시 활짝 여는 것이었다. "왜냐하면 우리에겐 학교에 와야 하는 아이들이 있었으니까요. 그 애들을 위해 상황을 최대한 정상으로 만들어야 했습니다." '정상으로 돌아간다'는 말은 정말 어디서나 흔히 볼 수 있는 표현이지만, 그건 들리는 것처럼 말로만 그럴싸하거나 애매한 이야기는 아닐 것이다. 지역의 학교는 중세 도시의 광장이 그랬던 것처럼 여러 가지를 계속 유지하는 기능을 담당할 수 있다. 광장이 거기 온전하게 남아 있는 한, 사람들은 그곳을 중심으로 지역 사회의 나머지 부분을 재창조할 수 있었다.

　"우리는 일종의 균형 상태를 유지해 달라는 요청을 받았습니다." 바브는 말한다. "어떤 평온함을요. 평온함이라기보다는 침착함이라고 해야겠네요. 우린 정말 노력했어요. 그냥 수업을 계속했죠. 아이들 앞에서는 흐느껴 울지 않아야 한다는 걸 계속 의식했고요. 이미 충분히 많은 사람들이 흐느껴 울고 있었거든요." 가장 힘들었던 일은 마지막 장례식이 끝난 뒤 애도 공간을 철거하는 일이었다. 그 공간에 붙어 있던 메시지들과 시들은 부모들이 와서 가져갈 수 있도록 작은 꾸러미에 포장되었다. 여섯 개의 사물함은 그해 내내 사용되지 않았다. 꽃과 메모와 장식을 떼어 낸 사물함들은 텅 비워진 채 손대지 않은 상태로 남았다. 케이티의 사물함과 똑같았다. 바브의 말에 따르면 애도 공간이 닫히는 걸 받아들이기 어려웠던 학교 측은 다시금 태도를 바꿨고, 학생들과 교사들은 여섯 명의 희생자를 기억할 방법을 찾아 나섰다. "우린 그 아이들을 우리 팔에 간직했어요." 학교를 상징하는 색깔인 노란색과 푸른색의 고무로 만든 암밴드였다. 어떤 학생들은 그것을 한 번도 벗지 않고 2년간 착용하고 다니기도 했다. 당시 진행되고 있던 일들, 계속되는 고통과 상실감, 법원의 심리, 여러 기관의 조사, 언론 보도…… 마치 상처에서 끊임없이 딱지를 떼어 내는 듯한 그 모든 일을 헤쳐 가는 와중

고통을 말하지 않는 법

에, 가끔은 "가서 선생 노릇을 하는 일이 위안에 가까웠"
다고 바브는 말한다.

　　사회가 변화하고는 있었지만 아직 어느 방향으
로 변화할지는 확실하지 않았던 그 무렵, 프랜시스와
나는 자살에 대한 대응을 주제로 한 어느 포럼에 참석
한다. 앞줄에 앉아 메모장과 펜을 무릎 위에 올려놓고
기다리는데 프랜시스가 이렇게 속삭인다.

　　―정신적 외상 후 스트레스 장애라는 거,
　　　믿으세요?
　　―그렇게 많이는 아니에요.

무대에는 역사학자, 예술가, 학자, 정신 건강 관련직 종
사자, 저널리스트, 자살로 몰리는 기분이 어떤 건지 아
는 사람들, 뒤에 남겨진다는 게 어떤 기분인지 잘 아는
사람들이 뒤섞여 올라와 있다. 그들은 변화가 일어나고
있고 새로운 언어가 등장하고 있다는 살아 있는 증거
다. 행사가 끝난 뒤, 시가 전차를 기다리던 우리 둘은 좋
은 밤이었다는 데 의견을 모은다. 프랜시스는 말한다.

　　―하지만 화가 많이 나기도 했거든요. 너무 화가
　　　났어요. 언론 쪽 사람 중에 그 저널리스트,
　　　짜증 나지 않았어요? 그 사람, 자기가 취재했던

청소년 자살 이야기를 하면서 자기가 얼마나
특별한 영웅인지, 또 자기가 얼마나 커다란
정신적 충격에 시달리고 있는지 은연중에
드러내지 않던가요? 그 사람이 젊은 사람들의
자살 이야기에 얼마나 푹 빠져 있는지
알아채셨어요? 얼마나 거기에 매혹됐는지요?
—약간 자기애가 강한 사람 같긴 했어요. 자기
자신이 감정적으로 얼마나 깊이 반응하는지에
감탄하는 것 같더라고요.
—자기애라, 그 말이 딱이네요.

예전 저널리스트들에게 청소년 자살은 탐사 보도를 할
만한 소재가 아니었다. 청소년 자살을 보도하는 건 마
치 불을 지른 다음 그 방화 현장에서 도망치는 것과 비
슷한 일이었다. 2006년, 〈포 코너스Four Corners〉[6]의 한 에
피소드는 열일곱 살 소년 캠벨 볼튼이 호텔 옥상에서
뛰어내린 사건과 그 사건이 남긴 여파를 공들여 연구했
다. 제작진은 냉철하게 파고들었다. 당시 총괄 프로듀
서였던 브루스 벨샴은 그 에피소드를 편집하면서 자기
경력을 통틀어 가장 힘든 판단들을 연이어 내려야 했다
고 말했다. 〈포 코너스〉가 그해에 방영한 다른 회차에는
필로폰 중독, 성노예, 오스트레일리아 내부에서 이루어
지는 테러리스트 고용, 심지어 발리의 사형수 수감동에

고통을 말하지 않는 법

있는 오스트레일리아인들의 이야기까지 등장했는데, 캠벨 볼튼의 자살 사건은 그것들을 다 합친 것보다 난처한 에피소드였다는 것이다. 그 이후, 우울증 인식 개선을 위한 단체 '비욘드블루'가 질롱 학교라는 하나의 장소에서 일어난 네 건의 자살을 다룬 TV 다큐멘터리 〈60분〉의 한 에피소드 가운데 일부를 방영 중지시키는 데 성공했다. 2009년의 일이었다. 당시의 논쟁을 접하고 싶다고? 똑같은 논쟁이 너무도 오랫동안 이어졌고, 그 논쟁을 뒷받침하는 엄청나게 두꺼운 연구 문헌 뭉치도 여럿 생겨났기 때문에, '무책임한 / 위험한 / 모방 심리 / 집단 자살' 같은 몇몇 유행어만 입력하면 그와 관련된 기록들을 금방 찾아볼 수 있다.

그러다가 2012년 어느 일요일 밤이 되었다. 〈포코너스〉가 중고등학교 학생 열두 명의 집단 자살 사건을 다뤘다. 그들 중 대부분은 멜버른 교외에서 달려오는 기차 앞에 서 있었다. 앨버리-워동가 지역의 일간지 「보더 메일」은 4개월에 걸쳐 청소년 자살 이야기를 1면에 연재했다. 그 신문의 편집자와 제작진이 '자살의 침묵을 끝내자' 캠페인으로 워클리상[7]을 받는 장면이 나왔을 때, 나는 우연히 TV를 켜 놓고 있었다. 카메라는 앞

---

6   호주에서 가장 유서 깊은 시사 다큐멘터리 TV 시리즈. 1961년에 시작되었다.

뒤로 리드미컬하게 흔들리며 그들을 잡아 내고 있었다. 그 흔들림은 사람들이 가끔 장례식장에서 몸을 흔드는 것과 비슷했다. 고통을 덜어 주는 흔들림.

사회가 끝까지 침묵을 지키려던 사안 중 하나에 금이 가기 시작했던 걸까? 잘 익은 호두처럼? 아니면 (좀 더 지루한 이야기지만) 사람들이 온라인 속에서 존재하는 방식을 오프라인 세계가 따라잡으려 애쓰고 있었던 걸까?

또 다른 어느 날 밤, 우리 집 TV 화면에는 토크쇼가 펼쳐지고 있다. 그날 밤의 주제는 '애도하기와 그 기한'이다. 오스트레일리아 억양이 강하면서 정신적 외상에 대한 전문적 지식은 특별히 없는 사람들이 출연해 위대한 예술 작품들이 영원에 가까운 시간 동안 말해 왔던 이야기를 반복하고 있다. 그들이 전하는 이야기는 우리가 지난 100여 년 동안 의도적으로 망각해 왔던 내용을 담고 있다. "이건 병이 아니에요. 저는 이걸 극복하지 않을 겁니다. 저는 이것과 함께 살아갈 거예요." (사망한 소녀의 어머니)

내가 말하고 싶은 것은, 사실은 고래고래 소리 지르고 싶은 것은, 자살에 대해 숨김없이 이야기하는,

---

7   Walkley Awards.
호주 저널리즘에 관한 상으로, 신문과 영상, 라디오, 인터넷 등 다양한
분야를 아우른다.

다시 유행하고 있는 이런 태도가, 이런 두려움의 부재가, 너무도 새로워서 금방 칠한 페인트 냄새가 날 지경이라는 것이다.

자살은 시도되고, 공상을 불러일으킨다. 그것은 고려되고, 완료(소름 끼치는 전문 용어다)되며, 애도되고, 기억된다. 소셜 미디어 플랫폼에서는 자살이 아주 옛날부터 논의되어 왔는데, 그건 (프로이트가 알아냈듯) 죽음이 욕망과 함께 인간의 삶을 지배하는 두 가지 커다란 힘 중 하나이기 때문이다. 죽음과 섹스는 두 줄기 거대한 강처럼, 온라인 세계의 나일강과 아마존강처럼 흐르고 있다.

브린과 케이티는 그 온라인 시대의 초창기에 속해 있던 아이들이었다. 브린의 삶이나 죽음에 대한 흔적은 인터넷상에 전혀 남아 있지 않다. 케이티는 마이스페이스[8] 계정만 남아 있을 뿐이다. 그 공간은 케이티가 죽고 1주일 뒤에 프랜시스가 케이티의 자살 암시 메모를 발견한 곳이고, 이후로는 스스로 케이티의 친구라고 생각하는 사람들이 케이티의 생일이나 다른 여러 특별한 날에 찾아와 별 뜻 없는 안부 메시지를 남기던 곳이기도 하다. 이를테면 다음과 같은 메시지들을.

---

8   2000년대 중후반에 영미권에서 큰 인기를 누린 SNS 플랫폼

시간은 모든 상처를 치유한다   63

생일 축하해, 케이티. 케이티, 너랑 못
본 지도 너무 오래됐네. 오늘 프랑스어
시험장에 너랑 같이 있었으면 좋겠다!
넌 프랑스어는 항상 나보다 잘했잖아.
특히 그 시들 말이야☺ 어디 있든
행복하길 바랄게. 현장 실습이 있었거든.
대학에 다니는 어떤 여자를 봤는데 네가
너무너무 많이 떠오르더라.

이런 시시한 말들이 가슴 아픈가? 케이티에게 보내는
이런 말들 속에는 순전한 자기만족이 얼마나 담겨 있을
까? 케이티의 죽음이라는 최종성을 해맑게 무시해 버
리는 '귀여운 연기'는 또 얼마나 담겨 있을까? 그 일이
돌이킬 수 없는 일이라는 사실을 받아들이지 않는 태
도. 케이티, 나는 이랬어, 케이티, 나는 저랬어. 나는 어
느—청소년의 시신을 검시하는—검시관으로부터 젊
은 사람들은 최종성이라는 걸 이해하지 못한다는 말을
들은 적이 있다. 너무도 많은 일이 시행착오일 수밖에
없는 그 나이대의 아이들에게, 한번 죽으면 우리는 영
원히 죽은 채로 남는다는 사실을, 어떤 일들은 지울 수
없고 되돌릴 수도 없다는 사실을 어떻게 가르칠 수 있
을까? 아마도 그들의 '시행'에 착오가 일어나기를 기도
하는 수밖에 없을 것이다. 기차에 깔려 숨진 한 10대 소

녀의 어머니는 딸의 친구들이 죽은 딸의 휴대 전화에 계속 전화를 걸고 문자를 보내 왔던 일을 기억한다. 그 전화기는 마치 그들을 지하 세계와 연결해 주는 관문, 혹은 (그리스도의 몸을 대신하는 성체처럼) 딸의 사라진 육체를 대체하는 사물인 것 같았다. 아니면 그 아이들은 그 전화기가 여전히 딸과 함께 있다고, 배터리가 닳을 일이 없는 저 너머 어딘가에 함께 가 있다고 느끼는지도 몰랐다.

케이티는 자살한 남자 친구의 마이스페이스 계정에 메시지를 남겼다. 케이티 역시 그에게 직접 말을 걸었던 것이다. 넌 나를 기다려 주지 않았구나. 조금만 있다가 곧 만나. 이것이 한 친구가 기억하는 케이티의 게시물 내용이다.

"남을 괴롭히는 사람들은 페이스북에 더 많을지도 모르겠어요. 그래도 페이스북은 온통 환하고 솔직한 공간이었고, 그에 비하면 마이스페이스는 어두운 곳이었어요." 모니크는 말한다.

나는 스테이시 피칠라이즈Stacey Pitsillides의 다음과 같은 생각이 마음에 든다. 21세기의 흔적을 찾는 미래의 고고학자들이 "인터넷에서 발견하게 될 것들은 그들이 땅 밑에서 발견하게 될 것들과 닮아 있을 것이다. 주로 쓰레기와 무덤들일 테니까."

온라인 추모 공간에서 사람들이 말을 거는 대상

은 한때 전통이 그러라고 명령했던 대상과는 다르다. 사람들은 유가족이 아니라 죽은 이들에게 직접 말을 건다. 지난 오랜 세월 동안, 서구에 사는 사람들은 죽은 이들에게 말을 걸 때면 은밀해져야만 했다. 만약 정기적으로, 공공연하게, 대낮의 밝은 햇빛 아래서 그랬더라면 우리는 복합성 애도 장애 혹은 그보다 더 나쁜 병명을 진단받을 위험을 무릅써야 했을 것이다. 하지만 온라인에서는 죽은 이들에게 말을 걸면서 자기 근황을 알려 주고, 얼마나 보고 싶은지 알려 주며, 즐겁게 지난날들을 회상하고, 뭔가를 도와 달라고 간청하는 일이 상식에서 벗어나지 않는 행위다. 실시간으로 이야기를 주고받지 않고, 일방향적이며, 공공연히 드러나 있는 그런 소통은 보기에나 느끼기에나 자연스럽게 여겨진다. 그게 사람들이 일반적으로 온라인에서 이야기하는 방식이기 때문이다. 따라서 죽은 이들과의 소통이 일어나는 곳, 즉 죽은 이들의 페이스북 페이지는 결코 온라인 세계의 정신 나간 측면을 상징하는 장소가 아니다. 레진 디배티Régine Debatty(큐레이터, 비평가, 블로거)의 말에 따르면 그곳들은 "절대 건드리지 않고 놔두는 10대 때의 침실과 묘비 사이" 그 어딘가에 해당한다. 우리의 의식儀式들은 변화하는 중이다. 디배티는 애도에 관해서라면, 그리고 사실은 다른 많은 것에 관해서도, 우리가 10대들로부터 실마리를 얻고 있다고 생각한다.

고통을 말하지 않는 법

넘쳐흐르는 슬픔, 치워 버릴 수 없는 슬픔을 위한 공간. 영어를 사용하는 서구 문화권은 최근까지 그런 공간을 갖지 못했다. 커다란 슬픔, 오랜 슬픔을 위한 공간 역시 갖지 못했다. 그리스 신화 속에 땅과 수확과 농업의 여신인 데메테르의 슬픔을 위한 공간이 없었던 것처럼 말이다. 오비디우스가 『변신 이야기』에서 묘사했듯, 딸 페르세포네를 잃은 데메테르는 쉬지 않고 슬퍼했고, "감사할 줄 모르고, 자신이 선사하는 곡식 낟알을 받을 자격도 없는 이 넓은 세상 전체를 비난했다." 데메테르가 슬퍼하자 세상은 고통에 빠졌고, 모든 땅은 불모지로 변했다.

•

아, 케이티, 너는 네 마이스페이스 계정에 자살 메모를 올렸지. 그건 코카콜라가 펩시콜라에게 한 일을 페이스북이 마이스페이스에게 하기 전의 일이었지.[9] 프랜시스는 그 메시지에 이런 말이 적혀 있었다고 했어.

안녕 프랜시스, 언니는 아마 이걸 읽고

---

9   2010년대에 들어 마이스페이스는 페이스북의 인기에 압도당하며 내리막을 걸었다. 작가는 이를 코카콜라가 펩시콜라를 압도하는 상황과 비교했다.

있을 거고 그때쯤엔 나는 아마 죽어 있을

거야 어쩌고저쩌고. 모두들 보고 싶어.

너는 마지막 순간에 네 자신에게 마음을 바꿀 기회를

주고 있었던 거니?

　　나는 크리스마스 파티를 여는 사무실 직원들 대

여섯 팀쯤은 거뜬히 받을 수 있는 넓은 카페에서, 거의

텅 빈 그곳에서 너희 언니와 마주 보고 앉아, 너희 언니

의 광대뼈에서 뛰어내린 눈물이 목으로 떨어지는 걸 지

켜보고 있어. 펑펑 쏟아져 나오는 게 아니라 구슬처럼

조용히 굴러떨어지는데도 그 눈물은 끝이 없는 것처럼

느껴져. "제가 몇 번이나 울었는지 생각해 보면 어이가

없지 뭐예요." 프랜시스가 말한다. 울었는지는 과거를

뜻하는 표현이고, 우리가 마시고 있는 이 커피도 이미

몇 년 전 크리스마스 시즌에 마셨던 커피다. 자매 3호는

울고 있을 때는 나이를 가늠할 수 없어 보인다.

　　자살 메모의 마지막 두 줄을 정확히 그대로 옮겨

보면 다음과 같다.

　　이 일이 자기 잘못이라고 여기는 사람이

　　있다면 그게 누구든 간에 그렇지 않다고

　　전해 줘. 심지어 이 편지를 쓰고 있는

　　나도, 이 글이 나중에 읽히게 될지 곧

지워 버릴지조차 모르겠으니까.

케이티, 너는 너 없는 세상을 그려 보고 있었던 거니?
아니면 네가 있기는 한데 죽어 있다는 점만 다른 세상
을? 그것도 아니면 넌 네가 여전히 살아 있지만 더는 이
세상이 아닌 어떤 공간 속에 있다고 여겼니? 거기서 말
을 하려고 애쓰고 있었던 거니?

프랜시스가 대학 3학년 때 문예 창작 과제로 쓴
글에는 다음과 같은 구절이 있다.

그 메모는 철자도 문법도 너무 많이 틀렸다. 마치
거의 아무 노력도 들이지 않은 것처럼. 누군가가 읽을 거라
고도, 자신에게 필요한 글이라고도 생각하지 않은 것처럼.

캠벨 볼튼의 침대 위에 남겨져 있던 메모는 길고
사려 깊었다. "여러분이 이유를 안다고는 생각하지 말
아 주셨으면 해요. 저조차도 완전히 확신하지는 못하니
까요. 그냥 이게 최선이에요. 스스로를 죽이면 안 된다
고 말해 주던 제 메커니즘이 고장 났어요."

케이티, 네 메모는 다른 무언가를 쓰기에는 너무
고통스러웠던 네게서 그냥 스르르 스며 나온 감정의 기
복 같은 거였니? 아니면 죽고 싶다고 생각은 했지만 정
말로 그 일에 성공할 경우는 진지하게 받아들일 수 없
다는 걸 알게 되었던 거니? 오래전 프로이트는 이렇게
말했었단다. "우리의 무의식은 자신이 죽을 거라고 믿

지 않으며, 마치 자신이 불멸하기라도 할 것처럼 행동한다."

　　(브린의 메모는 전통적이라고 불릴 만한 것이었다. 작별의 말을 했고, 부모님에게는 특히 신경을 쓴 작별 인사를 건넸으며, 자신을 발견하게 될 사람에게는 사과의 말을 전했다. 그는 S에게는 이렇게 썼다. "너는 멋진 친구야.")

●

S는 말한다.

　　─한동안 브린한테 편지를 쓰곤 했어요.
　　─ 종이에 쓰는 편지요?
　　─네, 종이에 쓰는 거요. 그동안 나는 이런 생각을
　　　했어. 내 삶에는 그동안 이런 일들이 일어났어
　　　하고요.
　　─그 편지들을 어떻게 했나요?
　　─쓴 다음에 태워 버렸어요.

중국에서는 죽은 이들을 기리기 위해 종이로 만든 공물─종이로 만든 돈과 집, 차, 옷, 가장 최근의 블록버스터 영화를 종이로 재현한 모형들─을 태운다. 내세에서 죽은 이에게 필요할지도 모르는 것들의 표상을 태우는 것이다. 죽은 이들도 당연히 욕구가 있고, 거기에 더해 자신만의 기준도 갖고 있다. 그래서 우리는 그들이 실망하지 않기를 바란다. 케이티는 해리 포터 시리즈의 마지막 권이 나온 주에 죽었다. "엄마가 이러셨어요. 걔는 해리 포터 새 이야기가 나오는 것도 기다려 주지 않았잖니." 프랜시스는 이제 울다가 웃다가 하고 있다. "저는 그 책을 하룻밤에 다 읽었는데 하나도 기억이 안 나요." 프랜시스의 어머니는 중국인이다. 불교 신자이기도 하다. 어머니는 케이티에게 보내는 메모를 써서 그 책에 끼운 다음 태우라고 프랜시스에게 일렀다. 할머니는 종이로 만든 작은 집을 태웠다. 프랜시스는 『해리 포터와 죽음의 성물』을 태웠는데, 그건 케이티가 아니라 엄마를 위해 한 일이었다. (J.K. 롤링은 어느 인터뷰에서 자신이 일찌감치 내린 중요한 결정에 관해 말한 적이 있다. 자신의 작품에서는 마법이 죽은 이를 되살릴 수 없다는 거였다. 죽은 이들은 계속 죽은 채로 남아 있을 거라고.)

"나는 우리가 왜 죽은 이들을 살려 놓으려 애쓰는지 안다." 조앤 디디온은 『상실The Year of Magical Thinking』에서 이렇게 쓴다. "우리가 그들을 살려 놓으려 애쓰는 건 그들을 우리 곁에 두기 위해서다. 그리고 나는 우리가 우리 자신으로 살려면 죽은 이들을 단념하고, 그들을 보내 주고, 죽은 채로 있게 두어야만 하는 시점이 온다는 것도 알고 있다."

1주일에 한 번씩 청소부가 왔다. 그럴 때마다 프랜시스의 엄마는 케이티의 사진을 전부 감추었고, 그 애가 부재한다는 모든 흔적을 없애 버렸다. 저 방은 건드리지 마세요, 엄마는 청소부에게 말하곤 했다. 우리 막내도 자기 혼자 청소하는 법을 배워야 하거든요.

사랑하는 것도 힘든 일이다.

엄마는 이 집에서 누군가가 죽었다는 걸 청소부에게 알리고 싶지 않아서 그러는 거라고 했지만, 매주 세 시간 동안 케이티가 여전히 살아 있는 척할 수 있어서 그랬다는 거 알아요. (「어머니에게 보내는 고백」, 3학년 문예 창작 과제)

조앤 디디온은 죽은 남편의 구두를 처분할 수 없었는데, 언젠가 돌아올 남편이 그걸 신어야 하기 때문이었다. 이 행성에서 가장 똑똑한 사람들도 죽은 이들이 돌아오기를 기다린다. 프랜시스 역시 한때 매일 밤 잠들지 못하고 깨어 있었다. 프랜시스의 방은 케이티가 옛날에 쓰던 방 바로 옆에 있었다. "밤중에 일어나서 화장실에 가곤 했어요. 그 애의 방을 지나 걸어가면서 그 애를 처음 발견했을 때 느꼈던 그 공포를 몇 번이나 다시 느꼈어요." 10년 전, 프랜시스는 하룻밤에 최소한 열 번씩은 자리에서 일어나곤 했다. 매일 밤 열 번씩. "정말로 용변이 마려운 건 아니었어요. 게다가 거길 다녀오는 건 엄청나게 무서웠고요." 하지만 프랜시스는 그 일을 반복했다. 마치 동생이 자살했을 때 그 자리에 없었던 자신을 벌주기라도 하는 것처럼. 어쩌면 프랜시스는 면역 효과를 얻으려 했는지도 모른다. 아무 생각 없이 반복하는 행동을 통해 마음의 괴로움이 닳아 없어지게 하려고 애썼다고 할까. 사람들은 프랜시스가 잘 견딘다고들 했고, 프랜시스는 자신이 겁쟁이라고 생각했다. 그러다 마침내 잠이 들면 꿈이 찾아오곤 했다. 꿈속에서 케이티는 여러 장소에서, 가끔은 학교 근처 공원에 있는 나무에서 목을 매려 하고 있었고, 프랜시스는 동생을 구하려고, 다른 사람들이 자신의 죽은 동생을 보지 못하게 하려고 필사적으로 공원까지 달려갔다. 때로는 꿈속에서 케이티가 '반짝반짝 살아 있는' 모습으로 프랜시스를 찾아왔고, 그럴 때면 프랜시스는 그때껏 한 번도 느껴본 적 없는 행복감에 휩싸였다.

조앤 디디온은 말한다. "애도는 사실 하나의 장소다. 우리 중 누구도 거기 도착할 때까지는 알지 못하는 장소."

프랜시스는 애도를 경험하면서 부모님을 마치 처음 보는 사람처럼 새로운 시선으로 바라보게 되었다. 자신의 부모 또한 사람이고, 감정이 있으며, 믿을 수 없는 고통을 품고 있다는 것을 알게 되었던 순간들, 그 매

순간마다 하나씩의 깨달음을 얻었다고 그는 말한다. 케이티가 죽은 날 아침, 케이티의 침대 위에서 울부짖고 있던 어머니의 모습을 보았을 때처럼.

엄마가 케이티의 침대에 몸을 웅크리고 있는 걸 봤을 때 떠오른 건 그런 거였어요. 끙끙거리면서 우는 아기, 아무 힘도 없는 어린아이. 언제나처럼 엄격하던 평소의 모습은 떠오르지 않았어요.

그리고 아버지의 상처와 외로움.

아버지가 가진 거라곤 자식들과 책들뿐이다. 책들은 우리 집에서 존경 어린 대접을 받는다. 위대한 소설가들의 책으로 가득 찬 책장은 우리 집을 환하게 밝혀 주며, 거기 있는 책들의 모든 페이지가 아버지의 숨결을 느꼈었다.

(앤은 이 구절들을 12학년 영어 수업에서 소리 내 읽었다. 프랜시스는 이 부분을 엄마에게 읽어 주었다. 엄마는 영어를 읽는 게 편하지 않아서 보통은 프랜시스가 쓴 글을 읽지 않았지만, 환한 책장이 등장하는 부분은 무척 좋아했다.)

프랜시스는 잠들기 위해 〈프렌즈〉를 틀어 놓은 채 졸곤 했다. 지금 보면 참을 수 없을 만큼 달착지근한 시트콤이지만, 방영된 열 시즌 내내 엄청난 히트를 기록한 작품이었음을 잊어서는 안 된다. "그 애가 죽고 나서 〈프렌즈〉 전편을 다 봤어요. 그걸 봐야 잘 수가 있었거든요. 5년 동안이요. 매일 밤이요. 그러면 에피소드

고통을 말하지 않는 법

한 편당 몇 번씩 본 건지 아세요? 그 목소리들이 아무 생각도 안 나게 해 줬어요." 프랜시스는 결국 〈프렌즈〉를 끄고 잠들게 되었고, 그 일은 엄청난 발전이었다. 그 뒤로도 꿈들은 여전히 계속됐지만, 프랜시스는 그 꿈들을 방해하기 위한 장치만큼은 놓아 버릴 수 있었다.

●

나는 한 젊은 여성의 어머니다. 내 딸은 한동안 정신 건강이 (육체적 건강도 마찬가지지만) 좋지 않았다. 나는 어쩔 수 없이, 어쩔 수 없이 엄청난 두려움에 휩싸인다. 나는 스스로 목숨을 끊은 아이를 둔 부모들의 인터뷰를 읽거나 바라보았다. 어느 부모나 충격으로 녹초가 되어 있다. 어떤 부모도 자식의 관을 따라 걷는 꿈을 꾸어 본 적은 없다. 가장 암울한 꿈속에서조차 그런 일은 해 본 적이 없다. "샤넬 같은 애가 그랬다는 건, 그냥 그런 일을 막을 방법이 없다는 거예요." 질롱 중고등학교에서 6개월 동안 발생한 네 건의 자살 사건, 그중 마지막 사건으로 딸을 잃은 캐런 래는 말했다. "왜냐하면 그 애는 세상에서 그런 행동을 제일 안 할 것 같은 애였으니까요." 세상에서 그런 행동을 제일 안 할 것 같은 애. 이 말에 찔리는 듯한 아픔을 느끼지 않고 그냥 지나칠 수 있는 부모가 있을까? 어느 아버지는 말했다. "저는 알코올 남용이라거나 양부모와의 갈등이라거나, 아니면 아동학대처럼 뭔가 잘못되거나 고장 난 부분이 있어야 그런 일이 생기는 줄 알았습니다……. 그랬는데 그 일이 우리한테 일어났어요."

이런 일이 당신의 마음속에 신에 대한 두려움을 불러일으키지 않는다면, 그럴 수 있는 일이 존재하기는 할까?

프랜시스와 케이티는 밤중에 집 바깥으로 몰래 나가곤 했다. 자살하기 전날 밤, 케이티는 동트기 몇 시간 전까지 나가 있었다. 나는 내 딸에게 그 이야기를 한다. 딸은 말한다. "아, 맞아, 많이들 그래."

딸은 아직 중고등학교에 다니던 시절에 이렇게 말하곤 했다. "걱정하지 마, 마모치카.[10] 우리 집은 너무 조그맣고 내 방 창문은 너무 작잖아."

그러다 우리는 이사를 갔고, 딸은 그때쯤에는 성인이 되어 있었고, 어쩌다 보니 딸의 방 창문은 열리지 않는 종류의 창문이었다.

어떻게 하면 겁에 질리지 않을 수 있을지, 부모인 내가 이런저런 애를 쓰는 게 의미가 있기는 한지 모르겠다. 아이들과 부모들은 언제나 이중 생활을 한다. 이렇게 서로 동떨어져 있다는 것, 그리고 서로를 파악하기 어렵다는 것은 구조적으로 불가피한 현상이다. 그래, 나는 내 딸이 언제 어디서 처음으로 마리화나를 피왔는지(그리고 내 딸과 친구들이 그걸 얼마 주고 샀는지) 안다. 그래서 뭐? 그건 아무것도 아니다. 우리의 어떤 부분은 언제나 서로에게 미지의 부분으로 남아 있을 것이고, 또 언제나 그래야만 한다.

유년기와 성인기 사이의 시기에는 이 미지의 영역이 세 배로 늘어난다. 이 시기에 우리는 종종 본의 아니게 "필멸성, 엔트로피, 가슴 아픈 경험, 폭력, 실패, 비겁함, 이중성, 잔인함, 그리고 슬픔의 본질과 이것들이 끼치는 영향"을 탐구하는 프로그램을 수행하게 된다. 그리고 "이것들을 탐구하는 사람은 자신의 역사를, 그리고 그 역사가 주는 쓰디쓴 교훈을 가슴 깊이 새기게 된다." 미국 작가 마이클 셰이본Michael Chabon이 했던 이 말은(네 아이의 아버지인 그는 아마도 이런 말을 하기에 적절한 인물일 것이다) 이 독특한 탐구 활동의 거시적인 면과 미시적인 면을 동시에 표현하고 있다. 그보다 더 나은 표현을 찾을 수는 없을 것이다. 그에 따르면, 이 '탐구 프로그램'을 수행하는 연구자는

세상이 까마득한 옛날부터 부서져
있었다는 걸 발견하게 되고, 이따금
마음속에 솟아오르는 거의 우주적인

10   러시아어로 '엄마'라는 뜻

시간은 모든 상처를 치유한다   77

노스탤지어가 가져다주는 아픔과 함께
그 사실을 받아들이려 발버둥친다.
사라진 영광을, 잃어버린 완전함을
암시하는 이 아픔은 부서지지 않은
세상에 관한 기억이다. 이 아픔이
처음으로 솟아오르는 순간을 우리는
'사춘기'라고 부른다.

세이본은 이렇게 공들여 표현했지만, 대개 이런 아픔
은 그저 '기저귀에 응가하기' 같은 발달 단계 가운데 하
나로만 취급되는 경향이 있다. 마치 사춘기의 이런 아
픔에는 먼 미래까지 영향을 미치게 될 도덕적인 진지함
같은 건 담겨 있지 않다는 듯이. 사춘기에 큰 비중을 차
지하는 생각들과 감정들이 정말로 진지하게 취급될 때
는 보통 정신 건강과 관련된 언어들이 사용된다.

프랜시스는 학교 일기장에서 찾아낸 케이티의
시 한 편을 내게 보내 준다.

생각이 머릿속에 넘치며
내 정신을 오염시킨다,
너 자신을 뒤에 남겨 놓고
내 손에서 빠져나간 너.
내 기분을 괴롭히는 그림자들,

웃음 뒤에 따라붙는 죄책감,

내 삶은 한때는 충만했는데

이제 반으로 잘려 나가 버렸어.

일기장 속, 케이티의 남자 친구가 죽은 날짜 근처에는 이렇게 쓰여 있다. 내 사랑은 절대 나보다 먼저 떠나지 않을 거라고 했다. 항상 나를 기다리겠다고 약속했다. 약속했는데…… 약속 따위는 아무 가치도 없구나.

멜라니 워스의 부모가 자신들의 딸이 쓴 글을 출판할 수 있을지 알아보려고 팬 맥밀란 출판사에 연락했을 때, 피오나 질스는 거기서 편집자로 일하고 있었다. 피오나가 열세 살이었을 때, 열일곱 살이었던 그의 오빠는 가스를 마셔 자살했다. "저는 말하자면 오빠한테 동질감을 느껴요. 어느 정도는요." 피오나는 내게 말한다. "멜라니한테도 동질감을 느꼈고요." 멜라니는 퍼스에 있는 감리교 여학생 기숙 학교로 진학했다. 그는 그곳에서 부인할 수 없을 만큼 뛰어난 학생이었고, 학교의 과학 실험실에서 가스로 자살하려 시도했으나 실패한 적이 있었다. ("숨을 쉴 수 없도록 코를 테이프로 막은 다음 분젠 버너 관을 입에 넣고 테이프로 고정했다. 가스를 튼 다음 그냥 벤치에 누워 있었다.") 결국 그는 1989년 열여덟 살 생일 직전에 자살했다. 그의 책—멜라니 워스가 쓴 글을 피오나 질스가 정리해 편집한 책—은 멜라니가 뛰어난 작가가 될 수 있었을 거라는 사실을 보여 주는 증거다. 이 책이 1992년에, 문학이 (다른 모든 새로운 장르도 마찬가지였지만) 청소년 자살을 직접 건드리지 않던 시기에 출간되었다는 사실은 놀랍게 느껴진다.

피오나는 오빠를 잃은 뒤 심각한 우울증을 앓았다. 멜라니는 자신의 책 서문에서 줄리아 크리스테바를 인용해 다음과 같이 썼다. "우울증은 질병이라기보다는 우리가 이해해야 하는 하나의 언어다." 이 서문은 전혀 학술적이지 않다. 게다가 이 책은 조언이나 경고를 담은 이야기도 아니고, 조발성 질환을 대중에게 소개해 주려는 책도 아니다. 그저 멜라니라는 유일한 존재와 그의 맑았던 정신 상태에 경의를 표할 뿐인 이 책의 원고가 피오나의 책상에 이르게 된 것은 큰 행운이었다.

멜라니는 성장하고 싶어 하지 않았다. 학교를 떠나야 한다는 것을 두려워했다. 사춘기는 그를 겁에 질리고 완전히 지치게 만들었다. "어린 시절에는 나를 안아 주고 돌봐 주는 사람이 있었고, 어른이 되면 내가 누군가를 안아 주고 돌봐 주게 되겠지만, 여기 그 중간 지점에서는 유년기와 성인기 양쪽의 부당한 부분만 겪고 있는 것 같다." 멜라니는 어른의 세계가 아이들을 실망시키고 있다고 느꼈다. 그가 죽기 6개월 전에 예전 담임 선생님에게 쓴 편지에는 다음과 같은 부분이 있다.

고통을 말하지 않는 법

죽은 아이들은 서로 이야기를 나눌 수
있을까요?
정말로 슬프고 불행해서 울고 싶지만 울
수도 없는 상태에도 이름이 있을까요?
사람이 지나칠 정도로 똑똑할 수도
있을까요? […]
아기가 넘어진 뒤에도 걸으려고 애쓰게
만드는 건 뭘까요?
일어나고 있는 일이 정말로 일어나고
있는지 우리는 어떻게 알 수 있죠?
제가 미쳐서 본의 아니게 자살할 수도
있을까요?

"브린은 우등생이었어요." 모니크는 말한다. "어떤 아이들은 화가 나 있었어요. 브린이 어떻게 우리한테 이럴 수가 있어요? 이렇게 빈틈없이? 하고요. 그게 브린이었어요. 정말 A+를 받을 만했죠."

거의 모든 일에 우수하고 친구들도 넘쳐나며 눈에 띄는 재능을 통해 얻은 성취 덕분에 인정받는 아이들, 혜택받은 집안에서 자라난 아이들이 스스로 목숨을 끊고 있다.

피오나의 오빠는 학교 대표였다.

프랜시스는 케이티가 진단받지 않은 우울증 때

문에 죽었다고 믿었다. 그렇게 믿음으로써 케이티의 죽음은 이해할 수 있는 것이 되었고, 프랜시스는 말하고 차분히 생각하는 데 사용할 수 있는 언어를 갖게 되었다. 케이티의 아빠는 그 일이 마약 때문에 일어났다고 생각한다. 엄마는 남자 친구 때문이었다고 여긴다.

사춘기의 너무도 많은 시간 동안, 당신은 당신이 왜 어떤 일들이 일어나도록 그냥 놔두고 있는지 설명하지 못한다. 자신에게도, 다른 사람들에게도 설명할 수가 없다. 그 상황을 이해하는 데는 몇 년 혹은 그 이상이 걸리기 때문이다. 섹스, 괴롭힘의 가해자나 피해자가 되기, 친구 관계, 배신…… 당신이 어딘가에 속한다는 느낌을 받기 위해 행했던 그 끝 모를 행동들. 당신이 겪었던 그 모든 일들. 그것들은 한편으로는 당신이 충분히 큰 목소리로, 즉 다른 사람들을 충분히 납득시킬 만큼 열심히 반대하지는 않았던 것들이기도 하다. 그러기에는 부끄러웠던 것이다. 수치심의 힘을, 혹은 바퀴벌레처럼 끈질기게 살아남는 그것의 지속성을 절대 얕봐서는 안 된다. 미국에서 수치심을 연구하는 학자 브레네 브라운Brené Brown에 따르면 고등학생들의 수치심은 언제나 증가하고 있다. 심지어 이제 그 증가량은 너무 커져서, 그는 고등학교라는 단어를 수치심의 은유라고 여길 정도다. 내 딸은 사춘기의 변함없는 특징 중 하나를 일깨워 준다. 사춘기를 겪는 사람은 자기 내면에서 무슨

고통을 말하지 않는 법

일이 일어나는지 알지 못한다는 것이다. 더 나아가, 그는 자신이 무엇을 할 수 있는지도 알지 못한다. 마치 너무 커져서 종이 밖으로 나가 버린 그림처럼. 스스로를 알지 못하던 내 딸을 지켜보면서…… 내 심장은 몇 번인가 멈췄던 것 같다. 그때 그 애 자신은 어땠을까. 그 아이들은, 그들 자신은 어땠을까.

●

1.

자라나는 동안, 내게는 절친한 친구가 한 명 있었다. 최근 그 친구는 자기가 얼마 전에 고층 빌딩에서 뛰어내릴 마음을 먹었었다고 말했다. 친구는 도시(한때 우리 둘 다 살았던, 그러다 친구의 열여섯 번째 생일이었던 바로 그 토요일에 내가 떠났던 도시)를 가로질렀고, 교묘하게 몸을 움직여 어느 이름 없는 건물의 창문 아래 돌출부에 올라가 섰다. 머리에는 스카프를 뒤집어쓰고 있었다. 친구는 살아갈 이유가 없었다. 그런데 그때 그의 눈에 고양이 한 마리가 들어왔다. 녀석은 친구 쪽으로 다가왔다. 그 고양이에게는 무언가가 있었다. 어떤 결핍의 느낌이랄지, 두 눈에 담긴 눈빛이랄지, 몸뚱이의 온기랄지, 그런 무언가가 있었고, 어쨌든 녀석은 친구를 건물 돌출부에서 내려가게 만들었다.

이윽고 프랜시스는 케이티의 죽음을 뭐라고 설명하기 어렵다고 생각하게 되었다. 그렇게 어린 사람에게는, 그런 사건은 단일한 무언가로 느껴지지 않는다. 그것은 특정한 순간에 모든 것이 한데 짓이겨지고 박살난 뒤에 그 각각의 파편들이 다른 모든 파편에 대응해 서로 반응하는 것 같은 일이다. 5분이 지나면 그 이야기는 완전히 달라져 버릴 수도 있다.

•

비리 굽바족 출신 아버지와 쿵간지족[11] 어머니를 둔 부리 프라이어는 자신의 가족을 물어뜯은 자살이 남겨 놓은 커다란 상처를 기록한 책 『어쩌면 내일은Maybe Tomorrow』을 썼다. 개발업자들이 그들 가족의 땅을 손에 넣어 더럽힌 다음 팔아 버리자 그의 남동생 닉은 목을 매 자살했다. 그 사건이 그만큼 커다란 고통을 가져다주었던 것이다. 오스트레일리아 선주민의 자살은 완전히 존재론적인 행위로 알려져 있다. 그들의 자살은 의미로 가득하다. 매일 주어지지는 않는 존중을 새삼 요구하는 일일 수도 있고, 무력함으로 얼룩진 삶에서 벗어나기 위한 자율성을 주창하는 행위일 수도 있다. 분노의 표현일 수도 있다. 끊임없는 애도의 순환 속에 속한 행위일 수도 있다. 또한 그것은 문화의 상실로부터,

고통을 말하지 않는 법

내면의 공허로부터 태어난 죽음일 수도 있다. 그리고 이 모든 죽음의 배경에는 인종 차별과 소외가 그들에게 가한 커다란 타격이 있다. 이런 경우, 자살은 삶(=너무도 끔찍한 상황)에 대한 합리적인 반응일 수 있다.

부리의 또 다른 남동생 폴은 자신이 백인 사회에 속한 흑인 남성이라는 사실—배우이자 이야기꾼[12]이 었던 그는 성공적으로 자리 잡은 흑인 남성이었다—을 잘 제어하지 못했다. 그들의 여동생 키미는 "신선한 공기를 몸속으로 들이마실 공간을" 찾을 수가 없었다. 화가였던 키미는 유령들에게 시달리고 쫓기는 기분에 휩싸였던 적이 있었다. 콜린 타츠Colin Tatz는 자신의 책 『오스트레일리아 선주민의 자살은 다르다Aboriginal Suicide is Different』에서 "오스트레일리아 선주민 자살의 핵심 원인이 '정신 질환'이라고 계속 주장하는 건 말도 안 되고 불합리하며 부도덕한 일"이라고 주장했다.

치료받지 않은 우울증을 비롯한 여러 정신 질환은 바로 지금 오스트레일리아에서 일어나는 자살 가운데 10분의 9와 관련이 있는 것으로 여겨지고 있다. 만약

---

11 비리 굽바Birri-Gubba와 쿵간지Kunggandji는 오스트레일리아 퀸슬랜드주에 거주하는 선주민 부족의 이름이다.

---

12 오스트레일리아 선주민 가운데 자기 민족의 역사와 문화, 우주의 원리와 사람들의 삶과 모험 등 다양한 이야기를 구술해 들려주는 사람, 혹은 그것을 직업으로 하는 사람을 뜻한다.

이 모델을 받아들인다면 해결책은 다음과 같다. 더 일찍 진단을 받고 더 많은 정신 건강 관련 서비스를 이용하는 것이다. 그러다 보면 정신 건강상의 문제들에 대한 인식도 커질 테고, 결국 여러 사람의 목숨을 구할 수 있을 것이다. 그들의 가족도 구원받을 것이다. 그러나 여전히 사람들은 그 체계 사이사이에 난 틈으로 떨어지는 중이다. 몇몇 지역에는 정신 건강과 관련된 서비스가 전혀 없고, 상담 한 번을 받으려면 몇 달씩 기다려야 하며, 끝까지 치료하기에는 자금이 부족한 경우도 있다. 이 모델을 받아들이려면 더 많은 돈과 더 많은 서비스가 필요하다.

나는 어미니아 콜루치Erminia Colucci와 이야기를 나눈다. 내가 아는 사람 가운데 가장 말이 빠른 그는 이탈리아와 오스트레일리아와 인도의 청소년들이 자살을 대하는 태도와 그들의 자살 사고思考들을 연구해 온 연구자이기도 하다. (그가 이 세 나라를 고른 주된 이유는 지적인 것이었지만, 한편으로는 다음과 같이 사랑스럽고 단순한 이유도 존재한다. "저는 이탈리아 사람이에요. 오스트레일리아를 매우 좋아하고요. 그리고 인도에 매혹을 느껴요.") 그는 오스트레일리아 사람들이 자살에 대해 말할 때는 인도나 이탈리아 사람들보다 훨씬 적극적으로 정신 건강 문제를 언급한다는 걸 알아차렸다. 왜일까, 나는 궁금하다. "그건 서구의 사고방식이에요." 어미니아는 말한다. "사실," 그는 잠시 말을 멈춘다. "서구라는 개념에는 구멍이 잔뜩 나 있죠. 이탈리아는 서구에 속할까요? 제 말은, 자살을 그런 식으로 바라보는 건 백인들이라는 뜻이에요." 자살을 바라보는 어미니아의 시각은 존재론적이다. 그에 따르면 자살이라는 그 무언가와 씨름하려면 먼저 사람들이 경험하는 '의미의 위기'에 관해, 즉 대체-이게-다-뭐지라는 질문에 관해, 답을 얻지 못한 채 고통 속에 남겨진 그 질문에 관해 이야기해야 한다.

서구 백인들의 사고방식이 영혼을 인식하지 못한다는 건 아니다. 데이비드 포스터 월리스는 우울증을 '해로운 것'이라고 불렀는데, 언젠가 제니 디스키[13]는 그 '해로운 것'에 대해 다음과 같이 썼다. "아무 의미가 없고 아무 의미도 생겨나지 않는, 하지만 내가 그 안에 있으면 내 전부가 되어 버리는 것…… 언제나 늘어나고 있는 어둠과 장애물." 백인 문화는 이 묘사가 얼마나 사실에 가까운지 이미 잘 알고 있다. 그러니까 문제는 그냥 이런 거다. 자살에 관한 논의에 문화, 공감대, 질병, 의미, 영혼 같은 것들을 모두 집어넣을 수는 없다는 것

---

13   Jenny Diski(1947~2016). 도리스 레싱의 문하에서 작가로 성장했다. 초기작은 우울증이나 광기 등 정신의 어두운 면을 직접적으로 다루었지만, 이후로는 비선형적인 발상과 전개를 보여 주는 식으로 변모했다.

이다. 그러면 어떻게 되느냐고? "그 대화는 거의 수습할 수 없게 되죠." 어미니아는 말한다.

즉, 사람들은 대화를 억누르기 위해 정신 건강이라는 수단을 사용하는 셈이다. 마치 동물이 무언가를 짓누를 때처럼.

"정신 건강이라는 개념은," 어미니아가 말한다. "법이 아니에요. 종교도, 정설도 아니죠."

우울증이나 정신 건강, 자살, 인간의 본성을 다루면서 사람들 각자의 개별성을 무시하는 이론은 존재할 수조차 없다.

의학적 면모가 우선시되는 분위기 속에서는 한 개인의 내면이 세상에 관한 슬픔과 고통을 얼마나 많이 품을 수 있는지를 간과하기 쉽다. 당신의 삶이 안전하고 혜택받은 백인의 삶일 수는 있지만, 그렇다 하더라도 세상에 대한 절망에 면역이 되는 건 아니다. 또한 당신이 평범한 일상—할 일 목록이나 계획 같은 것들—속에 머문다 하더라도, 아무리 적어도 아주 가끔은, 괴로워질 만큼 강렬한 감정이 찾아오게 된다. 피오나의 오빠는 베트남에서 전쟁이 벌어지는 동안 성장했다. 그는 징집될까 봐 겁에 질려 있었다. 그의 가족은 반전 운동가들이었다. 그에게 창문 밖에 있는 넓은 세상은 모두 부서진 것처럼 느껴졌다. 브린 역시 세상의 상태를 떠올릴 때마다 깊이 슬퍼하곤 했다. "그때가 이라

고통을 말하지 않는 법

크 침공 때였죠." S는 말한다.

프랜시스는 이 장의 원고를 끝까지 읽지 않을 거라고 한다. 자기가 한 말들이 너무 감정적이라는 것이다. 나는 그 말을 이렇게 받아들인다. 이제 프랜시스의 말들은 '꼭 필요한 정보'만 전해야 한다는 압박에서 벗어났다고.

정신적 외상 후 스트레스 장애, 시가 전차 정류장, 그날의 포럼, 자기애적이었던 그 저널리스트—"너무 화가 났어요"([그때의] 프랜시스가 한 말).

내가 (그때) 했던 메모: 고통받는 사람들의 분노는 선명하고 명확하다. 그 분노는 우리를 진실에 더 가까운 곳으로 데려가며, 돌려 말하는 개소리들을 향해 엄청난 화를 내고, 젊은 사람의 죽음을 둘러싸고 있는 강렬한 감정에 홀려 버리는 이들에게 경멸을 쏟아붓는다. 그날 밤에는 통찰력 있게 느껴졌던 이 메모는 지금은 너무도 당연해 보이기만 한다.

머리를 찰싹 때리는 충격 같은 최초의 놀라움에서 시작해 결국 자신에 대한 실망에 이르게 되는 생각의 5단계랄까.

"음, 사람들은 화가 나 있어, 그렇지?" 내 친구 웬디는 말한다. 그날 아침, 웬디는 자기 딸이 다니는 학교의 자매 학교에서 사망한(자살이었다) 학생(그는 학교 대표였다)을 위한 다과 모임에 나갔었고, 거기서 분노로 불편해진 부모들의 얼굴을 보다가 막 돌아온 참이다.

"사람들은 웨스트게이트 다리에서 누군가가 뛰어내리는 바람에 차가 막히면 화를 내. 누군가가 달리는 기차로 뛰어드는 바람에 열차 운행이 취소돼도 화를 내고."

프랜시스는 아직 수정 전이었던 이 장의 원고를 읽었다며 이렇게 덧붙인다. 마리아, 괜찮은데요, 하신 해석 말이에요. 어쨌든.

슬픔을 비롯한 모든 것에는 한계가 있다.
아니, 슬픔은 아니다. 슬픔에는 한계가
없다.
낙타 한 마리가 분개한 콧구멍을
쿵쿵거리며 가로대의 냄새를 맡고,
하나의 관점이 공허를 깊고 고르게 잘라
낸다.
그런데 공간이란 무엇일까, 그게 만약
주어진 모든 지점에서 부재하는 육체를
뜻하지 않는다면?
(조지프 브로드스키.)

만약 삶이 계속된다면, 그건 어떤 과정을 통해 이루어질까. 조만간 고통의 반경이 줄어들기 시작하고, 이어서 시간이 사람들의 상처에 내려앉는 것일까. 마치 살

균제처럼, 마치 상처를 담가 씻어 낼 따뜻한 물처럼, 마치 상처에서 새어 나오는 온갖 액체를 닦아 낼 커다란 수건처럼.

어맨더의 오빠와 아주 친했던 친구는 어느 주말에 총으로 자살했다. 어맨더는 그때 열여섯 살이었다. 어맨더는 이제는 알겠다고 말한다. 난 그걸 극복했어라고 말하게 되는 순간은 오지 않는다고, 그냥 그렇다는 걸 알겠다고.

피오나가 멜라니의 책을 편집하고 있었을 때, 오래전 어머니와 이혼하고 다른 여자와 결혼했던 피오나의 아버지가 차로 나무를 들이받았다.

웬디는 자살에 관한 그 어떤 종류의 판단도 "캐서롤이 들어오는 일이 멈춘 다음에야" 시작할 수 있다고 생각한다.

"우리에겐 계속 살아남아 과학자가 되고 건축가가 되는 백만 명의 사람들이 있겠죠. 그리고 전 그들 대부분을 기억하지 못할 거예요." 모니크는 말한다. "어쩌면, 대통령쯤 되면 기억에 남을지도 모르죠. 하지만 전 우리가 잃은 사람들은 언제나 기억할 거예요."

작가 마크 코스텔로는 자신의 친한 친구이자 한때 같이 살기도 했던 데이비드 포스터 월리스에 대해 이렇게 말했다. "이 행성에 벨크로가 좀 모자랐죠. 데이브를 계속 붙여 두기에는요."

아메리Jean Améry는 유일하게 윤리적인 태도란 "시간의 생물학적인 차원에서 과거의 소멸에 저항하는 것"이라고 말했다. 아메리는 아우슈비츠와 부헨발트와 베르겐벨젠 수용소를 거치면서도 살아남은 생존자였다. 그러나 그는 자신이 시간의 마법이라고 여겼던 것, 즉 시간이 시간의 치유력을 필사적으로 믿는 사람들과 사회에거는 그 기묘한 주문을 상대로는 살아남지 못했다.[14] 너무나 오랫동안 나는 아메리의 말들에 동의해 왔다.

"시간이라." 프랜시스는 말한다. "누군가가 물으면 전 이렇게 말해요. 시간이 유일한 해결책이라고요."

케이티 쪽을 향해 자라난 프랜시스의 어떤 부분, 뒤틀린 채 영영 그런 모양으로 남아 있게 될 그 부분. 한때 커다랬던 그것은 이제 프랜시스의 작은 일부일 뿐이다. 프랜시스에게는, 새로운 피부가 자라났다기보다 새로운 신체 기관들이 생겨난 것에 가까운 일이다.

•

몇 년 전의 어느 날 오후, 프랜시스는 차를 한잔 마시러 우리 집에 와 있다. 욕실에서 「글루미 선데이Gloomy Sunday」를 부르는 내 딸의 노랫소리가 들려온다. 빌리 홀리데이가 불렀던 자살에 관한 노래. 아마도 그 주제에 관한 곡 중에서는 역사상 가장 아름다운 곡일 것이다.

소중한 이여, 나와 함께 살아가는 그림자들은 수없이 많죠. 이 노래는 내 딸이 부르는 모든 곡 가운데 내 안으로 가장 깊이까지 파고든다. 아직도 몇몇 순간에 다다르면 숨이 멎는 것 같다. 그 노래가 내게 무슨 영향을 끼칠 수 있는지, 어떻게 매번 그럴 수 있는지 알아차리게 되면서 새삼 놀라기 때문이다. 처음에 딸의 목소리를 들었을 때, 나는 프랜시스가 그 노래를 들었을까 봐 너무도 당황한다. 이렇게 무신경할 수가. 무슨 이런 가족이 다 있지? 우린 정말 너무 교양이 없네. 그러다 나는 '그런데 사실은……'이라고 생각하고, 그런 다음에는 '아, 몰라'라고 생각한다. 그러고는 딸에게 여기 큰방으로 와서 그 노래를 불러 달라고 한다. 세상은 넓고, 그 대부분은 고통으로 채워져 있지 않으며, 그 어딘가에는 케이티 모양을 한 구멍이 하나 나 있다. 프랜시스는 소파에 앉은 채 등을 똑바로 편다. 내 딸 빌리는 자신과 이름이 똑같은 가수의 노래를 부르려고 눈을 감는다. "아름답네요. 오싹하고요." 노래가 끝나자 프랜시스가 말한다.

케이티가 죽고 5년이 지난 뒤, 프랜시스는 이런 글을 썼다.

나 자신과 흥정을 했던 게 기억난다. 그 애를 되찾

---

14 아메리는 1978년 자살했다. 이에 관한 자세한 논의는 『자유죽음』(위즈덤하우스, 2022)을 참조할 것.

을 수 있다면 나는 평생을 사지 마비 환자로 살아도 좋다고...... 내 입이 꿰매지고 앞으로 말을 한 마디도 못하게 된다 해도 기꺼이 그걸 선택하겠다고...... 내가 이런 생각을 하게 될 줄은 전혀 몰랐지만, 나는 이제 그 애가 돌아오기를 바라지 않는다. 그 애 없는 삶은 상상할 수 없지만, 그보다 먼저 그 애와 함께하는 삶을 상상할 수가 없다.

•

"안녕하세요, 마리아." 프랜시스가 내게 문자를 보낸다. "케이티의 학교 일기장에서 찾아낸 몇 페이지를 그대로 보내 드릴까 해요. 이 글들이 저를 슬프게 만들었어요."

　　나는 자리에 앉아 그것을 읽는다. 이 페이지들 안에 뭐가 있을까? 삶과 죽음과 시간이 (그 가운데 가장 시시한 건 삶이다) 수술이 끝난 뒤의 탈지면과 메스 들처럼 온통 뒤섞여 있다.

　　일본어. 치과 예약.
　　우리가 사는 곳은 완벽하지 않다.
　　평화 같은 건 존재하지 않아.
　　화학책
　　이 세상에도, 아니
　　심지어는 우리 자신 안에도.

킥복싱 6:00

더 아래로 내려가면 이런 말들이 있다.

연필이나 녹음테이프를 지우는 건 진짜
쉽다.
삶을 지우는 일이
이렇게 쉬울 줄은 몰랐다.
그 안의 나는 실수조차 되지 못했지.
방법론(기술) 8시 30분——10시 45분

과거를 망각하는 자들은 그것을 되풀이하는 형에
처해진다

신문 기사 첫머리. "자신의 손자를 유괴해 임시로 만든 비밀 감방에 은폐한 부부가 어제 수감되었다."

부부는 50대로, 폴란드에서 태어난 사람들이다. 판사는 소년의 할머니인 여자가 사건의 주모자라고 선언한다. 징역 15개월을 선고받은 여자는 최소 5개월을 복역해야 한다. 여자의 남편은 집행유예 12개월을 받는다. 법정 기록에는 여자가 화가라고 언급되어 있는데, 그건 사실이다.

임시로 만든 비밀 감방은 멜버른 교외의 이국적인 지역에 자리 잡고 있다. 감방의 길이는 싱글 침대 하나가 들어갈 정도다.

침대 말고도 텔레비전 하나, 작은 테이블, 의자, 장식품 한두 점이 있고 창문은 없다. 판사가 시련의 4개월이라고 부르는 기간 동안, 여자의 열두 살 난 손자는 거기서 책을 읽고 텔레비전을 보고 글을 쓴다. 소년은 그 방 안에만 머문다. 경찰이 조부모의 집에 찾아오면 그 방은 인공 석벽으로 감춰진다. 9월의 어느 날 오후, 소년이 자기 동네의 초등학교에서 사라진 날 이후로 적어도 열두 번은 그런 은닉 작업이 이루어졌다. 실종된 소년은 태어나고 몇 개월쯤 됐을 때부터 이 집에서 부모 및 조부모와 함께 살았던 적이 있었다. 이후 아버지가 세상을 떠났고, 당시 그와 별거 중이던 어머니가 양육권 소송을 걸어 승소했고, 그렇게 소년은 이 집을 떠나게 되었다. 경찰은 그 사실을 알고 있다. 경찰이 그 장소를 뒤집어엎는다. 한번은 진동 감지기와 광섬유 카메라를 가져오고, 또 한번은 드릴로 벽을 뚫는 바람에 집바깥의 개 여러 마리가 오랫동안 시끄럽게 짖어 댄다.

사건을 담당한 선임 형사는 단호한 성격을 가진 남자다. 그는 어느 범죄 전문 기자에게 이 사건에 관한 이야기를 제공한다. 이 여성 기자는 자기 신문사에서 유일한 범죄 담당 기자다. 그는 그 형사를 '자기가 맡은 사건을 공기처럼 들이마시며 살아가는 사람'이라고 설명한다. 형사는 그동안 할 수 있는 모든 일을 했고, 이제 경찰은 언론의 힘을 빌리는 수밖에 없다. 인터넷이 등장하기 전이다보니 신문사들은 아직 건재를 과시하며 맡은 일을 해낸다. 그 이야기는 1면에 실릴 만한 물건이다. 미성년자 유괴에다 국제적인 문제까지 일으킬지도 모른다는 말이 돈다. 소년의 아버지 쪽 가족들이 소년의 살을 찌우고 머리칼을 염색한 다음 외국으로 내보낼지도 모른다는 이야기가 퍼진 것이다. 이 형사와 기자는 전에도 같이 일해 본 적이 있다. "그분은 사건 보도에 관한 저를 신뢰하셨어요." 기자는 말한다. "저라면 과도하게 호들갑을 떠는 기사는 쓰지 않을 거라고 믿으셨던 거죠." 기자는 이 형사가 특히 아이들과 관련된 사건에 열성적이라는 점에 호감을 갖고 있다. 형사는 실종된 소년을 어머니와 다시 만나게 해 주고 싶어 한다. 신문 보도가 효과를 낸다. 1월의 어느 날, 다른 도시의 한 렌터카 사무소 직원이 000번[15]으로 제보 전화를 걸어 온다.

소년과 함께 있다 체포된 여자는 경찰에게 자신의 어머니 이름을 자기 이름이라고 댄다. 경찰에게 보여 주는 신분증도 자기 어머니 것이다. 여자가 그린 그림들은 바탕이 거의 비쳐 보이는 파스텔 색조를 띠고 있다. 그 그림들 속에 있는 그의 어머니는 작고 다부진 몸에 비하면 너무 커 보이는, 그러면서도 무척 우아해 보이는 옛 의복을 입고 있다. 지난 시대의 귀족. 여자는 다른 시기에 만난 다른 사람들에게는 자기 어머니를 "제가 아는 가장 용감한 사람"이라고 설명할 것이다. 내게는 이렇게 말하게 된다. "엄마는 정말 강인한 분이셨어요. 평생 그러셨죠. 다른 사람들은 견디질 못하는 무거운 짐을 지고도 버티셨어요. 엄마를 바라보고 있으면 저는 점점 더 강해졌어요. 그러면서 강해지는 데엔 달인이 됐죠."

소년이 아직 실종 상태였을 때, 범죄 전문 기자는 소년의 어머니를 만난다. 어머니는 완전히 정신이 나간 사람처럼 보인다. 곧 있으면 크리스마스인데, 크리스마스에 아들이 없을 거라 생각하니 힘들다고 말한다. "어떤 어머니들은 몇 년 동안 제 취재 요청을 거부해 오셨거든요. 그런데 이분은 그러지 않으셨어요." 기자는 말한다. 소년의 어머니는 자신의 약혼자 이름은 밝

고통을 말하지 않는 법

히지 말아 달라고 기자에게 부탁한다. 이례적인 요청이지만—사람들은 대개 자기 이름이 신문에 나와도 괜찮다고 여긴다—기자는 그 점을 심각하게 여기지는 않는다. "그 약혼자라는 사람 성을 알았더라면 조사를 했을 텐데 말이죠. 하지만 그땐 그 남자가 누군지 몰랐어요." 지금, 기자는 말한다.

오직 한 명, 다른 신문사에 있던 기자만이 그 남자의 성을 기사에서 밝힌다. 사건이 이미 법정으로 넘어가 있을 때였다. 그 기자는 집에서 도망친 뒤 조부모에게 보호를 요청하기로 한 소년의 결정을 그 남자와 연관짓고, 그에 관한 문장 한 줄을 기사에 덧붙인다. 이후로 남자의 이름은 다시 언급되지 않는다.

그 뒤로 소년은 다시 자신의 어머니와 함께 지내게 된다. 어머니뿐 아니라 남동생과 이부 누나까지 형제자매가 다 같이 살게 된다. 어머니의 '약혼자'이자 이부 누나의 아버지인 남자 역시 펜트리지 교도소 A구역에서 10년 넘게 복역하다가 출소한 뒤 그 집에서 그들과 함께 지내고 있다. 어머니는 아들을 집으로 돌려보내 준 언론과 경찰에 감사를 표한다. 눈물과 기타 등등이 뒤따른다. 소년에겐 집중적인 상담이 많이 필요할

15　오스트레일리아의 비상 상황 신고 전화. 응급 상황과 각종 재해, 범죄 등 다양한 비상 상황을 다룬다. 한국으로 치면 112와 119를 합친 것과 같다.

거라고 어머니는 말한다. 기자들—이 사건에 관해서는 쓸 기사를 다 쓴 그 범죄 전문 기자 말고, 결합하거나 해체되는 가족들 이야기를 주로 다루는 그의 직장 동료들—은 자전거를 타고 동네 거리를 씽씽 달리는 소년의 이야기를 쓴다. 전속력으로 씽씽 달리는 자전거는 모든 게 제대로 되어 있다는 증거다. 아이, 어머니, 남동생, 누나, 양아버지, 집. 그리고 자전거.

자신의 손자를 훔친 여자는 아동 탈취 혐의로 기소되어 디어 파크 여성 교정 센터에 두 달간 구금된다. 아이들의 안전을 우선시하는 선임 형사는 여자의 보석 신청을 기각하지만, 여자의 남편이 낸 보석 신청은 기각하지 않는다. 여자의 남편은 열흘 뒤 풀려난다. 형사에 따르면, 여자의 남편은 소년의 어머니가 양육권을 유지하고 조부모가 2주에 한 번씩 방문할 권리를 갖는 상황에 이의를 제기하지 않았다. 손자를 세뇌한 사람은 할머니였다고 형사는 말한다. "어긋나 버린 일들은 전부 그 할머니가 직접적인 원인이었습니다." 형사는 그렇게 진술했고, 이는 법원 서류에 기록돼 있다. 법정에서는 소년과 할머니가 복지부에 2년 동안 써 보낸 편지들에 대한 진술이 나온다. 소년이 다시 조부모에게 돌아가 돌봄을 받게 해 달라고 요청하는 편지들이다. 형사의 말에 따르면 복지부와 가정 법원이 응답하지 않은 그 편지들은 양육권에 대한 할머니의 집착을 보여 주는

고통을 말하지 않는 법

증거다. 실종되었다가 발견된 소년이 세뇌돼 있었다는 이야기는 여러 의문을 해소해 줄 것처럼 보인다. 가령 이런 의문들. 소년은 왜 혼자서 학교에서 걸어 나갔을까. 무엇이 소년에게 그 편지들을 쓰게 만들었을까. 왜 굳이 조부모에게 도움을 요청했던 걸까.

디어 파크 교정 센터로 여자를 면회하러 간 교화 담당 목사는 여자가 그림을 그리면서 대부분의 시간을 보낸다는 걸 알게 된다. "갇혀 있는 걸 좋아하는 사람은 아무도 없죠." 목사가 내게 말한다. "갇힌다는 건 정말 충격적인 일이거든요. 그렇지만 그분은 제가 만나 본 죄수 중에 가장 많은 혜택을 받은 사람이었습니다. 센터에서 캔버스를 주고, 물감도 주고, 작업 공간도 줬더라고요." 여자가 거기서 그린 작품들은 마침내 보석이 이루어진 뒤 구 멜버른 교도소에 전시된다. 목사는—그는 빅토리아주의 교화 담당 목사 중에 유일한 유대인이다—여자의 그림들에 대해 이렇게 말한다. "아주 크고, 전위적이며, 추상적이고, 아름답습니다. 그리고 정말로 색채가 풍부해요. 굉장히 감각적이기도 하고요." 전시회 도록 소개글을 쓴 비평가는 여자가 참혹함을 생명력으로 승화하는 재능을 갖고 있다고 적고 있다. 여자가 지닌 또 다른 재능은 색채를 다루는 능력이다. 휘몰아치는 힘.

"감옥에서는 온통 신경이 곤두서 있었어요." 몇

년 뒤 여자는 내게 말한다. "그곳에서의 시간이 끝날까봐 두려웠죠. 그렇게 이것저것 다 있는 곳에서 왜 나가고 싶겠어요? 이렇게 말하는 게 미친 짓이라는 건 알아요. 이렇게 말하면 안 되는데. 하지만 제가 느낀 바로는 그래요."

보석이 이루어지고 9개월이 지나자 선고가 다가온다. 여자와 남편은 자신들이 고용한 경험 많은 형사 변호사의 조언에 따라 유죄를 시인한다. 변호사는 이렇게 말한다. 그들의 범행 동기는 법정에서 제대로 밝혀질 거라고.

하지만 일은 생각대로 풀리지 않는다. 사람들의 관심이 조부모에게서 손자의 행복 쪽으로 쏠릴 거라는 예상은 결코 현실이 되지 않는다.

"만약에 제가 변호사였다면," 여자는 말한다. "물론 제 생각이 잘못된 걸 수도 있겠죠. 저는 그냥 화가일 뿐이잖아요. 어쨌든, 아마 제가 변호사였다면 그 '범행 동기'들을 법정에서 소리내 외쳤을 거예요."

그 뒤로 형사 변호사는 암으로 세상을 떠났다. 그래서 그는 설명해 줄 수 없게 되었다. 어째서 여자가 상황이 그렇게까지 엉망이 되는 걸 막지 못했었는지.

여자의 심리 평가를 요청받은 법정 심리학자는 여자의 슬픔이 자신의 유일한 자식, 즉 소년의 아버지가 갑작스레 세상을 떠난 일에서 비롯되었다고 밝힌

고통을 말하지 않는 법

다. 소년의 아버지가 오토바이 사고로 사망한 지 2년 반이 지났지만, 그 슬픔은 여전히 격렬하다는 것이다. 심리학자에 따르면 여자는 정신증이나 강박증, 조현병 성향을 보이지 않았으며, 자살 성향도 없었다. 이 심리학자는 치안 판사[16] 법원, 주州 법원, 주 대법원, 가정 법원, 아동 법원을 오가며 이런 법정 증언을 영원에 가깝게 반복해 온 사람이다. 그는 여자와 함께 두 시간을 보냈다. "그때 전 제정신이 아니었어요." 여자는 내게 말한다. "개를 때리면 그 개는 정신을 놓게 되는 법이잖아요." 법정 심리학자가 집착하는 '슬픔'이라는 요소는 기정사실이 된다. 그 슬픔은 기록 속에 영영 남아 있게 될 것이다. 반면에 여자가 가졌던 확신은 그저 지나가는 말로만 언급된다. 손자가 자기 엄마의 집에서 위험에 처해 있다는 확신.

이름 옆에 무장 강도죄와 가중처벌 절도죄 기록이 따라붙고, 다른 전과도 여러 건 있으며, 국내 및 해외 마약 거래 이력까지 있는 남자. 그를 희미하게라도 아는 사람 가운데 그 누구도 여자가 그를 향해 쏟아 내는 이야기에 관심을 두지 않는다. 펜트리지 교도소에 10년 넘게 복역했던 이 남자는 이제 어린아이 세 명과 같은

16　약식 재판의 권한을 가지는 재판관. 형사 사건에서 예비 심문을 할 수 있으며 체포·수색·압수 영장을 발부할 수 있다.

집 안에 있는데도 마치 유령이 된 것처럼 보이지 않는 상태고, 곧 다시 감옥으로 향하게 될 여자는 그 남자를 누구의 눈에도 보이게 만들 수가 없다. 세상 모두가 보고 있는 사람은 여자다. 여자는 괴상하고, 불안정하고, 과보호를 일삼고, 이중적이고, 외국에서 왔다. 언론은 주로 지하 감옥과 통풍이 되지 않는 지하실, 세뇌, 극악한 유괴 이야기를 유포하는 중이다. 그 기사들의 기조는 분노에 차 있고, 그 분노는 지긋지긋한 적대감을 정점까지 끌어올린다. 이 사건을 둘러싼 이야기는 그럴듯하고 자극적인 데다, 경찰에서 나온 이야기다 보니 출처까지 확실하다. 이 사건을 자세히 파헤쳐 볼 만한 시간은 절대 주어지지 않겠지만, 애초에 이미 모든 요소가 너무도 멋지게 들어맞는데 그걸 왜 파헤치고 싶겠는가? "저희는 세상사의 10분의 1만 기사로 써서 내보내죠." 범죄 전문 기자는 내게 말한다. "한번은 1면에 실릴 기사를 17분 만에 쓰기도 했어요."

　　　이 기자는 여자가 범죄자라고 생각하지 않는다. 여자가 한 행동은 "수많은 가족이 경험하는 일에 대한 극단적인 반응 중 한 가지"일 뿐이라는 것이다. 극단적이라고? 여자가 그 얘기를 들었다면 이렇게 답할 것이다. 그날, 학교 운동장에서 빠져나온 소년이 전화해서 "저, 무슨 일이 있어도 그 집으로는 다시 안 갈 거예요"라고 말하는 걸 들었을 때, 자기가 할 수 있는 행동은 하나뿐이었다고 말이다. "전 이 일이 있기 전에는 법을 아주 잘 지키는 시민이었어요." 여자는 내게 말한다. "교통 법규조차 한 번도 어긴 적이 없었어요." 범죄 전문 기자는 아이를 낳게 되면 범죄 분야를 맡지 않을 생각이다. 가족이 있는 상태로 계속하기에는 너무 위험한 일이라서다. 6년 뒤, 여자를 맡았던 판사는 은퇴해 예비 판사가 된다. 여자는 누군가가 그 판사를 은퇴하게 만들었으며, 자신에 관한 사건이 그 은퇴 압박에 많은 영향을 끼쳤다고 믿는다.

선고:

판사는 조부모에게 전과가 없고 그들이 소년의 안전을 걱정하고 있다는 사실은 인정한다. 그러나 그들에게 징역형을 내릴 수밖에 없다고 말한다. 16세 이하 아동 약취죄 한 건과 위증죄—노골적인 거짓말을 한 죄—한 건을 합하면 죄질이 너무 무겁다는 것이다. 그는 조부모의 범행이 악독하고 교묘한 속임수였으며, 그 속임수의 규모는 실로 크고 치밀하며 복잡했다고 묘사한다. 그는 그 일을 음모라고 부른다. 또한 소년이 부적절한 주도권 다툼의 피해자이며, 그로 인해 혼란에 빠진 채 불안해하고 있다고 말한다. 판사는 아이의 행복을 염려한 조부모의 불안이 정당한 것이었는지, 즉 그것이 사실이었는지에 대해서는 아무 말도 하지 않는다. 그는 수개월간 아들이 어디 있는지 알지 못했던, 제정신이 아닐 정도로 겁에 질려 있었던 소년의 어머니가 겪었던 고통에 대해서는 열띤 어조로 말하지만, 그 어머니가 자기 아들을 10년 가까이 보지 않고 지낸 적이 있었다는 사실은—모르는 건가?—언급하지 않는다. 펜트리지 교도소에서 돌아온 남자가 칼을 들고 집 안을 돌아다니곤 한다는 사실 또한—이건 모르는 게 확실하다—언급하지 않는다. 언젠가는 판사의 딸 역시 칼을 들고 돌아다니면서 아이가 있는 여자들, 임신한 여자들, 나이 든 사람들을 막아서고는 지갑에 든 걸 다 꺼내 놓게 만들 것이다. 자신의 헤로인 중독을 채우기 위해서다. 하지만 이 이야기는 너무 먼 이야기라, 판사는 아직 그 모습을 상상하지 못한다. 지금 그는 이 법정에서 승리만을 거듭하고 있다.

이제 감옥에 갇히기 직전인 여자는 판사가 이 사건에 왜 그토록 분통을 터뜨리는지에 대해 몇 가지 가설을 세워 본다. 그중 하나는 이런 것이다. 이 판사는 자기 머릿속에 떠오른 어떤 생각 때문에 분개하기 시작했는데, 그 과정에서 그 생각을 사실로 받아들여 버린 것이다. 그리고 그 생각이란 바로 여자가 자신의 죽은 아들을 손자로 대체하려 하고 있다는 것이다. 법정에서 소년의 어머니는 여자가, 즉 소년의 할머니가 소년을 입양하겠다는 제안을 했다고 진술한다. 이것은 사실이다. 여자의 아들의 유골도 언급된다. 그 유골이 여자의 집 벽난로 위 선반에 놓여 있다는 이야기가 나온다. "저는 제 아들을 누구로 대체하고 싶었던 적이 한 번도 없어요. 제 아들은 대체할 수 없는 존재니까요." 여자는 내게 말한다. 판사의 내면에 무슨 일이 일어나고 있는지는 알 수 없지만, 이것만큼은 분명하다. 그는 자기 눈앞에 있는 여자가 열두 살 난 손자를 사랑하는 방식에 대해서만 반응하고 있다. 판사의 머릿속에서, 상실감과 뒤섞인 그 사랑은 넘어서는 안 되는 선을 넘었다. 그 사랑은 위험하고 부도덕한 것이 되었다.

돌덩어리:

그 여자는, 할머니는, 화가는, 주모자는, 당신이 뭐라고 부르고 싶어하든 간에 그 사람은, 판사가 말하는 동안 아무 말도 하지 않고 그저 무표정하게 앉아만 있다. 여자의 침묵은 그 자리에 있는 기자들 눈에 띈다. 어느 기자는 여자를 돌덩어리처럼 무표정하다고 묘사한다. 심리학적 식견을 늘어놓는 버릇이 있는 또 다른 기자는 바르샤바에서 몸을 숨겨 살아남았던 여자의 과거를 언급한다. 홀로코스트 아동 생존자. '여자는 아직도 몸을 숨기고 있다.' 기자는 그렇게 쓰고는 그것을 기사 마지막 문장으로 삼는다. 여자의 침묵이 충격이 아니라 혐오감을 표현하고 있다는 사실은 그 법정 안에 있는 누구도, 특히 판사는 더더욱, 알아차리지 못한다. 몇 년 뒤 여자는 내게 이렇게 말한다. "그때 언론 보도를 보면, 제가 아무 말도 하지 않고 아무 감정도 드러내지 않았다는 이야기가 많이 나왔다는 걸 눈치채셨을 거예요. 왜 아무 말도 하지 않느냐고 그 사람들이 물어봤더라면, 물론 아무도 묻지 않았지만, 만약 물어봤더라면, 저는 말할 사람이 아무도 없었다고 대답했을 거예요. 사람들이 저한테 물어볼 때가 있어요. 왜 이 얘기는 안 꺼냈냐, 저 얘기는 안 꺼냈냐 그러죠. 그러면 저는 이렇게 말해요. 그 얘기를 꺼낼 만한 사람이 아무도 없었다고요. 그 법정에 있었을 때는, 뭐라고 해야 할까…… 거기 있는 사람들보다 제가 더 낫다는 생각이 들더라고요. 거기 있는 모두보다요. 저는 혼잣말을 했어요. 판사를 보고는 이 쪼끄만 돼지 새끼야, 하고 생각했고요. 딱히 해줄 말이 없더라고요."

여자는 1943년 4월 바르샤바에서 태어났다. 당시 바르샤바에서는 유대인과 연관된 어떤 것도 태어나지 못하고 있었다. 게토는 불타고 있었다. 여자와 같은 부류의 사람들은 모두 죽었거나 죽어가고 있었다. 여자의 조부모, 네 살 많았던 오빠, 그리고 아버지는 살해되었다. 하지만 여자와 어머니는 겨울 동안 서리 피해를 입지 않도록 감자를 저장해 두는 깊은 구덩이에 숨어 있었다. 구덩이는 지푸라기와 모래로 덮여 있었다. 그들을 숨겨 준 사람은 의사이자 가톨릭 신자였던 한 폴란드인 여성이었다. 그는 구멍 아래로 필요한 물건들을 떨어뜨리고 쓰레기를 치워 주었다. 아기가 얼어붙지 않도록 지켜 준 것은 어머니의 체온뿐이었다. 언제든 발각되어 살해될 수 있다고 굳게 믿었던 어머니는 구덩이 속에서 한순간도 마음을 놓지 못했다. 그것이 여자가 태어나서 맞은 첫 번째 해였다. 이듬해에는 아우슈비츠가 찾아왔다.

　　오스트레일리아의 감옥 안에 있는 동안, 여자는 자신을 유대인으로 여기지 않는다. 여자가 가장 마주하고 싶지 않은 상황은 바로 자유가 없는 장소에서 유대인으로 존재하는 것이다. 교화 담당 목사는 그 일을 하며 보낸 24년 동안 감옥에서 반유대주의라고는 본 적이 없고, 실제로 감옥 안은 상당히 다문화적인 공간이지만, 여자는 그 사실을 알 길이 없다. 여자는 히브리어로 된 시편인 테힐림을 읽고 있던 또 다른 유대인 죄수를 통해 목사에게 연락을 취한다. 여자와 목사는 오랜 시간에 걸쳐 종교에 대해, 여자의 가족에 대해, 정의에 대해 이야기를 나눈다. 하지만 감옥은 감옥이다. 그곳은 영적인 피난처는 아니어서, 이런저런 죄수들이 무작위로 한데 모여 있다. "거기 있는 사람은 살인자일 수도 있고 그냥 내야 할 뭔가를 좀 안 낸 사람일 수도 있죠." 목사는 말한다. "주차 위반 벌금이라거나." 혹은 마약과 관련된 무언가로 들어온 사람일 수도 있다. 여자 죄수의 절반 이상이 그 이유와 관련돼 있을 것이다. 여자가 형기를 치르는 동안 마흔세 살이던 다른 여자 죄수 한 명이 자연사한다. 또 다른 여자는 목을 맨 채 발견된다. 감옥 안의 어떤 죄수들, 특히 새로 온 죄수들은 너무나 겁을 먹은 나머지 다리가 걷잡을 수 없이 떨리곤 한다. 그럴 때면 목사가 잡아 눌러 준다. 이 여자는 그렇지 않다. 여자는 괜찮아 보인다. 여자는 다른 사람들의 고통에 둘러싸여 있고, 그 고통들을 바라보고 또 빨아들이고 싶어 한다. 인간들은 자신의 고통을 가지고 무엇을 할까? 그 고통이 참을 수 없어지면 어떻게 될까? 모든 선택지가 사라져 버리는 순간은 언제 찾아올까? 철조망 속에 갇힌 상황에서는 어디로 움직여야 자신의 내면으로 들어갈 수 있을까?

　　여자의 그림 중 한 점에는 〈감옥의 시Poetry of the Jail〉라는 제목이 붙어 있다. 가시철조망으로 둘러싸인 장소에 열 개의 벌거벗은 유령 같은 형상이 모여 있다. 성性도 없고 서로 구별조차 할 수 없는 그 형상들은 함께 옹송그린 채 자유를 상상하고—혹은 기억해 내고—있다. 자유는 하늘의 절반을 차지하는 붉은 머리칼을 지니고 있다. 자유는 보름달처럼 환히 빛나는 젖가슴이고, 장맛비에 씻긴 멜론들처럼 반짝거린다. 전시회 도록을 보면 마르크 샤갈이 언급되는데, 그건 색채 때문만은 아니다. (피카소는 언젠가 이렇게 말했다. "마티스가 죽으면 색채가 무엇인지 이해하는 화가는 샤갈밖에 남지 않을 것이다.") 샤갈이 언급되는 건 여자의 작품 속에 집요하게 나타나는 인간의 형상 때문이기도 하다. 그가 어떤 상징을 다루든, 색채와 형태를 자유분방하게 가지고 놀며 어떤 유희를 선보이든, 거기에는 인간의 형상이 늘 모습을 드러내고 있다. "저는 심연에 던져져도 거기서 인간의 표정과 경험들을 찾아내 그릴 거예요." 여자는 말한다.

여자가 수감 중에 그린 작품들을 구성하는 색채는 주로 분홍빛을 띤 빨강, 아이섀도 빛깔 같은 파랑과 보라(아직 세련되게 꾸미는 법을 배우기 전인 10대 소녀들을 떠올려 보라), 레몬이 연상되는 노랑, 그리고 뿌옇게 시야를 가리는 흰색이다.

"그분이 수감된 일에 대해 곰곰히 생각해 봤던 게 기억나네요." 목사가 말한다. "그분 며느리하고 그 주변 사람들은 깡패하고 마약 판매상들이었는데, 그분은 자기 손자를 숨겨 주었다는 이유로 감옥에 갇혔죠. 그분은 자식을 잃은 사람이에요. 그분이 왜 그랬는지 저는 너무 잘 이해가 돼요. 그 상황 전체가 제정신이 아니었어요. 제 머리로는 도저히 받아들이기가 어렵습니다."

목사가 여자의 집에 찾아온다. 목사의 아이들은 어리다. 그들은 율법에 맞는 피크닉 음식과 플라스틱 접시들을 가져왔고, 여자의 어머니와 남편—"영혼이 아름답고 다정한 분이었어요."—과 친구가 된다. 여자의 어머니는 감자 구덩이에 은신해 있는 동안 폐가 망가졌지만, 도로에서 멀리 떨어지고 나무들에 둘러싸여 있는 이 집에서는 그나마 편하게 숨을 쉴 수 있다. 목사가 보기에 그 집은 영화에 나오는 집 같았다. "지하 저장실이 있고, 다락이 있고, 숲으로 둘러싸여 있고, 난방 시설은 없었어요." 진입로의 경사는 너무 가팔라서 낡은 8인승 밴을 집 앞까지 몰고 가기에는 겁이 날 정도였다. 그래서 목사와 그의 가족은 진입로 아래쪽에 차를 세워 놓고 걸어 올라간다. 목사는 소년이 숨어 있던 방을 보여 달라고 청한다. 그러고는 그 방이 보통 그 나이대의 소년이 쓸 법한 방처럼 보인다는 데 놀란다. "벽의 일부처럼 보이는 문이 하나 있었어요. 약간, 사람들이 전쟁 중에 숨어 있던 곳과 비슷했죠." 목사가 말한다. "그것만 빼고는, 목조 벽으로 만들어진 사랑스러운 방이었어요." 홀로코스트 때 은신해 살아남은 아동 생존자들을 연구하는 한 심리학자가 논문을 위해 여자를 인터뷰하러 와서 그 방을 살펴본다. 아동 생존자들의 방과 소년이 쓰던 방이 닮아 있음을 알게 된 심리학자는 으스스해진다. 그는 다음과 같이 쓴다. "여자가 남편과 노모와 함께 살고 있는 집, 멜버른 외딴 지역에 있는 그 집으로 걸어 들어가는 건 마치 시간을 거슬러 나치 정권하에 있는 폴란드로 걸어가는 경험 같았다. 표면상으로는 주위의 어떤 것도 그런 심상을 불러일으키지 않았지만,

그 분위기는 의심할 여지가 없었다."

심리학자 역시 가파른 진입로를 보고는 아연실색했다. 아, 이런. 가미카제처럼 운전해야 했던 적은 지금까지 한 번도 없었는데.

소년의 조부모는 소년이 스물한 살이 되어 스스로 선택을 할 수 있게 될 때까지 9년간 그를 만나는 일을 금지당한다. 그들에게는 법원의 명령에 맞서 싸울 돈도, 방법도 남아 있지 않다. 여자는 소년의 어머니에게 "분노하는 마음을 키워 보려" 하지만, 말만큼 쉽지는 않다. 애초에 소년의 아버지가 아직 살아 있었을 때 소년의 어머니를 찾아 나섰던 사람이 바로 여자였다. 아직 살아 있을지도 모르는 어머니로부터 아이를 빼앗는 것은 우스꽝스러운 일이라 믿었기에 먼저 행방을 찾으려 했던 것이다. 물론 아이 어머니라는 존재는 아예 부재할 수도 있고, 마약 문제와 같은 곤란한 상황에 처해 있을 수도 있다. 그래도 아이를 빼앗기 전에 여러모로 노력은 노력은 해 봐야 한다. 여자 자신의 어머니는 그에게 가장 위대한 영웅이다. 그들 모녀의 유대감은—그것은 여자가 태어난 첫날부터 존재했다—신성하다고 할 만하다. "저희 어머니는 용감하게 살아남으셨어요." 여자는 말한다. "아버지는 이례적일 만큼 용감한 분이셨지만 그냥 살아남지 못하신 거고요. 어머니는 아흔여덟 살까지 사셨는데 10년쯤 더 사실 수도 있었을 거예요. 암이었는데 병원에서 나이 때문에 화학 요법을 거부했죠. 그래서 전 그 병원을 용서할 수가 없어요."

여자는 소년의 어머니를 미워하지 않는다. "그 여자가 좀 어리석다고…… 제 아들이 그러더군요. 같이 사는 남자 손에 쉽게 죽을 수도 있었을 거예요. 어느 순간에 한 대만 더 맞았더라면 정말 죽었을지도 몰라요. 맞아서 이도 여럿 빠졌더라고요. 그 집 애들은 자기 엄마가 곤죽이 되도록 맞고 나면 피 웅덩이를 치워야 했죠." 이 어머니라는 사람도 피해자였지만, 결국 그는 자기 아들들을 보호하지 않았고, 그럴 수도 없었다. (여자가 아는 한, 그 집에 살던 남자는 자기 친딸에게는 그런 짓을 하지 않고 가만히 내버려 두었다고 한다. 하지만 확실한 건 아니다.) 여자의 말에 따르면, 소년의 어머니는 "문제 속으로 가라앉아 버렸"다. 여자는 내게 말한다. 선생님도 아시다시피, 사람은 문제 속으로 가라앉아 버릴 수도 있는 법이죠.

여자가 소년의 어머니를 찾아 나섰을 때, 그 남자가 교도소에서 나와 있었다는 걸 알았다면 어땠을까. 여자는 정말로 소년을 입양하겠다고 제안했고, 그렇다, 그 제안은 자기 아들의 장례를 진행하는 중에 전해졌다. 그건 고민할 필요조차 없는 일 같았다. 소년은 늘 할아버지 할머니와 함께 지냈고, 그냥 그대로 지내기만 하면 계속 안전하게 돌봄을 받을 수 있었고, 그들 민족의 역사와 관습을 배우면서 자라날 수 있었으며, 그들이 죽으면 그 집을 물려받을 수도 있었다. '주도권 다툼'은 그 오토바이 사고 이후 얼마간의 시간이 지난 뒤에야 시작되었다. 그 다툼을 촉발한 원인은 여러 가지가 있었겠지만, 그중 하나는 바로 상당한 액수에 달했던 교통사고 보상금이었다. 그 돈은 아버지를 잃은 자식들 각자에게 분배되어야 했다.

여자는 소년의 어머니를 향해서는 분노를 느낄 수 없지만, 몇몇 국가 기관을 떠올릴 때면 분노가 치민다. 모든 아이를 안전하게 지켜 주어야 할 기관들. 그는 오스트레일리아라는 나라에 대해서도 분노를 느낀다. "이 나라에 올 때는 여기가 문명화된 사회라고 생각했죠. 완전 잘못 짚었던 거예요. 여긴 거칠고 황량한 서부나 다름없어요. 현대 국가지만 야만인들로 가득하죠. 그렇지 않으면 어떻게 제 손자 둘이 이 나라의 입법자들 때문에 죽을 위험에 처하는 것 같은 끔찍하고 부당한 일이 일어날 수 있었겠어요?" 또 한 명의 손자는 계속 자기 어머니와 함께 살았다. 여자는 그 아이와는 거의 함께하지 못했고, 깊은 관계를 맺은 적도 없었다. 여자가 그 아이를 향해 느낀 건 두 가지뿐이었다. 애정, 그리고 그 아이가 견딜 수 없이 부당한 일을 겪고 있을 거라는 육감.

이제는 폐간된 지 오래인 어느 독립 잡지의 특

집 기사에는 집 근처 숲속에 있는 여자를 찍은 사진들
이 들어가 있다. 여자는 하늘을 올려다보고, 땅을 쳐다
보고, 먼 곳을 내다보았다가 다시 카메라 쪽을 내려다
보고 있다. 또 다른 사진 속에서 여자는 남편 곁에 서 있
는데, 남편은 정장을 입었고, 흰색 블라우스를 입은 여
자는 개 한 마리를 안고 있다. 당시에는 살아 있었던 여
자의 어머니는 나비넥타이를 맨 소년을 찍은 사진 한
장을 손에 든 채 앞쪽에 앉아 있다. 그들 세 명의 뒤에는
여자의 작품들이 놓여 있다. 경이롭고 커다란, 마치 소
용돌이 같은 그림들.

　　"저한테 일어난 일은 정상이 아니었어요, 그렇
죠?"

　　　여자에게 처음으로 연락한 날, 나는 전화로 들려
오는 여자의 목소리에 놀란다. 젊고 소녀 같은 그 목소
리에는 뜻밖의 활기가, 일종의 여성성이 묻어 있다. 우
리가 대화하고 몇 분쯤 지나자 누군가가 문을 두드리
고, 여자는 사과를 하더니 ("너무너무 죄송해요, 마리
아") 누가 왔는지 보러 간다. 그동안 개들은 짖고, 그 소
리는 10분 동안 이어진다. 경찰이 온 거라고 나는 상상
한다. 집 안으로 밀고 들어오려는 게 아닐까. 우리는 같
은 도시에 살지만 여자는 굉장히 멀리 있는 듯 느껴진
다. 나는 여자에게 손자들을 걱정하고 계신 건 안다고
말한다. 그러고는 아무 해도 끼치지 않을 거라고, 내가

무엇을 쓰든 신원이 드러나는 세부 정보는 전부 지우겠다고 약속한다. "제 걱정은 마세요, 마리아. 저는 생존자로 살아왔잖아요. 이런 일쯤은 아무렇지 않을 만큼 강해요." 여자는 말한다. "생존자가 된다는 건 엄청나게 강렬한 일이죠. 제가 뼈대는 작은 사람이지만, 정신력 하나는 정말 끝내주거든요. 온갖 경험을 다 해야만 했으니까요. 다른 사람들한테는 너무 심한 경험이라 할 만한 것도 저한테는 아니에요." 이제 성인이 된 여자의 손자는 한때 경찰이 그를 구출해 내려 애썼던 그 집으로 돌아와 있다. 나는 그와는 이야기를 나누지 않을 것이다. 손자는 아직 준비가 되지 않았다고 여자는 말한다. "그 애는 생존자로 사는 법을 좀 더 배워야 해요."

전쟁이 끝난 뒤 바르샤바는 온통 돌무더기로 변해 있었다고 여자는 내게 말한다. 항상 여기저기서 폭발이 일어났다. 걸어 다니는 건 정말로 위험한 일이었다. 여자는 말한다. 우린 돌무더기로 변한 그 도시를 걷고 있었어요. 그때 저는 깨진 유리나 뭐 그런 보물들을 넣어 놓는 작은 주머니를 가지고 있었죠. 그러다 제가 인형 하나를 발견한 거예요. 인형이 너무 보기 흉해서 어머니는 진저리를 치셨지만 저는 그걸 너무 좋아했어요. 두 팔로 꼭 껴안았죠. 그러니까 이런 거예요. 저는 유대인 아이였고, 전쟁 뒤에도 살아남았고, 바르샤바에 살고 있었잖아요. 그러다 그 인형을 발견한 거예요. 그것보다 더 좋은 일이 생길 수 있었을까요?

전쟁 이후의 그런 순간을 담은 여자의 그림 속에서, 여자아이는 보닛을 썼고 그 아래에 드러난 머리칼은 정성스럽게 돌돌 말려 있다. 그 아이는 마치 아이들을 앙증맞은 존재이자 예쁘장하게 차려입은 천사들로 여기는 세상에서 온 것 같다. 아이들이 가스실로 보내지거나 가까이서 쏜 총에 맞아 살해되거나 벽에 내던져지거나 굶어 죽거나 의학 실험을 위해 양도되는 존재였던 세상이 아니라. 인형의 얼굴은 여자아이의 울대뼈 밑에 있다. 아이는 인형을 꼭 쥐고 있다. 보기 흉하고 지저분하게 축 늘어진 헝겊 인형을.

우리는 만날 약속을 잡는다. 그런데 약속을 서로 다르게 이해하는 바람에 나는 정확한 시간에 잘못된 장소로 나가게 된다. 여자에게는 휴대 전화가 없고, 나는 어떻게든 되겠지라고 생각하며 자리를 뜨려 하고, 그때 근처의 기차역에서 화재가 발생해—오스트레일리아에서 살아온 25년을 통틀어 두 번째 겪은 일이다—모든 열차 운행이 중단된다. 택시를 타고 집으로 가면 200달러는 나올 듯하다. 다른 역으로 가서 대체할 수 있는 기차 노선을 이용하려고 버스를 잡아타는데, 두 정거장을 지날 때쯤 휴대 전화가 울린다. 마침내 우리는 만나게 된다. 여자는 아주 조그맣다.

나는 보스니아에서 여러 대량 학살 사건을 경험

한 사람을 알고 지낸 적이 있는데, 그는 매우 오랫동안 휴대 전화를 장만하는 걸 거부했다. 나는 주머니 속에 휴대 전화가 있으면 보호 장치가 한 겹 더 생기는 거라고 생각했다. 그 사람의 생각은 반대였다. 아마도 어떤 종류의 경험들을 하고 나면 다시 안전하다고 느끼는 건 아예 불가능한 일이 되는 모양이었다. 그럴 때 바랄 수 있는 최선의 상태는 하나뿐인 것 같았다. 모두와 연락이 끊긴 사람처럼 느끼며 숨어 있는 것. 여자는 우리가 마침내 만나게 된 곳 근처의 카페에서 산 커피가 담긴 테이크아웃 컵을 들고 있다. 다섯 가지 과일로 만들어진 내 주스는 용기 뚜껑이 오렌지색이다. 여자는 지금 마시는 커피가 신기할 정도로 맛이 없다고 말한다. 나는 내 주스는 예상과 똑같은 맛이라고 말한다. 우리는 이야기는 할 수 있지만 녹음은 할 수 없다. "그자들은 제가 악독한 짓을 했다고 하지만요. 그자들이 한 짓이 백만 배는 더 악독했어요. 악독한 행동에 주는 메달이 있다면 그자들이 그 메달을 받을 거예요." 그자들이란 판사, 선임 형사, 언론, 복지부, 가정 법원, 주 법원, 오스트레일리아의 대중, 그리고 오스트레일리아라는 나라를 뜻한다.

여자는 자신의 사건과 관련된 누군가가 매수된 거라고 생각하지만, 나는 그렇게까지 확신하진 못하겠다. 여자가 알고 싶어 하는 것은 누가 누구에게 돈을 주었고, 누가 누구를 협박하고 있었는지에 관한 것이다.

오도와 오판 그리고 오심. 나는 학대당하고 방치되는 아이들의 세계에서는 그런 일이 흔하다고 생각한다. 마치 초등학교 아이들의 머릿니처럼 말이다. 범죄학자 케리 캐링턴이 말했듯, 아동·청소년 문제의 일부는 "아동 법원을 둘러싸고 있는 행정 기관들이 방치된 아이들과 비행 청소년을 구분하지 못한다는 데에서 온다." 아이들은 다른 곳으로 보내지면 안 될 때 다른 곳으로 보내지고, 위탁 가정이나 시설에서 학대당하고, 자신의 가족과 함께 산다는 위험한 상황 속에 남겨진다. 그런 상황 속에서 아이들은 다른 누군가가 어쩔 수 없이 책임져야만 하는 대상이 되어, 마치 수은이 담긴 용기처럼 이리저리로 떠밀어진다. 게다가 아이들은 대부분 자신의 안전보다는 자기 가족에게 붙어 있는 쪽을 택하곤 하니, 아동·청소년 문제는 어떤 면으로 보나 어려움투성이다. 소년이 처해 있던 곤경을 직시하지 않으려는 행위 역시 같은 문제를 갖고 있다. 그 의도적인 무지는 어느 정도는 행정 구조적 문제였고, 어느 정도는 관료주의가 지닌 문제였고, 또한 과부하에 걸려 비틀거리던 청소년 구호 체계 자체의 문제이기도…… 아니, 좀 다르게 말해 보자. 그 체계는 좆나게 많은 애들 때문에 포화 상태에 다다랐고, 결국 그 애들을 인간답게 대할 수 없는 지경에 도달한 것이다.

나는 사건의 자초지종을 아는 몇 명의 사람들에

게 묻는다. 어떻게 이런 결과가 나올 수 있죠? 4개월 동안 불같이 뜨거운 열의를 품고 모두가 찾아 헤매던 소년이었는데, 발견되고 나서는 가만히 늑대 밥으로 던져질 뿐이라니. 사람들은 이렇게 대답한다. (a) 사법 제도가 망가져서 수많은 실수가 발생하고 (b) 언론은 그저 그럴듯한 이야기만 원할 뿐이고 (c) 판사는 아마도 오스트레일리아 태생의 뒷방 늙은이일 텐데, 뒷방 늙은이들은 외국인들을, 특히 이 나라의 제도에 동의하는 시늉을 하지 않는 외국인들을 좋아하지 않으며 (d) 소년을 찾고 있던 경찰관은 분명 그 여자에게 모욕감을 느꼈을 테고 (e) 우리가 모르는 무언가가 더 있을 것이다. 나는 (얻을 게 많을 것 같지는 않지만) 사건을 담당했던 선임 형사에게 질문을 하고 싶다. 그러나 할 수 없다. 소년이나 그가 속한 가족의 안전을 해치는 일은 아무것도 하지 않겠다고 맹세했기 때문이다. 여자는 선임 형사를 평생의 원수로 여기고 있다.

어느 은퇴한 선임 기자는 경찰관들이 그 여자에게 학을 뗐을 거라고 내게 말해 준다. 여자는 경찰을 바보처럼 보이게 만들었고, 그들에게 반복적으로 거짓말을 했으며, 법을 어겼다. 그러니 경찰들은 학을 떼는 정도가 아니라 여자를 기습 공격하고도 남을 만큼 앙금을 쌓았을 터였다. 그 기자는 판사에 관해서는 이렇게 말한다. 당시에 기자들은 그 판사의 가정 생활에 문제가 있다는 걸 알고 있었지만, 연민 때문에, 그리고 판사를 화나게 하지 않기 위해 그 사실을 보도하지 않기로 암묵적으로 합의하고 있었다고 말이다.

"그 판사가 부패한 사람은 아닙니다." 기자는 말한다. "털어 봐도 아무것도 나오지 않는 사람이에요."

그리고 아무도 언급하지 않는 (f)항목이 있다. 바로 이 여자다. 이 나라의 다른 할머니들은 고양이가 쥐 다루듯 경찰을 가지고 놀지 않고, 특수 광섬유 카메라로도 탐지가 안 되는 방을 집에 두고 있지도 않으며, 체포됐을 때 다른 사람의 신분증을 제시하지도 않고, 손주의 거취에 대한 질문을 받았을 때 법원 사무관들을 잘못된 방향으로 이끌고 가지도 않는다(여기서 말하고 있는 건 소년이 '사라진' 뒤 한 달이 지나기 전에 이루어졌던 증언이다. 그때 여자와 남편은 진실을 말하겠다고 선서한 다음, 소년이 어디로 갔는지 전혀 모른다고 증언했다).

여자가 외국 출신이라는 점. 하지만 거기에 신경 쓰는 사람은 아무도 없다. 나는 '다문화'와 관련된 강연을 할 때마다 '부모가 다른 나라에서 태어난 사람들'에 관한 통계를 집어넣는데, 그 통계에 따르면 다른 나라에서 태어난 부모를 한 명 이상 가진 사람은 오스트레일리아 인구의 절반에 육박한다. 그런데도 '외국인다운' 몇몇 특징들은 온화한 오스트레일리아의 공기 속에 좀처

고통을 말하지 않는 법

럼 녹아들지 못한 채 이질적인 것으로 굳건히 남아 있다. 그리고 그런 특징들은 그것들 때문에 눈에 띄는 사람들이 어딘가를 지나갈 때 그들에게 무슨 일이 생길지를 결정짓는다. 그들이 은행과 법원, 경찰서, 대학, 직장처럼 단단한 장소들을 스쳐갈 때는 물론, 상점과 기차, 도시의 거리처럼 좀 더 부드러운(구멍이 좀 더 많은?) 장소를 스쳐갈 때도 마찬가지다. 사실 이런 일들은 지구상의 어느 나라에서나 매일 아무렇지 않게 일어나고 있다. 그럼에도 당신은 물어야 한다. '왜 오스트레일리아 사람들은 이 여자가 한 행동을 그렇게까지 이질적인 것으로, 마치 저주받은 존재를 접한 것처럼 받아들였던 걸까?' 가족과 강제로 분리된 뒤 다른 곳으로 보내지는 아이들, 불안으로 인한 광기에 사로잡혀 자기 아이들을 정부 당국으로부터 (숲속에, 자기 집 지하실에, 다른 사람들의 집에, 피부에 진흙을 발라서) 숨기려 하는 (할머니를 포함한) 가족…… 이 이야기가 그렇게까지 낯선가? 이 나라 사람들이 쉽게 상상할 수 있는 범주에서 엄청나게 벗어나 있는가? 분명 이런 이야기는 오스트레일리아의, 이 거칠고 야만적인 서부 같은 나라의 근간을 구성하는 이야기 가운데 하나일 텐데 말이다.[17]

할머니들은 손주들에 대한 책임과
의무가 자신들한테 있다고 느끼는데,

그 책임이 우리한테서 뜯겨 나가고
있어요. 할머니들은 두 손을 들고
우리가 여기 있다고 말을 하죠. 그
할머니들은 보통 손주들의 부모와 함께
그 아이들을 돌보아 온 사람들이에요.
하지만 할머니들은 이런 아이들의 주
보호자였는데도 무시를 당합니다…….
교육받은 여성들이고, 학위도 있고,
범죄 전과도 없고, 마약이나 알코올
문제도 없는데도 간과되는 거예요.
몇 개월씩이나 법원에 찾아가고
그러다가…… 그러다가 복지부하고 치안
판사가 안 된다고 결정을 내리는 겁니다.
그렇더라고요.

이것은 ABC 방송국의 〈라디오 내셔널〉 프로그램에서
진행한 '이주에 반대하는 할머니들' 대표와의 인터뷰
중 일부다. 할머니들로 이루어진 이 네트워크는 선주민
아이들이 "아동 보호 시설, 경찰, 소년원"에 의해 자기

---

17 1900년대에서 1960년대까지, 오스트레일리아 정부는 선주민
부족들을 '선진화'하기 위해 선주민 어린이와 청소년을 가족으로부터
떼어 내 백인 위탁 가정이나 아동 보호 시설에 강제 입양시키는 정책을
추진한 적이 있다. 저자는 그 사실을 지적하고 있다.

고통을 말하지 않는 법

가족에게서 떨어져 대규모로 이주하게 되는 상황에 맞서 투쟁하는 조직이다. 이 인터뷰는 2015년 2월에 이루어졌다.

심리학자의 부모님은 제2차 세계 대전이 일어났을 때 유대인 어린이였고, 둘 다 은신함으로써 살아남았다. 이것—숨어 지낸 유대인 아이들—은 심리학자가 평생을 두고 연구하는 주제다. 논문 인터뷰에 응하고 있던 여자가 감자 구덩이 속에서 보냈던 한 해를 묘사했을 때, 심리학자는 여자가 "마치 자기 어머니의 기억들이 거의 자신의 기억이기라도 한 것처럼" 묘사하고 있다는 걸 알아볼 수밖에 없었다. 그리고 정말로 그랬다. 여자는 어머니가 그때 일어났던 일들을 이야기할 때마다 어머니가 경험했던 것들을 꼭 자신이 경험했던 것처럼 느끼곤 했다. 전쟁이 끝나자 어머니는 여자에게 여러 장소를 보여 주었다. 여자가 태어난 곳, 아버지와 오빠가 죽임을 당한 곳, 어머니가 실신하자 가톨릭 신자였던 그 여성 의사가 어머니를 진찰해 주고 그런 다음에는 그들을 숨겨 주었던 곳. 감자 구덩이는 이제 거기 없었지만 나머지는 볼 수 있었다. 어른이 된 이후로 삶의 많은 부분을 아동 생존자들의 이야기에 쏟아부어 왔던 심리학자는 여자와 나눈 대화의 모든 구절에서 "역사가 되풀이되는 으스스한 감각"을 느끼지 않을 수 없었다.

"아뇨, 아뇨, 저는 그 애를 숨겨 놓고 있었던 게 아니에요." 여자는 심리학자에게 말했다.

하지만 약간의 시간이 지난 뒤에는 이렇게 말했다. "저한테는 홀로코스트가 작아진 형태로 계속되고 있어요."

"숨어 있었을 때 그분은 너무 어렸어요." 심리학자가 내게 말한다. "그래서 언어가 없었죠. 언어 능력을 습득하기 전에, 그러니까 경험과 감정에 주어지는 언어가 없을 때는, 그 경험들과 감정은 우리 몸속으로 스며듭니다. 그래서 그런 식으로 인식하게 되는 경험들과 감정은 남들과 공유할 수 없는, 자신만의 것이 되죠."

여자의 어린 시절과 임시로 만든 비밀 감방, 감자 구덩이와 반 세기 뒤 다른 대륙에서 여자가 가게 된 디어 파크 여성 교정 센터. 이 조각들로 이루어진 퍼즐을 맞추는 방법이 하나 있다. 정신적 외상에 대해 조금 독특한 방식으로 생각해 보면 이 조각들 사이의 연관성을 이해할 수 있게 된다. 우선 소년에게 일어난 일들로부터 시선을 돌리자. 그리고 판사, 법정 심리학자, 선임 형사가 그랬듯 여자에게 초점을 맞춰 보자. 여자가 전쟁 중에 겪었던 일들 때문에 지속적인 정신적 외상 상태에 놓여 있으며 (이는 사실일 수밖에 없다) 그러한 상태를 자신의 행동을 통해 줄곧 재현해 오고 있었다는 점을 받아들이자. 위험에 직면한 여자는 자기 손자를 위해 오스트레일리아 교외 한복판에 감자 구덩이를 판다. 여자는 경찰을 나치 친위대처럼 대한다. 판사는, 모르겠다, 어떤 나치 고위층이라고 치자. 판사 뒤에서는 기계 장치들이, 이 일에 공모한 국가라는 기계의 부품들이 노래하듯 소리를 내며 계속 돌아가고 있다. 소년의 어머니는 가학적 성향이나 어떤 이념을 향한 집착 때문이 아니라 그저 두려움과 욕심 때문에 유대인 이웃을 고발했던 폴란드인들 중 한 명에 해당할 것이다. 이제 이 이야기를 간단히 결론지어 보자: 여자의 행동과 판단력은 정신적 외상에 의해 망가져 있다. ('망가져 있다'는 말이 너무 과격한가? 그렇다면 '심각하게 영향을 받았다'는 표현을 고려해 보자.) 만약 법정 심리학자가 법정에서 여자의 슬픔이 아니라 전쟁에 대해 이야기했더라면, 판사는 어쩌면 그렇게 단호하게 유죄 판결을 내리지는 않았을지도 모른다.

전쟁을 언급하자.

아니, 하지 말자.

"제가 이른바 이 나라의 사법 제도라는 게 역겹다고 말하는 이유는," 여자는 내게 말한다. "그건 제가 고통을 겪고 정신적 외상을 입은 불쌍한 아동 생존자라서 그런 게 아니에요. 이번 사건이 그저 또 한 겹 추가된 외상이라서가 아니라고요. 아뇨, 이건 옛날에 생긴 제 정신적 외상과는 아무 관계가 없습니다. 제가 말씀드리려는 건 다른 얘기예요. 너무나도 끔찍하고 비극적인 어떤 일이 여기 오스트레일리아에서 일어났는데, 사법 제도가 그걸 방치하고 주도했다는 얘기예요."

여자가 무슨 말을 하고 있는지 알겠는가? '내 어린 시절의 공포를 이용해 내 손자에게 일어난 일을 지우지 말라. 내 정신적 외상을 이용해 여기, 이 나라에서 내 가족을 박살내 버린 거대하고 복합적인 부당함을 덮지 말라. 내 비극을 이용해 당신들의 도덕적 파산을 은폐하지 말라.' 여자가 자신에게는 전쟁이 끝난 게 아니라고 되풀이해 말할 때, 우리는 그 말을 여자가 아직 과거 속에 있다는 뜻으로, 즉 그를 살려 두지 않으려 했던 그 옛날의 전쟁 속에 갇혀 있다는 뜻으로 받아들일 수도 있다. 아니면 그 '전쟁'이란 여자가 감옥에 들어가 있는 동안 여자의 손자가—정의의 이름으로, 만세!—자신을 괴롭히던 사람에게 돌려보내지는 상황을 뜻하는 단어라고 생각할 수도 있다. 전쟁이란 그 두 사람이 서로를 다시 만나기 위해 거의 10년을 기다려야 하는 상황을 뜻한다.

'감옥'은 여자에게는 가장 중요하지 않은 문제다.

여자는 말한다. 제 남동생은 인도 위에서 얻어맞아 머리가 박살 나서 죽었어요. 누구도 저를 더 이상 상처 입힐 수는 없어요. 이미 너무 많은 상처를 받았으니까요. "그 사람들이 저한테 무슨 고통을 더 줄 수 있었겠

고통을 말하지 않는 법

어요? 얼마나 오랫동안 저를 감옥에 가둬 놓을 수 있을까요? 한 백 년쯤?" 여자는 말한다. 저는 홀로코스트에서 어머니만 빼고 가족 전체를 잃은 사람인걸요.

여자에게 중요한 것은 소년이다.

여자는 사진 한 장을 꺼낸다. "이 눈 좀 보세요. 이 아이가 스물한 살이 돼서 우리한테 돌아왔는데요. 이미 알코올의존증이 생긴 뒤였어요. 그런 일들을 좀 겪은 거죠. 저한테는 거기서 겪은 일들을 거의 얘기 안 했어요. 그 애는 그 사람들 얘기는 꺼내질 못해요. 뭐라도 입 밖에 냈다가는 이성을 잃거든요. 그런 얘기를 하는 걸 참질 못해요."

만약 이 사건에서 (어떤 의미로든) 여자 자신이 중요한 의미를 갖는 부분이 있다면, 그건 여자가 자기 아들에게 했던 약속을 지키지 못했다는 부분일 것이다. 손자를 보호하고 남은 가족들을 한자리에 모으겠다는 약속.

어머니가 딸을 보호하기 위해 했던 일을 본받아 행한 약속.

오스트레일리아에서는 모든 게 거꾸로다. 감옥에 갇혀야 할 사람과 그렇지 않은 사람이 뒤바뀌고, 범죄로 간주해야 할 것과 그러지 말아야 할 것이 뒤바뀌고, 선량한 사람들은 죽도록 두들겨 맞지만 악한 사람들은 솜방망이로 얻어맞는다. 제 남편이 70대인데요,

여자는 말한다. 그는 열두 시간 교대 근무를 해서 번 돈으로 세금을 낸다고 한다. 자신의 손자를 학대한 남자가 "감옥에서 편안하고 즐거운 시간"을 보내면서 "좋은 음식"을 먹을 수 있도록. 그리고 그 남자가 "서로를 죽이고 칼로 찌르고 잡아먹는 사람들이 나오는 갖가지 영화를 텔레비전으로 보면서 아늑한 휴식을 취하고, 건강하고 좋은 컨디션으로 감옥에서 나와 제 손자들을 공포에 떨게 만들 준비를" 할 수 있도록.

"제가 범법자라고 생각하세요, 마리아?"

로익 바캉Loïc Wacquant은 감옥을 "범법 시설"이라고 불렀다. 사람들은 감옥이 사회적 법률들을 떠받치고 강화해 주리라는 기대를 하지만, 바캉에 따르면 실제로 감옥은 그 법률들을 "어쩔 수 없이 일상적으로" 위반하는 곳이다.[18] 아마도 사회학 입문이나 범죄학의 기초 수업에 나오는 내용이겠지만, 나로서는 처음 알게 된 사실이다. "사실은," 여자는 말한다. "바깥에 있는 그 모든 제도보다 감옥 안이 더 문명화돼 있었어요." 여기서 제도란 사법 제도를 뜻한다. "있죠, 그자들이 제 손자를 아직 찾아내지 못했을 때 제가 딱 한 번 위증을 한 적이 있잖아요. 그때 제가 판사의 눈을 봤는데, 판사가 저를 적어도 2분 가까이 계속 노려보더라고요. 그래서 저도 그 사람을 2분쯤 노려봐 줬죠. 왜냐하면 제가 말하고 싶었는데 못한 말이 있었거든요. 그건 이 세상의 어떤 법

고통을 말하지 않는 법

정도, 그리고 어떤 판사도, 이 어린 소년을 그렇게 끔찍하고 위험한 상황에 빠뜨릴 권리는 없다는 말이었어요." 당시 여자가 노려보고 있던 판사는 또 다른 판사였다. 여자를 감옥에 가두고 소년을 어머니의 집으로 돌려보냈던 그 판사가 아니었다. "저는 세상 다른 어딘가에 있는 또 다른 민족들, 이른바 문명화된 민족들도 야만적인 짓거리를 수도 없이 저질렀다는 걸 알고 있잖아요." 여자는 말한다. "그래서 그때도 놀라지 않았죠."

상상할 수 있는 최악의 시기에 태어난다는 사실, 그리고 그 모든 일을 겪고도 살아남았다는 사실은 당사자에게 무엇을 남길까? 자신들을 숨겨 주던 의사가 며칠 동안 다른 곳에 가 있어야 하는 상황이 오자, 여자의 어머니는 감자 구덩이가 더 이상 안전하지 않다고 판단했다. 그래서 그들은 구덩이를 기어 올라왔다. 그러고는 붙잡혀서 아우슈비츠로 보내졌지만, 그 무렵 전쟁은 거의 끝나 가고 있었고, 아기였던 여자는 아장아장 걷는 아이가 되어 있었다. 여전히 가스실에 보내져 살해되는 사람들도 있었지만 어머니와 딸은 그곳을 몰래 빠져나갔다. 그들은 자신들을 숨겨 주었던 여성 의사를 찾아냈고, 이번에는 땅 위에서 그와 함께 살았다. 세월이 흘러갔다. 여자는 그 의사의 아들 중 한 명과 (그 의사는 쌍

---

18   이에 관한 자세한 논의는 『가난을 엄벌하다』(시사IN북, 2010) 참조

둥이 자녀를 두었다) 결혼했다. 그리고 얼마 되지 않아 여자와 남편, 그들의 어린 아들, 그리고 여자의 어머니는 폴란드를 떠났다. 폴란드에서는 너무 많은 사람이 피를 흘렸다. 그곳에는 지워질 수 없는 증오가 너무 많았으며, 반유대주의 역시 수그러들 줄 몰랐다. 여자의 시가 쪽 사람들도 뿌리 깊은 반유대주의에 사로잡혀 있기는 마찬가지여서, 성인처럼 그들을 구해 주었던 여성 의사도 알고 보니 대놓고 유대인들을 혐오하던 자기 남편만큼이나 나쁜 사람이었다. (전쟁이 끝난 것처럼 보이면 정말로 끝난 거라고 생각하는 사람들에게, 이 일화는 현실의 이면을 보여 주는 작은 우화일 것이다. 혹은 누군가를 지지하는 사람이 영영 그 입장을 고수할 거라고 생각하는 사람들에게도. 혹은 우리는 결국 부모와 똑같은 사람이 된다고 생각하는 사람들에게도. 여자와 결혼한 남자, 즉 그 여성 의사의 아들은 그의 엄마와도 아빠와도 비슷한 사람이 되지 않았다.) 처음에 네 사람은 이스라엘로 갔고, 그다음에는 결국 오스트레일리아로 오게 되었다. 오스트레일리아는 폴란드, 여자의 시가 쪽 사람들, 반유대주의, 전쟁으로부터의 피난처였다.

여자를 돕는 사람들이 있다. 오스트레일리아에 사는 외국 사람들도 있고 오스트레일리아 사람들도 있다. 훗날 자유당 소속으로 장관이 되는 어느 정치인도 그중 한 명이다. 여자는 그를 친구라고 여겼고, 자신이

고통을 말하지 않는 법

수감돼 있는 동안 그가 자신에게 신경을 써 주었다고 믿는다. 여자가 생각하기에, 문제의 그 판사가 사임하도록 압력을 넣은 사람은 바로 이 정치인인 것 같다. 이 정치인은 자신의 회고록에서 자식들이 "부모의 매력적이지 못한 감정 표현들을 절대 목격하지 않도록" 단 한 번도 자신 앞에서 말다툼하지 않았던 부모님에게 감사를 표한다. 그는 지금은 세상을 떠났다. 여자는 그를 자주 생각한다. 좋은 사람이 또 한 명 있다면 바로 교도소장이다. 그 교도소장 또한 훗날 어느 교정 시설 복합체를 통솔하는 결정권자가 된다. 펜트리지 감옥 A구역에 있다가 나온 그 남자의 사촌이 여자와 같은 교도소에 입감하는 바람에 (그쪽 세계에 밝은 사람들이 보기에는) 여자의 생명이 위태로워졌던 때가 있었다. 여자의 말에 따르면, 그때 교도소장이 경비원들에게 여자를 따라다니라고 지시했었다고 한다. 좋은 사람들은 어디에나 있다. 여자는 그런 사람들을 많이 보았고 또 많이 만났다.

이 사건을 둘러싼 의도적인 무지. 이것은 제도의 실패이며 문화의 파산이다. 그 모습은 20세기의 세계를 떠올리게 한다. 20세기. 오스트레일리아가 경험해 보지 못했던, 적어도 다른 사회들과 같은 방식으로는 경험해 보지 못했던 두려움으로 가득했던 시기. 그 시기에는 (혹은 적어도 그 세기의 마지막 몇십 년 동안은) 세상 온 사회가 두려움에 물들어 있었다. 도처에서 야만적인 행위가 일어났고, 폭력이 기승을 부렸고, 광신주의가 팽배했다. 당시 사람들은 그런 일들을 겪으면서 깨달았다. 그런 광적인 요소들은 현실의 표면 바로 아래에 있으며, 언제든 매우 쉽게 풀려날 수 있다는 것을. 토니 주트[19]는 그런 요소들이 일단 풀려나기만 하면 '문명화된 삶의 핵심 구성 요소들', 즉 '규칙들, 법률들, 교사들, 경찰관들, 판사들'을 대대적으로 파괴해 버리며, 또한 그 과정에서 상호 의존과 신뢰라는 비공식적 사회 구성 요소들을 빠르게 앗아가 버린다고 썼다. 과거를 기억하는 것만으로는 그렇게 부서지고 잃어버린 것들을 다 벌충하지 못한다. 전쟁이 어떤 결과를 가져오는지 기억하고 있는 나라들을 보라. 유럽과 아시아와 아프리카에 있는 그 많은 나라들 중에 전쟁으로부터 멀어지거나 그에 관한 경각심을 갖게 된 곳은 없다(특히 유고슬라비아를 보라). 전쟁에 관한 기억은 세대 간에 전수되어야 할 것들을 지켜 내지도 못했으며(캄보디아를 보라), 오늘날의 더러운 정치를 한 발짝도 나아가게 하지 못했다(러시아를 보라). 게다가 무언가를 기억하는 일이 늘 자명한 선善에 속하는 것도 아니다. 하지만……

제2차 세계 대전 이야기를 몇 번이고 거듭해 꺼내는 이 여자는 자신의 온 존재를 통해 열렬히 주장하고 있다. 끝난 지 70년이 지난 그 일을 여전히 중요한 의제로 삼아야 한다고, 특히 야만인들로 가득한 이 나라는

고통을 말하지 않는 법

더욱 그래야 한다고 말이다. 그만이 알고 있는 뭔가가 있는 걸까? 여자가 꺼내는 기억이, 주위 모든 사람의 눈에는 이 여자를 장악한 정신적 외상으로 보이는 그 기억이, 영혼에 생긴 궤양이 질러 대는 그 비명이, 이 나라에 필요한 것일 수도 있을까? 그런 기억은 화려한 금관 합주나 가슴에 손을 얹은 채 경의를 표할 때처럼 위풍당당하지 못하다. 그것은 공포다. 한 사회의 피부밑에 들어가 살면서 그 사회가 어디로 가고 있는지, 또 그 사회가 무엇을 놓아 버리게 될지 걱정하게 만드는 공포.

토니 주트는 21세기의 미국이 '전쟁의 의미'—확실히 그 직전 세기가 남긴 가장 중요한 역사적 교훈이다—를 망각했다는 점에서 예외적인 국가라고 말했다. 하지만 그는 전쟁에 대한 망각이 두 배로 일어나는 오스트레일리아를 잊고 있었다. 첫 번째로 망각 중인 전쟁은 바로 한 번도 이 국토 위에서 전쟁이 일어난 적 없다는 이 나라에서 일어났던 전쟁이다. 140년 동안 도처에서 끊임없이 일어나면서 기억과 망각 사이의 공간에서 너무나 오랫동안 깜박여 온 전쟁, 잠깐씩 멎을 때마다 기억되다가 이제 다시 시작되고 있는, 여전히 공적으로는 전쟁으로 인정되지 않는 전쟁, 바로 개척 전쟁이다.[20] 망

---

19   Tony Robert Judt(1948~2010). 영국의 역사학자로 근현대 유럽사에 관해 많은 저작을 남겼다.

각되고 있는 또 한 가지는 주트가 이야기하는 것에 좀 더 가까운 것이다. 다른 나라에서 목격된 것들: 전쟁이 그곳의 국민들과 그들이 사랑하고 만들어 왔던 모든 것에 끼치는 영향.

여자는 오스트레일리아와 이곳의 국민들이 어떤 고통도 겪기를 바라지 않으며, 이 나라가 고통을 면했다는 사실을 시기하지도 않는다. 오스트레일리아 국민들은 "인간이라는 존재는 고된 노동과 추위, 굶주림과 매질을 겪으면 3주 만에 짐승으로 변해 버린다"[21]는 사실을 배울 필요가 없었다. 물론 20세기의 이런 교훈을 집앞까지 배송받지 않을 수 있었다는 건 축복이다. 이런 축복에 대한 단 하나의 적절한 반응은 바로 무한히 감사하는 마음일 것이다. 하지만 그 감사하는 마음이 무지나 무관심까지 덮어 줄 수는 없다. 고통을 면했다는 것은 기억하기 위해 두 배나 더 노력해야 한다는 뜻이다. 하지만 그런 일은 대체 언제쯤 일어나게 될까? 여기 두 어절로 된 의미심장한 말이 있다: "인간의 본성". 그것에 대해서라면 여자도 잘 알고 있다.

---

20 오스트레일리아의 개척 전쟁Frontier Wars은 서양 개척민들이 이 땅에 도착한 1788년부터 20세기 이후까지 이어진 여러 건의 선주민 학살 사건을 뜻한다. 현지 정부는 아직 공식적으로 이 학살을 인정하지 않는다. 각 학살 사건을 한데 모은 아래의 웹페이지를 참고할 것. https://c21ch.newcastle.edu.au/colonialmassacres/map.php

고통을 말하지 않는 법

20년 뒤면 여자와 남편은 서류를 작성하고 소년이었던 남자와 그의 남동생에게 이 집을 물려준 다음 멜버른을 떠날 것이다. 그들의 어깨를 두드리며 이렇게 말하는 사람은 아무도 없을 것이다. "용서해 주세요. 저희가 두 분을 너무 심하게 오해했습니다. 두 분은 알고 보니 범죄자가 아니라 정의로운 분들이셨네요. 범죄자가 아니라 성실하고 애정 넘치는 조부모셨고요. 두 분은 하실 수 있는 유일한 행동을 하셨습니다. 문명화된 사람들이 행동해야 하는 방식으로 행동하셨어요." 이제 청년이 된 그때의 소년에게 사과하는 사람 또한 없을 것이다. 그때 소년이 스스로를 구할 수 있도록 가만히 놓아두지 않았던 것에 대해서(그때 그는 자신이 할 수 있는 일을 했는데, 그래서 결국 어디에 있게 됐는가?). 아무도 사죄하지 않을 것이다. 하느님조차도.

•

(g)

"지난번에 이야기 나눴을 때는 몰랐던 걸 이제 알게 됐어요." 여자는 말한다. "판사가 뇌물을 받았어요."

21 굴라크의 생존자였던 바를람 샬라모프가 쓴 『콜리마 이야기』(을유문화사, 2015)에 나오는 구절이다.

"선임 형사는 은폐와 범죄에 관련되어 있었어요."

"제 아들은 살해된 겁니다."

"제가 걸리게끔 그쪽에서 덫을 놓은 거예요."

"그자들은 제가 손자를 위해서라면 뭐든 할 거라는 걸 알고 있었던 거예요."

여자는 흰색 블라우스와 회색 바지를 입고 있다. 여자가 다른 색 상의를 입은 모습은 본 적이 없다. 여자의 남편은 잔디를 깎는 중이다. 천천히 쉬어가면서 일할 테지만, 그래도 제대로 다 깎을 것이다. 이야기 나누는 동안 차라도 마시는 게 어떨까요? 아뇨, 그러죠, 아뇨. 할 말이 너무 많아요.

여자의 두 눈.

"저는 보면 알거든요." 여자가 말한다. "전 그 애가어느 쪽을 택할지 알겠어요. 물론 걔는 제가 자기 가장친한 친구라는 걸 알고 있긴 하지만."

여자의 두 눈은 눈물이 가득할 때조차 세상을 속속들이 파헤치고 있고, 동시에 저 멀고 외진 곳까지 다바라보고 있다. 울고 있을 때조차 그 두 눈동자는 인간이 겪어야 하는 그 바닥 없는 시련을 바라보며 미소를짓고 있다.

여자와 남편은 멜버른 외곽에 있는 방 두 개짜리집에 살고 있다. 그 집에는 작은 베란다가 딸려 있다. 안뜰은 세 집이 함께 쓰고 함께 가꾼다. 여자는 그림을 그리고 있고, 자신이 아마도 완전히 새로운 시기에 접어 드는 중인 것 같다고 느낀다. "그림은 깊이라는 환상과 관련이 있는데, 그 환상은 원근법을 통해 얻어져요. 사람들을 그림 속으로 데려가기 위한 장치죠. 하지만 제가 하고 있는 작업은 그림을 이 바깥 세상으로 끄집어 내는 거예요."

여자는 늘 생각해 왔다. 오스트레일리아에서 자기 가족에게 일어난 일은 범죄에 해당한다고 말이다. 물론 그 일은 '정말 충격적인' 사건이었고, '사법 제도의 실패를 다시금 증명한' 사건이었지만, 지금 말하는 '범죄'라는 단어는 말 그대로 범죄 그 자체를 뜻한다. 판사. 선임 형사. 매수당하고 피로 더럽혀진 사람들. 이제 여자는 의심을 넘어 확신하고 있다. 겨우 집 한 채를 차지하려고 이 모든 일을 벌인 거죠. 물론 지금 그 집값이 수백만 달러에 달하기는 하지만 말이다. 그래도, 탐욕이라니, 일곱 가지 대죄 가운데(아직도 일곱 가지뿐인가?) 그것이 여자의 가족을 무너뜨릴 죄악이 될 줄은 누가 알았을까? 세상의 다른 악덕들에 비하면 그렇게 조그맣고 허약한 악이 말이다. 오스트레일리아…… 이 오스트레일리아…….

나는 여자에게 말하고 싶다. 당신이 당신 자신에게 무슨 일이 일어났는지 정확히 알지 못한 채 계속 살아가야 한다는 걸 믿을 수가 없다고. 여자가 새로 얻은 정보 대부분은 전면적인 재조사 없이는 사실 여부를 확인할 수가 없다. 하지만 경찰과 사법부가 연루돼 있을 수도 있는 그 조사가 시작될 가능성은? 사실상 없다. 나는 아무 말도 하지 않는다. 여자는 최근에 자신을 찾아 연락해 온 사람들의 말을 들었고, 그들의 주장이 믿을 만하다고 확신하고 있다. 그들은 여자의 아들이 살해된 게 맞고, 여자는 함정 수사의 피해자가 맞는다고 말해 주었다고 한다. 여자의 본능은 내내 그 사실을 알고 있었다. 이제 여자의 마음은 손자에게서 조금씩 떠나고 있다. 여자의 내면은 여전히 손자를 사랑하고 있지만, 더 이상 그를 구해야 한다는 생각은 하지 않는다. 다른 누군가가 손자를 그 집으로부터, 그러니까 그 집을 강탈하고 싶다는 욕망으로부터 지켜 주어야 한다. 그러지 못한다면, 아마도, 손자는 결국 구해지지 못한 것이나 다름없을 것이다. 그 옛날 프리모 레비가 『가라앉은 자와 구조된 자』에서 말했던 방식대로 말이다. "억압이 심해질수록 억압받는 사람들 사이에서는 기꺼이 권력에 협력하려는 의향이 점점 더 널리 퍼져 나간다. 비록 그 각각의 의향들은 수없이 많은 미묘한 차이들과 다양한 동기들을 지니고 있지만……."

"선택(특히 도덕적 선택)의 여지라는 것은 0에 수렴할 정도로 줄어들었다."

여자의 손자는 아직은 깨닫지 못하지만 언젠가

142

는 알게 될 것이다. 자신과 남동생이 살고 있는 집이 실은 더 이상 여자의 집이 아니라는 사실을. 그래서 그 집을 자신의 것으로, 아니, 자기들의 것으로 만들 수는 없다는 사실을. 그때부터 그 사실은 손자의 남은 인생에서 가장 중요한 문제가 될 터였다. 그는 그런 현실을 증오하게 될 테고, 그 현실을 어떻게든 바꾸려 할 터였다. 그건 그가 남은 평생 동안 치러야 할 과업이 될 터였다.

여자와 남편은 자신들이 해야 할 일을 다 했다. 여자는 그림을 그리며 나이를 먹어 가고 싶다. 오스트레일리아는 절대 안전하지 않겠지만, 다른 어딘가로 갈 수 있는 것도 아니다. 여자는 심지어 오스트레일리아 바깥을 여행하는 것조차 좋아하지 않는다. 여자의 아들이 여기 묻혀 있다. 여자의 어머니도.

여자는 '토라'[22]와 『탈무드』를 다시 읽고 있다. 요즘 여자는 아들이 세상을 바라보던 시선에 최대한 가까워지려고 노력하는 중인데, 아들은 생전에 독실한 사람이었던 것이다("모르셨어요? 아, 그래요, 굉장히 독실했죠."). 토라를 읽다 보면 이브에 대해 많은 생각을 하게 돼요. 이브가 아담보다 훨씬 뛰어나지 않나요? 우주적인 존재죠. 이 말에 동의하세요, 마리아?

---

22 Torah. 히브리어로 '가르침' 혹은 '법'을 뜻하는 말로, 성경의 모세오경 (창세기·탈출기/출애굽기·레위기·민수기·신명기)을 뜻한다. 유대교의 율법이 여기에 기반을 둔다.

여자의 최근 작품 중 한 점의 제목은 〈모던 모나리자 Modern Mona Lisa〉다. 여자는 그 그림을 다음번에 내게 보여 주기로 한다. 그 작품에서 여자는 어떤 성취를, 엄청난 발전을 이뤘을지도 모른다. "제가 레오나르도 다 빈치한테 이렇게 말했거든요. 댁은 이런 건 못 했지. 나는 할 수 있어."

우리는 기차역 플랫폼에 서 있는 두 사람처럼 끌어안는다. 자신들 안에 있는 사랑이 아니라 자신들을 둘러싼 세상, 즉 중심에서 이탈해 버린 세상으로부터 주어진 사랑을 통해 서로를 사랑하는 두 이방인.

그리고 저 눈빛.

내 차가 후진해 진입로를 벗어날 때 보이는, 여자의 남편의 눈빛.

역사는 반복된다

오늘 아침, 이라기보다는 얼마 전의 어느 날 아침, 나와 같은 열차 칸에 탄 두 명의 남자가 고개를 든다. 50대 남자 두 명인데 실크로 된 것 같은 수수한 스타일의 넥타이를 맸다. 교통 단속 카메라가 터질 때처럼 황급한 깨달음이 그들 사이를 스쳐 지나가고, 곧 그들은 다음 역 이름이 방송으로 나오기도 전에 서로를 향해 몸을 기울이고 웃고 있다. 이게 얼마 만이야? 얼추 40년은 된 것 같네. 그동안 어떻게 지냈어? 그들은 동창들의 소식을 빠르게 훑는다. 둘은 암에 걸렸고(하나는 화학 요법을 받는 중이고 다른 하나는 화학 요법을 견뎌 낼 수 없다고 판단되어 받지 못했고), 부동산 개발 사기가 한 건에, (오랫동안 끌어오던 정리를 막 끝낸) 한 녀석은 전처가 도대체 몇 명이나 생긴 건지 모르겠다고 한다(멍청한 새끼, 그 새끼나 그 여자들이나 서로 잘 만났어). 대화가 잠시 멈춘다. 제발 그게 전부라고 하지는 말아 주길. 사기, 암, 잘못 고른 결혼 상대들, 붙들리기, 탈출하기, 도심 순환선 열차에서의 우연한 만남들…… 당신은 인생이 길다고, 혹은 친절하다고, 혹은 삶이란 서로와 함께 살아가는 거라고 마지막으로 느낀 게 언제였는지 기억할 수 있는가?

　　내 휴대 전화가 진동한다. 진동이 딱 한 번이라는 건 문자 메시지가 왔다는 뜻이다. '가위나 손톱 다듬는 줄이나 날카로운 물건 없는지 확인하고요.' 밴더다.

고마워요, 밴더.

쉿.

내 앞에 놓여 있는 건 시간이다. 시간은 강물이
아니다. 시간은 기차에서 만난, 몸에 와 닿는 서류 가방
을 느끼며 서로를 끌어안는 두 명의 낯선 사람이다. 다
시 같은 열차를 타는 일은 없을 두 남자. 열차에서 어떻
게 내렸는지, 어떻게 걸어왔는지 모르겠다. 나는 어찌
어찌 윌리엄 스트리트에 있는 법원 건물 입구에 도착했
고, 가방 검사를 받았고, 날카로운 물건은 들어 있지 않
았고, 건물은 바깥에서 볼 때는 지루하고 거대하고 아
무런 특징도 없어 보였지만 갈색으로 꾸며진 내부에는
활기가 넘쳤으며, 초코바에서 벗겨 낸 포장지들이 굴러
다녔고, 문들이 쾅쾅 닫혔고, 또 다른 문들은 열렸고, 교
복을 입은 아이들이 있었다. 나는 그 아이들이 교외에
서 일어난 불가사의한 범죄의 목격자들일지도 모른다
고 생각했지만, 사실은 그냥 법학을 공부하는, 현장 학
습을 나와 지루해하는 학생들일 뿐이었다. 치안 판사
몇 명은 카를 하인리히 마르크스같이 생겼다. 엘리베이
터를 탄 나는 세상 다 산 사람 같은 얼굴을 하고 있는 어
느 변호사 옆에 서게 되었다. 나는 그를 쳐다보았다. 그
는 자신의 업무용 바지에 잡힌 주름을 내려다보았다.

8번 법정의 서기는 오늘 무슨 옷을 입고 있냐고?
오렌지색 재킷인데, 멋지네요, 이 무대를 감안하면 대

담한 선택이에요. 그리고 이 순간 8번 법정에서 가장 크게 들려오는 소리는? 법정의 조용함에 관해 메모하는 내 파인라이너 펜이 내는 소리다. 실내에 가득한 사람들은 모두 바빠 보이는데, 그들 모두가 너무 조용해서 신경이 쓰인다. 그때 치안 판사가 등장하더니—그가 자리에 앉자 조용함은 사라진다—오늘의 첫 안건을 시작한다. 그는 음주 운전 재범 판결을 받으러 증인석에 나와 있는 남자에게 말한다. "피고인의 과거를 없애드릴 수는 없습니다." 그 말은 모종의 비밀 메시지 같다. 모두가 듣고 있는 이야기의 지하에서 흐르고 있는 메시지. 살아 있는 동안은 어떤 거미줄에든 걸리게 마련이라는 메시지. "피고인의 첫 번째 위반이 20년 전 일이라는 건 압니다만, 그 과거가 사라지는 건 아니거든요. 앞으로는 경찰이 피고인의 차를 세울 때마다 음주 테스트를 실시할 겁니다." 치안 판사의 말은 이런 뜻이다. 이번이 당신에게 주어진 마지막 기회이며, 당신이 차고 있는 커프스단추도 당신을 구할 수 없을 것이고, 당신이 내고 있는 세금도 당신을 구해 주지는 못할 거라고. 또한 거기에는 이런 뜻도 담겨 있다. 덫에 걸렸다는 느낌을 받는 일, 그것이야말로 사람이라면 당연히 겪게 되는 일이라고. 이때 덫이란 이 모든 것이다. 당신의 과거, 가족, 유전자, 당신이 중독되어 있는 것들, 외로움, 다른 사람들은 거의 다 신나게 앞으로 달려 나가고 있는데

고통을 말하지 않는 법

당신은 바닷가재처럼, 혹은 아직 몸의 균형이 안 잡힌 아기처럼 기어서 뒷걸음질을 치고 있는 듯한 느낌, 이 모든 것.

　　오전 내내 나는 무언가를 기다리지만 별일은 일어나지 않는다. 음주 운전 재범 판결을 받은 남자 다음으로는 의류 브랜드 '엘우드'의 매장 관리자가 나오는데, 시험관 아기 시술이 잘되지 않아서 술을 마시고 있다는 여자다. 이어서 옷을 잘 차려입은 소말리족 남자가 역시 옷을 잘 차려입은 소말리어 통역사와 같이 나온다. 남자는 안전벨트 미착용으로 기소되었다. 그다음은 시속 80킬로미터 구역에서 시속 105킬로미터로 달리다 붙들린 튀르키예인 택시 운전사다. 나는 다른 법정으로 자리를 옮긴다. 거기 앉아 가중 처벌을 받게 된 절도죄에 관한 심리를 듣는다. 그러다 어느 필로폰 조직이 선고를 받고 있는 방으로 간다(내가 그날 하루 종일 보았던 변호사 대부분이 거기 있다). "내가 저지를 수 없겠다고 생각되는 범죄 같은 건 없다." 괴테는 그렇게 말했다. "나는 인간이다, 그러므로 인간에 관한 것은 무엇이든 내 관심사다Homo sum: humani nil a me alienum puto." 이것은 고대 로마의 극작가 테렌티우스가 한 말이다. "동화 같은 결말은 없어요."

　　맨 마지막은 밴더가 한 말이다. 그건 왜죠, 내가 묻는다.

"왜냐하면 사람은 사람이니까요."

법정에 어그부츠를 신고 오는 사람들도 있다. 어느 날 당신은 법정 바닥을 내려다보다가 굽이 높고 종아리 부분은 넓게 만들어진 여성 변호사들의 가죽 부츠 옆에 있는 어그부츠를 발견할지도 모른다. 그 이미지를 본 당신은 사람들 사이에 어떤 경계가 그어져 있으며, 어떤 사람이 그 경계의 양편 중 어느 쪽에 속해 있는지 알아맞힐 수 있겠다고 믿게 될 수도 있다. 하지만 믿지 말기를. 그런 건 어떤 때는 맞지만 또 어떤 때는 전혀 안 맞는 법이다.

그날 아침, 아니 오늘 아침, 나는 카페를 지나 다시 역으로 걸어간다. 1주일 전, 나는 그 카페에서 부副 치안 판사 옐레나 포포비치를 만났다. 그때 그는 치안 판사가 된 지 몇 년이 지난 뒤에야 이해하게 된 게 있다고 말했다. 바로 자기 앞에 출두하는 사람들 가운데 대다수는 가해자나 피해자가 아니라 그저 위기에 처한 사람들일 뿐이라는 것, 그리고 그들이 처한 '위기' 속에는 희망이 담겨 있다는 것이다. "그런 생각이 명확해지기 시작한 건 1990년대 후반이었어요. 헤로인이라는 재앙을 겪는 동안 말이죠. 그 위기의 순간을 기회로 삼았어야 했는데, 그런데 우린 사람들을 돕기 위한 일 같은 건 아무것도 안 하고 있는 것 같았죠." 그가 말하는 '위기'라는 단어는 고결하면서도 거대한 단어처럼 느껴졌고, 그 점에 너무도 놀란 나는 그 단어가 인간 삶의 망가진 부분들을 완전히 다른 방식으로 바라보게 만든다는 사실에 대해 생각하게 되었다. 집에 오는 길, 반쯤 빈 오후 열차 칸에는 웃음을 쏟아 내는 사람도, 옛 친구의 무릎 위로 쓰러지는 사람도 없었다. 우리는 모두 혼자였다. 가방을 들고, 재킷을 입고, 물이 뚝뚝 떨어지는 우산을 가지고, 이리저리 헤매는 눈빛으로, 울리지 않는 커다란 휴대 전화를 두 손으로 꾹꾹 누르면서.

나는 인간의 삶을—질병이나 전쟁 때문에 단축된 삶이 아니라 보통의 긴 삶을—몇몇 상징적인 장면들로 압축해 버리는 영화 시퀀스들을 볼 때마다 두려움에 빠지곤 했다. 걱정이라고는 없던 순수한 아이가 빛나는 두 눈을 지닌 청년이 되고, 그러고는 곧바로 누군가의 부모가 되고, 그에게서 태어난 아이의 두 눈도 마찬가지로 금세 빛나게 된다. 그다음 장면에 등장하는 그들은 앞서 나온 인물과 같은 사람이지만, 그 두 눈은 흐려져 있고, 머리칼은 희끗희끗해졌고, 몸은 뚱뚱해지거나 말라 있다. 마치 그들을 이루는 형식과 내용이 서로에게서 떨어져 나가고 있는 것 같다. 그리고 결국, 아시다시피, 그런 변화가 당도하는 곳은 어디겠는가. 아무리 허술한 감독이 만들었다 해도, 거기 등장하는 인물들이 모두 허구라 해도, 삶에서 죽음까지를 3분 안에 보여 주는 이런 영상을 보는 일, 그러니까 에어 매트리스에서 공기가 빠져나가듯 인간의 삶으로부터 빨려 나가는 시간을 쳐다보는 일에는 어딘가 참을 수 없는 부분이 있다. 나는 영화를 보다가 몇 번인가 그런 시퀀스와 맞닥뜨렸고, 그때마다 두 손을 가슴에 얹어야만 했다.

오랫동안 나는 그런 경험이 왜 고통스러운지 알지 못했다. 그러다 이해하게 되었다. 그건 시간 때문이었다. 시간은 모든 것을 괜찮게 만들어 준다. 시간은 어떻게 앞을 향해 흐르는 동시에 제자리를 빙빙 도는가. 그리고 그 시간 속을 무중력 상태로 떠다니는 삶은 얼마나 수많은 반복으로 이루어져 있는가. 일어나기, 머리 빗기, 빵 굽기, 태양이 하늘로 솟아오르기, 주머니에서 열쇠를 꺼내 문을 열기. 수없이 흘러가는 계절들. 온화하게 반복되는 매일의 활동 속에는 보이지 않는 그물이 던져져 있고, 그 그물은 사람들을 떠받치고 보호한다. 왜냐하면 반복되는 것들—들뢰즈가 말한 바에 따르면 "바꿀 수도 대체할 수도 없는 특이성들"—은 결코 똑같을 때가 없기 때문이다. 반복되는 상황 속에는 감지할 수 없을 만큼 미세한 차이가 존재하며, 그 차이들은 똑같이 반복되는 일들을 때로는 빌어먹을 것들로 느껴지게 만들고, 또 때로는 고마운 것들로 느껴지게 만든다. 차이가 반복을 구원한다. 그래, 그 영화 시퀀스들이 고통스러운 건 그래서였다. 거기서는 시간이 일직선으로만 흐르고, 직선으로 흐르는 시간이란 극악무도한 존재이기 때문이다. 물론 때로는 뭔가가 반복된다는 사실이 되려 희망의 부재를 의미하기도 하지만 말이다. 어느 아이가 이 세상에 태어나는데, 마침 그곳은 원시적인 포악함으로 가득한 타르 구덩이 같은 곳이다. 그 구덩이는 매머드마저 끌어들여 삼킬 수 있을 만큼 깊어서, 아직 자기 앞다리와 뒷다리도 구분하지 못하는 조그만 생명체는 그곳을 버텨 낼 수 없다. 아무런 가능성도 없다. 시간은 그 구덩이 위에 떠 있는 나뭇가지들을 향해 달려드는 사람들을—우아한 모습은 아니지만, 다른 수가 있는가?—앞으로 밀어 주는 강물 같은 게 아니다. 시간은 미끈거리며 그 구덩이 속으로 밀려들어 오는 검고 끈적끈적한 물질이다.

밴더의 의뢰인 대부분은 타르 구덩이에서 태어난 사람들이다. 그들을 언급할 때 종종 사용되는 '취약성의 고착화'라는 말은 꼴사납다. 선택지가 많지 않은 삶을 살아가는 사람들, 앞으로 한 번 기어갈 때마다—운 좋은 해라면, 두 번 기어갈 때마다—뒤로 세 배나 멀리 굴러떨어지면서 뼈가 조각나 버리는 사람들과 관련된 언어들이 흔히 그렇듯 말이다. 가난, 학대, 중독, 정신 건강 문제. 이런 것들이 구덩이 속 타르에 끈적끈적한 점성을 가져다준다.

밴더와 내가 처음 만난 건 어느 해 봄이었다. 우리는 노스멜버른 시청 복도에서 우연히 마주쳤다. 나는 둘째 아이를 임신 중이었고, 밴더는 프린지 페스티벌의 자원봉사자였다. 그는 행사장 입구에서 티켓을 확인하며 프로그램을 돕고 있었다. 프로그램 수준은 (아마 예상했겠지만) 들쭉날쭉했다. 나는 이 여성이 왜 여기서 이런 일을 하고 있는지 이해하지 못했다. 그는 24시간 계속되는 입덧 때문에 주의력이 바닥에 다다른 나 같은 사람조차 단번에 알아차릴 정도로 엄청나게 박식했던 것이다. 그때 머릿속에 맴돌던 생각들이 떠오른다. 지역 사회 자원봉사와 관련된 일은 하나같이 이해가 안 된다는 생각. 그리고 다른 시간, 다른 장소에서였다면 이 여성은 군대를 이끌고 전투에 나갈 수도 있었을 거라는 생각. 그때 내가 몰랐던 건 밴더가 연극과 연출과 배우들을—특히 배우들을—사랑한다는 사실이었다. 그는 심지어 그 몇 년 전에는 청년들을 위한 극단을 설립한 적도 있었는데, 그 극단의 방침은 누구도 오디션에서 탈락시키지 않는 것이었다. 그 결과 다수의 출연진이 행복하게 연기를 했고 객석은 가득 채워졌다. 이후 교외에 있는 로펌에서 실무 교육을 받으며 의기소침한 한 해를 보냈던 밴더는 다시 괜찮아지려면 자신이 연극에 둘러싸여 있다는 느낌을 받아야 했고, 그 열망을 충족시키기 위해 이 행사의 자원봉사를 하고 있었던 것이다. 물론 그때 나는 그런 사실을 알지 못했다. 그나저나 나는 거기 왜 있었냐고? 꼭 알아야겠다면, 그 페스

고통을 말하지 않는 법

티벌의 프로그램 중 하나에 참여하고 있어서였다. 연기를 해야 하는 역할은 아니었던 나는 곧 깨달음을 얻게 될 예정이었다. 무대 위에서 연기하는 남자들과 여자들에 비하면 작가들은 정말 운 좋은 인간들이라는 깨달음 말이다. 작가들은 배우들처럼 자기 작품이 심판받는 자리에 반드시 나와 있지 않아도 되었던 것이다.

우리가 처음으로 대화를 나누었을 때, 내 머릿속에는 한 가지 생각이 떠올랐다. 밴더는 지역 사회 변호사[23]니까 우리 두 사람은 같은 과세 등급에 속해 있을 수도 있겠다는 생각이었다. 그로부터 몇 년 뒤, 나는 세인트 킬다 법률 지원 센터의 로비에서 밴더를 기다리고 있었다. 의뢰인과의 일정 때문에 늦어져서 황급히 달려온 밴더가 (검은색과 흰색으로 차려입은 모습으로) 나타나기 직전, 나는 내 노트에 이런 단어들을 급히 적어넣었다. 마치 잊어버리지 말아야 할 사항이기라도 한 것처럼.

노후함
조잡함
무너질 것 같음

---

23 독립적인 비영리 조직인 지역 사회 법률 센터에 소속된 변호사로, 경제적으로 어려운 사람들에게 무료 법률 서비스를 제공한다.

비밀번호는 스티커에

히터는 사방에 있지만

추움

그런 건물의 깊숙한 곳에 있던 밴더의 사무실은 꼭 어렸을 때 내가 쓰던 방 같았다. 창문이 없었고, 상자 같았고, 다닥다닥 붙어 있는 물건들로 가득 차 있는 그곳을 묘사하려면 "솔직히 말하면"이라는 표현을 덧붙여야 할 듯했다. 그곳은 사무실이라는 개념에 반대하는 그 무언가에 가까운 장소였다. 그로부터 얼마 지나지 않아 나는 치안 법원에서 한 젊은 여성 변호사가 밴더에게 이렇게 말하는 걸 우연히 듣게 되었다. "변호사님이 지금 하고 계시는 걸 저는 할 수가 없었어요." 그 말이 무슨 뜻인지는 거의 확실했다. 그건 비참하고 개떡 같은 상황에 처한 사람들에게 밴더만큼 가까이 다가갈 수는 없다는 뜻이었고, 그와 동시에 지금 밴더의 사무실 같은 곳에서는 일할 수 없다는 뜻이기도 했다. 하지만 나는 그 젊은 변호사가 그 말을 칭찬으로 한 건지 아닌지는—무척 애를 썼음에도—알아내지 못했다.

그 변호사가 밴더에게 그 말을 하기 조금 전, 마이크는 그 변호사 쪽으로 쓰러질 뻔했다. 그 자리에 있던 나도 그 광경을 봤다. 마이크는 점심 식사 계산을 하려던 한 여자의 손에서 50달러 지폐를 빼앗은 혐의로 치안 판사 앞에 나와 서 있었다. 두 눈이 반쯤 감겨 있던 그의 몸은 결국 균형을 완전히 잃어버렸다. 그는 그 젊은 여성 변호사 근처에서 앞뒤로 휘청거렸고, 그러자 미처 통제하지 못한 조그만 혐오감이 그 변호사의 두 볼을 분홍빛으로 물들였는데, 아마 사우스 멜버른에 있는 문제의 카페에서 점심값을 치르려던 여자의 얼굴에 나타난 표정도 그와 비슷했을 것이다. 마이크는 처음에는 그 여자에게 돈을 달라고 부탁했다. "싫은데요." 나또한 거절을 자주 하고, 나 또한 그 여자와 마찬가지로 결코 무너질 리 없는 내 안전지대가 침범당한다는 생각이 들 때마다 펄쩍 뛰곤 한다. 마이크는 지폐를 빼앗으면서 여자에게 "제가 50달러 가질게요, 아시겠죠?"라고 말한 뒤 윙크를 건넸다. 마치 자신이 가진 한 줌의 행운을 여자에게 나누어 주려는 듯했다. 검사가 이 부분을 설명할 때, 밴더와 검사는 마이크가 사회적 교류를 선호한다는 사실에 둘 다 미소를 지었다. 마이크는 그 여자에게서 잽싸게 도망쳤지만 도와주려고 나선 목격자들에게 붙잡혔다.

밴더는 전에도 마이크를 변호한 적이 있었다. 확실히 해 두자면, 마이크가 공판에 출석하는 날 아침에 처방약을 과다 복용하는 건 이미 여러 차례 있어 왔던 일이었다. 한번은 정신이 가물가물해졌는데 아무도 흔들어 깨워 주지 않아서 그대로 잠에 빠져 버린 적도 있었다. 밴더는 이번에는 요모조모 감시를 하고 있었다. 나는 메타돈[24]을 복용하지 않은 채 축 늘어져 있는 의뢰인들 때문에 밴더가 재판 연기 신청을 하는 모습을 여러 번 보았다. 땀을 흘리고 안절부절못하면서 금방이라도 토할 것처럼 보이던 그들은 재판을 받을 만한 상태가 아니었다. 물론 처방약이 불러일으키는 문제는 헤로인의 그것과는 다르다. 이날 아침 마이크는 상태가 심하게 나빠 보이지는 않았다. 다만 시간이 흐를수록 점점 자기 몸에 대한 통제력을 잃어 갔다. 나중에 확인해 보니 그날 그가 복용한 알약이 다소 셌던 것으로 드러났다. 법정에 들어섰을 때쯤 혼란에 빠진 그는 주목을 끌 정도로 큰 목소리로 말을 하더니 갑자기 잠들어 버렸다. 모두 정확히 법정에서 해서는 안 되는 행동들이었다. 법정에서는 치안 판사가 말을 걸 때를 제외하고는 속삭이듯 말해야 하고, 치안 판사에게 대답할 때는 존중하는 태도로 부드럽게 말해야 하며, 어떻게 해서든 재판 내내, 특히 자신의 죄에 대한 판결이 내려지기 직전에는 깨어 있어야 한다. 그가 저지른 죄가 실소를 자아낼 만큼 실없는 것이라 해도, 그 순간 내려진 결정이 그를 감옥으로 돌려보낼 수도 있기 때문이다.

마이크가 처한 상황이 예외적이었다고—몇 달 전 마이크는 자신의 여자 친구가 약물 과용으로 침대에서 사망해 있는 것을 발견했다—주장하던 밴더는 마이

고통을 말하지 않는 법

크에게 쉿 하고 주의를 주는가 싶더니, 다음 순간에는 그에게 거의 애원하다시피 한다.

"마이크, 잠들면 안 돼요."

"마이크, 지금 그러면……."

진물 나는 상처들로 둘러싸인 마이크의 입술이 듣기 좋게 할짝거리는 소리를 낸다. 부드러운 파자마를 입은, 작은 몸을 가진 누군가가 꿈속을 음미하며 내는 듯한 소리다. 그는 밴더가 가져다준 물 한 컵을 꿀꺽꿀꺽 마시며 깨어나려고 해 보지만, 이내 고개가 끄덕끄덕하더니 툭 떨어지고, 그러는 동안 플라스틱 컵에 담겨 있던 물은 법정 바닥에 뚝뚝 떨어진다. 법정에서는 물을 쏟으면 안 될뿐더러, 쏟으려면 빨리 쏟아야지 이렇게 컵이 서서히 기울어지면서 뚝뚝 떨어지게 해서는 안 된다. 또 법정에서는 휴대 전화를—특히 벨소리를 키워 놓은 채로—켜놓아서도 안 된다. 마이크의 전화벨은 두 번이나 쩌렁쩌렁 울리고, 그 순간 법정 안의 모든 것이 영화 〈식은 죽 먹기Duck Soup〉[25]의 한 장면처럼 변하면서 그곳의 분위기는 돌이킬 수 없이 굳어 버린다. 점심시간까지 2분 남았을 때 마이크는 그 젊은 여성

---

24   헤로인 중독 치료에 쓰이는 약물

25   1933년 작 블랙코미디 영화. 관료주의와 정치 문화를 풍자한 작품 가운데 걸작으로 꼽힌다.

변호사를 향해 쓰러지다시피 했고, 그 변호사는 뒷걸음 질 치며 밴더를 쳐다보았다.

거기서 웃겼던 것 하나 더: 관료주의와 사람들의 삶 사이에 존재하는 거리감을 선명하게 드러내 보였던 그 공간 자체.

"판결이란 특권층이 고안해 낸 장치예요." 부 치안 판사 포포비치는 내게 말한다. "저는 이 일을 20년 동안 해 왔는데 이제야 그걸 이해하게 됐네요."

마이크. 잠에 취하고, 야단을 피우고, 신음 소리를 내며, 두 손에서는 물이 떨어지는 사람. 그의 휴대 전화 벨소리는 워싱턴 심포니 홀 한복판에서 끊임없이 울리던 맥스웰 스마트[26]의 구두 전화기를 떠올리게 한다. 그 벨소리 때문에 법정 분위기는 순식간에 느슨해져 버린다.

점심시간 무렵이 되자 내 머리까지 지끈거릴 지경이었다. 밴더는 동요하지 않았다. 그가 변호하는 많은 사람이 중독 증상을 겪었거나 여전히 겪고 있다. 그들 대부분은 자가 치료를 한다. 밴더는 말한다. "제 의뢰인들은 자가 치료에 있어서는 우리보다 뛰어나요. 어떤 약이 자기한테 듣는지 알거든요." 과학자들은 MDMA[27]가 정신적 외상 후 스트레스 장애에 시달리는 사람들에게 긍정적인 영향을 줄 수 있을지 연구하는 중이다. 하지만 밴더의 의뢰인들은 그 가능성을 이미 몇 년 전에 알아냈다. 그들은 어떤 약이 머릿속에 가득 찬 나쁜 기억을 멈추게 해 주는지 알고 있다. 정말이다. 은밀하게 '일과 후 셀프 약물'을 하는 일반 대중과는 달리, 그들은 자신의 편력을 감추지 않는다. 밴더의 의뢰인들은 대부분 제정신 혹은 무감각함(이 두 단어는 종종 동일한 상태를 지칭한다. 항상 그렇지는 않지만)을 유지하기 위해 자신이 쓰는 방법을 숨기려고 애쓰지 않는 편이다. 그들이 약물 소지 혐의로 걸리게 되면 밴더는 이렇게 생각한다. '빌어먹을, 이 법정에도 이따가 집에 가서 자기가 고른 약을 할 인간들이 있을 텐데. 변호사든 서기든.' 마약. 개나 소나 다 하는 일이다. 문제는 누가 걸리느냐인데, 누가 걸리는지는 당신도 알 것이다. 물론 밴더가 마약 문제에 늘 관대한 반응을 보이는 건 아니다. 너무 많은 의뢰인이 약물 과용으로 죽어 가고 있어서다. 렉스라는 한 의뢰인은 정신 건강 문제 및 인지 장애가 있는 사람들을 대상으로 하는 전문가 평가 명단에 올라가 있는 사람이다. 수년 전, 폭행 혐의로 조사를 받게 된 그는 좁은 진술실을 왔다갔다하며 숨을 거칠게

26　1965년부터 1970년까지 방영된 미국의 TV 시트콤 〈겟 스마트〉의
　　　주인공. 우스꽝스러운 첩보 요원이다.

27　메칠렌 디옥시 메탐페타민의 약어로 속칭 '엑스터시'로 불리는
　　　약물이다.

몰아쉬고 격렬하게 소리를 질렀다. "경찰 놈들 더럽게 도 썩었네! 이건 정의가 아니잖아! 그런데도 내가 법을 따라야 한다고?" 그때 밴더는 그가 약에 취해 무감각해 져 있는 것보다는 그런 식으로 화를 내는 게 낫다고 생 각했다. 그쪽이 좀 더 그다우니까.

우선 순위의 문제: 얼마 남지 않은 기력을 어디 다 쓸 것인가? 빳빳한 셔츠를 입은 채 7번 법정에 앉아 있는, 쉽게 겁을 먹는 여성 변호사와 잘못해서 몸이 부 딪힐지도 모른다는 걱정을 하는 데에 남은 기력을 써 버릴 것인가? 당신이 공공 사회의 골칫거리로 여겨지 는 데에 이미 익숙해졌다면, 이제 와서 거룩한 시설의 신성한 복도를 조심조심 걷는 게 무슨 의미가 있겠는 가? 이제 와서 왜 굳이 가상의 슬리퍼를 신으려 하겠는 가? 어떤 기관이 '사적인 일들을 사적인 것으로만 유지 할 수 있는 사치를 부릴 수 없는 사람들' 중 몇몇을 적절 히 다루는 데 실패한다면, 문제는 그 기관에 있는 게 아 닐까? 밴더의 의뢰인 중에는 모두가 보는 앞에서 생활 하는 사람들이 많고, 여러 해 동안—친구 집 마당이나 공원에 있는—여러 그루의 나무 아래에서 거주했던 라 니도 그중 한 명이다. 밴더의 말에 따르면 라니는 "머나 먼 나무 반대편에 사는 사악한 길거리 노동자 요정" 같 은 사람이었는데, 변화를 겪고 요정으로 살게 되기 전 에는 멋진 중산층의 삶을 살았던 것으로 보인다. 밴더

는 한번은 라니가 법정에 위스키를 들고 들어가려고 했다고 말한다. 밴더가 멈춰 세우자 라니는 위스키 한 병을 단숨에 다 들이킨 뒤 법정으로 들어갔다. 또 한 번은 검색대가 울렸고, 라니는 부츠를 벗어 달라는 요청을 받았다(그 부츠는 길고도 길었다). "그래서 부츠를 벗는데 부엌 싱크대만 빼고 온갖 게 다 거기서 나오는 거예요. 담배며 돈이며 휴대 전화며."

나는 밴더가 들려주는 라니의 이야기 속에서 어떤 기쁨을 느낀다. 세상 그 자체만큼이나 오랫동안 이어져 온 기쁨. 질서정연한 절차들을 붕괴시키는 무질서의 힘을 간접적으로 체험할 때의 기쁨. "이 경찰관은 괜찮네요." 라니라면 이런 식으로 말할 것이다. "그래 보이지 않아요, 밴더? 저 사람이 저를 법원 밖으로 내보낼 것 같아요?"

밴더는 라니와 함께 보냈던 시절을 사랑했다. 그는 말한다. "우리, 엄청나게 재미있게 지냈거든요." 밴더와 시간을 보내다 보면, 나는 어느새 가벼운 위안을 갈망하게 된다. 위안을 주는 모순들, 이 사회가 법과 질서를 유지하는 방식 속에 잠재해 있는 어리석고 오만한 부분들을 드러내 주는 무해한 아이러니들. 가령 이런 이야기. 밴더가 변호하고 있던 젊은 베트남 남자는 개인적인 용도로 코카인을 구입했는데, 그게 코카인이 아니라 소금이었음을 알게 되자 자신이 챙겨 둔 분량을

크라운 카지노에 가서 되팔려고 시도했다. 그에게서 그 소금을 사 간 사람이 누군지는 알 수 없지만, 어쨌든 그는 자기한테 가짜 마약을 판 사람을 경찰에게 불어 버렸다. 그 얘기를 들은 나는 웃음을 터뜨렸고, 가짜 마약을 파는 건 법에 조금 덜 저촉되는 일인지 궁금해졌다. 그로부터 몇 달 뒤, 그 베트남 남자는 세상을 떠났다. 거리에는 다시 해로운 헤로인이 출현했다. 속단하지는 말아 주기를. 나는 웃을 만한 이유를 찾아 헤매고 있었고, 종종 세상 어딘가에는 그럴 만한 일들이 있었던 것뿐이다. 하지만 죽음과 슬픔은 어디에나 있었고, 밴더가 내게 경고했듯 동화 같은 일은 절대 일어나지 않았다.

　　우리는 라니에 관해 이야기하면서 '더 민트'로 한잔하러 가던 중이었다. '더 민트'는 윌리엄 스트리트와 라 트로브 스트리트가 만나는 곳에 있다. 우리가 그 가게의 조명에 가까워질 때쯤 밴더가 말했다. "지난주에, 날씨가 굉장히 좋은 날이었는데, 바로 저기, 저 길모퉁이에 시신 한 구가 놓여 있었어요. 어떤 젊은 남자가 빌딩에서 뛰어내렸거든요. 저기 저 옥상에서 뛰어내렸을 거예요. 이 건물이 얼마나 높은지 전에는 몰랐는데."

　　우리는 위를 올려다보았고, 그랬다, 어째선지 그 빌딩은 올려다보지 않았을 때 느껴지던 높이보다 훨씬 높았다. "그 남자 시신이 덮여 있긴 했는데, 그래도 한쪽 팔이 튀어나와 있는 건 보이더라고요." 그 사건은 뉴스에 보도되지 않고 지나갔다. 언론 통제였다. 그 남자는 열여섯 살이었다. "저는 집으로 갔어요." 밴더가 말했다. "그러고는 페이스북에 우리나라 남성들을 지켜봐야 한다는 글을 올렸죠. 오스트레일리아 남성들은 자동차 사고보다 자살로 더 많이 죽어요. 저는 이렇게 썼어요. 각자 집으로 가서 집에 있는 남자들을 끌어안아 주자고요. 그들은 종종 우리한테 속마음을 말하지도 못한다고요. 그러니까 말해 달라고 하지도 말고, 말해 줄 거라는 기대도 하지 말고 그냥 곁에 있어 주자고요."

마이크는 집행 유예 판결을 받았다. 12개월이었다. "법정에 감사드립니다." 밴더가 치안 판사에게 말했다. 마이크는 그때쯤에는 완전히 몸을 굽힌 채 두 다리 사이에 머리를 파묻고 있었다. 대체로 운이 좋았다. 날치기를 한 죄가 무거워서 마이크를 그냥 봐줄 수는 없었지만, 판사는 더 화를 낼 수도, 더 혹독한 판단을 내릴 수도 있었다. 물론 밴더는 "짧고 따끔한 처벌이 꼭 나쁘기만 한 건 아니"라고 믿지만 말이다. 마이크에 대해서는 아무것도 보도되지 않았다. 그의 어머니가 임신 중에 풍진을 앓은 일이 그에게 끼쳤을지도 모르는 영향을 점검해 보려는 사람도 없었다(풍진은 인지 장애와 관련된 질환이다. 마이크는 이 병으로 인해 한쪽 귀가 납작한 모양이 되었는데, 아마 아직도 진단받지 못한 문제도 여럿 있을 것이다). 마이크에게 도움이 될 수도 있는 법원 통합 지원 서비스를 권해 주는 치안 판사 역시 아무도 없었다. 마이크는 제도 사이로 스르르 빠져나가고 있었다. 밴더는 말한다. "제도에 맞지 않는 사람들을 위한 제도가 없는 거예요. 우리가 바랄 수 있는 최선은 그 사람들이 복지에 의지해 사는 방법을 배우고 형사 사법 제도와는 얽히지 않는 거죠."

하지만 당신이 길에서 지내는 가난한 사람이라면 얽히게 될 것이다. 당신은 어떤 이유로든 붙들릴 수 있다. 구걸을 해서일 수도 있고, 마리화나나 스위스 아미 나이프를 소지하고 있었다는 이유일 수도 있다. 마이크는 집행 유예 기간 중에 다시 위법 행위를 해서 감옥에 갔고, 밴더는 마이크가 묵고 있던 캐러밴 캠핑장에 택시 한 대를 급히 보내 그의 물건들을 챙긴 다음 세인트 킬다에 있는 자기 사무실로 가져오게 했다. "제 사무실은 전에 보셨죠." 갑자기 감옥에 가게 된 사람들, 자기 소지품들이 배수로에 처박히지 않기를 바라며 잡혀가는 사람들을 위해 존재하는 시설은 없다.

나는 속으로 생각한다. 하루면 족해. 나라면 이런 날을 하루만 보내도 한계에 다다를걸.

자신에게는 그 한계가 10년쯤은 되는 것 같다고 밴더는 생각한다.

"가끔은 궁금해요. 내가 이 일을 얼마나 더 오래 할 수 있을까? 하지만 그러다가 제가 그동안 모아 둔 모

고통을 말하지 않는 법

든 게 떠오르고, 쌓아 온 관계들이 떠오르고, 그것들을 포기한다면 얼마나 큰 낭비일까 생각하게 되죠. 저는 지역 사회에 깊이 뿌리를 내리고 있고, 거리를 걸어 다니고, 제 의뢰인들하고 똑같은 대중교통을 이용하고, 사람들을 제 사무실에서 만나지 않아요. 그렇게 지내다 보면 사람들을 알게 되고 또 경찰관들도 알게 되죠. 그건 이런 뜻이에요. 제가 사람들을 서로 연결해 줄 수 있고, 다른 변호사들은 할 수 없는 무언가를 할 수 있다는 거죠." 시간. 그것은 신뢰를 끈끈하게 만들어 주고 관계가 닻을 내리도록 해 준다. "그래서 전 생각해요. 분명 이 일을 10년은 할 수 있을 거라고요."

밴더에게는 자가용이 없다. 그러니 그를 푹신한 좌석에 앉힌 뒤 하나의 투쟁에서 다음 투쟁으로 호송해 줄 교황용 방탄 차량 같은 건 없다. 밴더의 업무는 대개 현장 지원 활동이다. 밴더는 많이 걷는다. 나는 그가 먼 거리를 서서 가는 걸 본 적도 있다. 그때 그는 어디에도 기대지 않은 채 등을 꼿꼿이 펴고 있었고, 어깨에는 무거운 가방 두 개를 겹쳐 메고 있었다. 밴더는 늘 자신의 육체를 현장에 가져다 둔다. 그리고 그건 그냥 그렇구나 하고 지나칠 만한 일이 아니다.

숨지 않는 것. 그것이 밴더가 그 일을 하는 방식이다.

진짜 문제는 이것이다. 사람들을 어떻게 계속 진

짜 사람들로 남아 있게 할 것인가. 어떻게 하면 그들이 현수막 속 구호나 신념에 따라붙는 부속물이 되어 버리지 않도록 막을 수 있을까. 밴더의 동료들은 밴더가 의뢰인들의 삶을 이해하고 있으며, 그건 세상 모든 일을 통틀어서도 특히 가치 있는 일이라고 말한다. 타인들을 위해 변호를 하는 사람들은 대부분 자신들이 변호하는 사람들과 관계 맺기를 원치 않는다. 정치 이야기에도 관심이 없다. 인간의 운명 속에 생겨나는 다양한 곡절과 변화를 대화 주제로 삼지도 않는다. 당신을 받아 주고, 당신을 위해 잘 싸워 주는 똑똑한 변호사는 실은 의사와 비슷한 사람이다. 필수 서비스 공급자.

밴더는 심리학적인 조사가 필요할 때는 사람들을 헬렌 바너클에게 보낸다. 바너클은 한때 임신 중 헤로인 소지 혐의로 수감되었는데, 이후 자신의 딸이 네 살이 될 때까지 자기 곁에 두기 위해 투쟁했던 사람이다. 이런 경우 일반적으로 허용되는 자녀의 나이는 한 살이 최고였다. 그는 감옥에서 학사 학위를 받았다. "거리에서는 잘 알려져 있는 분이에요. 옛날에 중산층이었던 것도 아니고요." 밴더는 말한다. "헬렌은 아, 딱하기도 해라! 같은 말은 하지 않죠."

그건 쉽게 충격받지 않는다는 이야기다. 그 사람을 떠 보지 말 것. 그처럼 충격을 받지 않는 사람이 되려면 무엇이 필요할까?

지금은 홈리스로 지내는 밴더의 의뢰인 가운데 한 명은 헬렌을 만나기 전에 만나 보았던 정신 분석의들을 이렇게—명확하고도 날카롭게—요약한다. "심하게 말하고 싶지는 않지만, 그 사람들은 그냥 인간 교과서 같았어요. 그 사람들의 눈빛 속에선 끔찍해하는 기색이 엿보이곤 했죠." 그 사람들의 눈빛.

밴더의 의뢰인들이 살아가는 삶을 이런 식으로 표현할 수도 있을 것 같다. 그들은 대개 고속 도로 위에서 살아가고 있으며, 지나가는 트럭들에 반복적으로 치이고 있다고 말이다. 상처에 붕대를 감고, 빗물에 씻어 내고, 뼈를 관절에 도로 맞춰 놓는 도중에 또 다른 트럭이 다가온다. 그러면서 여러 건의 부상은 미처리된 채로 남게 된다. 미처리된 부상이 삶에 영향을 끼치는 방식은 미처리된 슬픔이 삶에 영향을 끼치는 방식과 같다. 내가 '미처리'라는 표현을 처음 들은 건 킴벌리 지역의 사막 근처에서였다. 그곳에서 '미처리'란 오스트레일리아 선주민들이 사는 땅의 현실을 설명해 주는 말이다. 그 땅에서는 쉬지 않고 계속해서 장례식이 치러진다. 살아 있는 이들에게 죽은 이들을 애도할 시간을 주지 않는 현실. 그런 현실은 내부로부터 붕괴하면서 일종의 기능 마비를 일으키며, 그 마비 또한 타르 구덩이 속에 들어 있는 것들 가운데 하나다. 물론 인생의 어느 시점에 트럭 한두 대가 몸 위로 지나가는 건 대부분의 사람이 겪는 일이다. 하지만 고속 도로 위에서는 지나가는 트럭이 한두 대가 아니다. 무더기로 온다. 멈추지도 않는다. 중요한 건 바로 그 부분이다. 재발한다는 것. 요점은 반복에 있다.

"중산층에 속하는 사람들은 계속 편안한 중산층의 삶을 살게 되고, 제 의뢰인들은 끊임없이 정신적 외상을 다시 입어야만 하죠." 경찰이 스테프를 기소한 뒤에 (스테프의 이름이 기소장에 등장한 건 이번이 처음이 아니었다) 밴더는 그렇게 말했다.

트럭들에 관해: 어머니로부터 성적으로 학대당하던 집을 나왔을 때, 스테프는 열다섯 살 소녀였다. 이후 스테프는 위탁 가정에 들어갔는데, 거기서 그를 돌봐 주게 된 유자녀 기혼 여성이—밴더가 들은 바에 따르면—그루밍으로 간주될 만한 행동을 반복했다. 돌봄을 받는 10대들 대다수가 애정이나 감사의 마음을 표현할 방법은 대개 성적인 행동뿐이고, 그 선을 넘지 않도록 지키는 건—물론 무척 어려운 일이긴 하다—그들을 돌봐 주는 사람의 책임이다. 스테프가 성년이 되자 이둘의 관계는 완전히 성적인 관계로 변했다. 어머니 같은 존재였던 두 사람에게 차례차례 배신을 당하면서 스테프는 설 자리를 잃었다. 늘 있어 왔던 그런 이야기였다. 괜찮지 않았던 사람은 스테프뿐이었다. '돌봄'을 제공했던 그 여성은 스테프가 떠난 뒤에도 아이들을 돌보

는 일을 계속했지만, 그의 가족도 그를 고용한 사람들도 말 그대로 아무것도 몰랐다. "그 여자는," 밴더는 말한다. "불법적인 행동을 한 건 아니지만 분명 도덕 관념을 내다버린 채로 행동했는데, 그러면서도 자기 가족과 돈과 멋진 삶을 그대로 가져가게 돼요. 그럼 스테프가 계속 가져가게 되는 건 뭘까요?"

기소되었을 때 스테프는 병원에 있었다. 발륨에 취한 그는 인사불성이 된 상태로 괴로워했고, 전에 자신을 돌보았던 그 사람을 죽이고 싶다는 말을 계속했다. 그때는 새벽 2시였고, 스테프가 자신의 위협을 실행할 가능성, 즉 멀리서 살고 있던 그 여자에게 위해를 가할 가능성은 전혀 없었다. 그런데도 병원 측은 경찰을 불렀다. 훗날 이 사건의 공판에 참여한 밴더는 스테프의 행동을 설명하기 위해 성적인 학대 이야기를 꺼내야 했다. "증거는 어디 있죠?" 치안 판사가 받아쳤다. 그러고는 덧붙였다. "그런 말은 누구나 할 수 있는 거죠." 밴더는 처참해졌다. 스테프가 펄쩍 뛰며 "저기요! 그 여자 좆같은 소아 성애자 맞거든요!"라고 소리를 질렀고, 치안 판사가 목소리를 높여 그에게 앉으라고 지시하자 밴더의 기분은 조금 더 처참해졌다. 그 작자는 모두가 보는 앞에서 스테프를 침묵시키고 있었다. 마치 거기 있는 사람들 모두가 아동 학대 사건의 특징을 배운 적이 없는 듯했다. 그 특징은 바로 '비밀 유지'다. 가해자는 피해자의 말을 믿는 사람이 아무도 없을 거라 확신하고, 피해자는 자신이 겪은 일을 말할 수 있는 곳을 찾을 수 없는 상황. "가끔 저는 제 의뢰인들이 공격당해도 별 신경 안 써요. 그런데 이건 그런 경우가 아니었어요." 밴더는 말한다. 스테프가 받은 집행 유예 판결은 중요한 게 아니었다. 치안 판사가 입을 연 순간, 판결은 중요한 게 아니게 되어 버렸다.

그날 밤, 금요일, 밴더는 잠들지 못했다. 그는 재판의 모든 순간을 계속 복기했다. 그는 스테프의 과거를 언급하지 않음으로써 그를 보호해야 했을까? 그렇지는 않았다. 이 치안 판사의 반응은 예상을 뛰어넘는 것이었다. 그 주말에 스테프는 자살을 시도했고 그 시도가 처음은 아니었다. 당신에게 일어났던 가장 암울한 일이 열린 공간 속으로 힘겹게 발을 내딛었는데, 그러자마자 그 일이 남들의 의심을 사는 것보다 나쁜 일은 얼마 없을 것이다. 옛 수치심 위에 새로운 수치심이 얹히고, 거기에 분노가 더해지면, 너무도 절박해진 그 감정은 당신의 골수를 빨아먹으려 든다. 그렇다. 그게 트럭들이다. 그로부터 얼마 뒤, 신문을 읽던 밴더는 아이 돌보는 일을 하는 어떤 사람이 부적절한 성관계 때문에 조사를 받고 있다는 내용의 기사를 발견했다. 이름은 나와 있지 않지만 밴더는 그게 누구인지 확신했다. 그는 그 기사를 봉투에 넣어 스테프에게 부쳤다. 너의 경험이 진지하게 다뤄지고 있다고, 너는 거짓말쟁이도 똥 덩어리도 아니라고 말해 주었던 것이다. 그게 스테프에게 일말의 위안이라도 주었을까, 밴더는 알지 못한다.

밴더가 연극을 사랑한다는 건 잘 알고 있지만, 나는 텔레비전을 더 좋아한다. 그래서 내 머릿속은 이런 식으로 굴러간다. 만약 변호사들과 형사들이 나오는 스칸디나비아풍 심리 스릴러 드라마 〈밴더〉가 제작된다면 어떨까. 밴더는 사람들이 즐겨 찾는, 길거리 사정에 빠삭한 여성 중 한 명으로 나오게 될 것이다. 일단 타격을 받으면, 아니, 아무런 타격을 받지 않았을 때조차 사람들의 두 눈을 뚫어져라 노려보는 일을 겁내지 않는 사람. 거리의 세계와 '실내에 어울리는 조용한 목소리'만 허용되는 제도권 세계 양쪽을 오가는 사람. 혼자 골똘히 생각에 잠기는 일이 잦은, 자기 의뢰인들보다 간신히 조금 덜 망가진 여성…… 아니, 틀렸다. 밴더는 감정적으로 안정된 사람이다. 그렇다면 그를 드라마 각본에 어울리는 다른 부류의 인물로 그려 보면 어떨까. 확신 가득한 변호사이자 핍박받는 사람들의 대변자…… 하지만 그런 모습 역시 실제 밴더와 어울리지 않기는 마찬가지일 테고, 어쨌거나 따분한 결과만 만들어 낼 테니 작가진 여러분은 계속 더 노력해 보시기 바란다.

우리 집 뒷뜰에는 하수 웅덩이가 있고, 그 옆에는 빨랫줄이 늘어져 있다. 어느 날 이웃집 사람이 그 빨랫줄 곁에 서 있던 나를 향해 다가온다. 그는 방금 절친한 친구를 잃은 참이다. 젊고 튼튼하고 알려진 건강 문제도 없는 친구였는데 심장마비로 갑자기 갔다. 그는 아직 서른 살도 안 됐는데, 장례식에는 800명 가까이 왔고, 다들 비행기를 타거나 장시간 운전을 하면서까지 찾아왔다고 한다. 그와 닿았던 사람은 무척 많았다고 한다(충격으로 건조해진 내 이웃의 성대 깊은 곳, 그 작은 구멍에서 흘러나오는 목소리에 담겨 있는 건 자부심일까?). 나는 내 아들이 학교에서 하는 '티기 게임tiggy game'을 떠올린다. '그것'이 된 아이는 다른 아이들을 쫓고, 그러다 누군가를 쳐서 꼬리표를 붙이면 다시 그 아이가 '그것'이 되어 다른 아이들을 쫓는다. 형태는 조금씩 달라도 어린 시절에 누구나 해 보는 게임. 이어서 나는 우리가 어린 시절에 상상 속에서 치렀던 우리 자신의 장례식 장면을 떠올린다. 가끔은, 어린 시절이 한참 지난 뒤에도 분별없는 사람들이 우리를 크게 상처 입힐 때마다 떠올리곤 했던 그 장례식. 늘 사람이 많이 찾아왔던 상상 속의 장례식. 거기서 우리는 죽었기 때문에 '그것'이 되고, 덕분에 이리저리 뛰어다니며 원하는 만큼 많은 사람을 치면서 그들에게 슬픔의 꼬리표를 붙일 수 있었다. 우리는 타인에게 꼬리표를 붙일 수 있었지만, 우리 스스로는 꼬리표가 붙지 않는 존재였다. 그것이 죽는다는 것이 우리에게 준 것이었다.

고통을 말하지 않는 법

애스트리드의 송별 의식은 세인트 킬다에 있는 성심 교회에서 치러졌다.

1985. 3. 23. 출생
2012. 12. 21. 사망

복사된 전단에는 그렇게 적혀 있었고, 밴더는 누가 올지 궁금해하고 있었다. 시작할 시간이 되었을 때, 신도석에는 사회 복지 상담원들과 기관 사람들이 띄엄띄엄 앉아 있었다. 변호사는 밴더뿐이었다. 따라서 이 행사는 이런 느낌으로 치러지게 된다. 혈육이 아니라 그를 좋아하고 돌봐 주었던, 그러나 (금액이 좀 부족했든 어쨌든) 돈을 받고 돌봐 주었던 사람들로부터 작별 인사를 받는 애스트리드. 그 상황은 애스트리드가 생전에 가장 마음 아파 하던 부분과 닮아 있었다. 돈을 받은 사람들만 그를 걱정해 주었다는 것. 정말로 걱정해 주는 사람은 사실 아무도 없었다는 것. 나는 애스트리드를 만나 본 적조차 없었다. 그러니 밴더가 나를 거기에 초대한 데에는 어떤 이유가 있었을 터였다. 참석하지 말까 하는 고민은 들지도 않았다.

먼저 음악이 흐르고, 다음으로는 존 신부가 애스트리드의 양어머니인 모린이 쓴 추도문을 읽는다. 모린은 아직 비행기를 타고 주 경계선을 건너오는 중이다.

"애스트리드는 음악을 사랑했고, 오디오에 달린 노브들을 가지고 노는 걸 매우 좋아했습니다. 그 애는 노브를 이리저리 돌리곤 했고, 그때마다 저는 '안돼'라고 말했죠. 그러면 그 애는 한 손을 뻗어 찰싹 얻어맞으면서 다른 손으로는 노브를 계속 돌렸어요." 그때 두 살이었던 아이는 그 뒤로 25년을 더 살았는데, 많은 사람의 예상보다는 오래 산 것이었다. 애스트리드의 죽음은 사람들이 머릿속에 그리던 그의 죽음에 비하면 픽 조용했다. 너무 이상하다고, 약물에 대해서는 늘 조심하던 사람이었다고 누군가가 말한다. "애스트리드는 늘 무척 기분 좋아 보이고, 기운차고, 기쁨을 주는 아기였습니다. 그러더니 미운 두 살이 되었고, 저는 농담으로 그 애가 영영 그 시기를 벗어나지 못했다고 말하곤 했죠." 존 신부가 숨을 내쉰다. 그때 내 머릿속에 떠오르는 건 한 어머니의 모습이다. 그 아이가 고통받는 성인이 되는 운명에 처하기 전의 모습을 찾고 있는, 껍질이 벗겨진 듯 쓰라린 자신의 자아 속을 헤집고 있는 어머니.

전단지에는 사진 한 장이 들어 있다. 예쁘게 미소 지으며 오른다리를 굽히고 의자에 앉아 있는 애스트리드의 사진이다. 그의 팔에 자해흔이 여럿 있다는 걸 아는 사람에게는 오직 그 흉터만 보일 것이다. 나는 또 다른 사진 앞으로 다가가는데, 그 사진은 작은 교회용 스탠드 위에 반듯이 놓여 있다. 길고 검은 머리칼. 운동

선수 같은 체격. 길에서 수년을 보낸 뒤에도 외모가 그대로 유지되는 사람은 별로 없는데, 남자들보다는 여자들이—너무 뻔한 얘긴가?—더 많은 변화를 겪는다. 하지만 애스트리드는 아마도 유전자 때문인지 계속 아름답고 빛나는 모습으로 남아 있었는데, 만약 당신이 유전자라는 걸 믿는다면, 그 유전자는 애스트리드를 집에 붙잡아 두려고 애를 쓰던 모린을 무력하게 만들었던 바로 그 유전자였다. 사진 속의 애스트리드는 가장 좋아하던 색깔인 보라색 옷을 입고 스케이트를 신고 있다. 한때 그는 오스트레일리아 스케이트 프로그램 중급반에서 활동했던 10대 스케이트 고수였다. 사진이 거짓말을 하는 여러 방식은 익히 알려져 있다. 어떤 사진은 우리를 늙은 사람으로 만들어 버리고, 어떤 사진은 고무장화에서 진흙 덩어리를 떼어 내듯 우리의 얼굴에서 수십 년의 세월을 벗겨 낸다. 내 눈높이에 놓인 이 사진은 애스트리드가 과거로부터 벗어나 다른 미래를 살아갈 수도 있었을 것처럼 보이게 만든다. 하지만 사진이 내놓는 사소한 거짓말들이 그렇게 중요할까? 죽은 이들은 사라져 가는 중이고, 그들의 아주 작은 부분들이라도 붙잡으려면 어떤 도움이든 필요한 것을.

1월의 오후에 사실상 버려지다시피 한 교회에 들어와 있자니 기분이 이상하다. 세상은 아무렇지 않고, 느릿하고, 우리 손에서 벗어나 있는 듯한 느낌이다.

도시는 반쯤 비어 있는 강당 같다. 바깥은 덥겠지. 세인 트 킬다 교회는 복식에 그다지 까다롭지 않지만, 기본 적인 추도 예배 복장조차 너무 덥다. 애스트리드는 옷을 좋아하지 않았다. 그는 옷을 벗고 뛰어다녔고, 경찰이 앨프리드 병원 정신과와 연계된 지역 진료소에 전화를 걸어 "아프리카계 미국인 여자분이 알몸으로 길에 나와 있는데요"라고 말하면 정신과 측에서는 "아, 네, 저희 환자분 맞습니다"라고 대답하곤 했다. 밴더는 옷을 좋아한다. 추도 예배에 참석한 그는 검은색과 붉은 색으로 차려입고 있는데, 그건 밴더 특유의 색깔 조합 중 하나다. 언제 입든, 어느 계절에 입든 그 조합은 효과가 있다. 밴더가 발하는 매력은 헵번 스타일의(오드리 헵번이 아니라 캐서린 헵번이다) 고풍스러운 매력이다. 캐서린 헵번은 자신을 캠벨사의 토마토 수프에 비유한 적이 있었다. 맛깔스러우면서도 첨가물이 없기 때문이라는 것이다.(밴더에게 잊지 말고 물어봐야겠다. 자기가 어떤 통조림 제품과 닮았다고 생각하는지.)

하루가 끝나는 시간을 잊지 마세요, 한번은 밴더가 내게 그렇게 말했다. 그때가 되면 지역 사회 변호사들과 사회 복지사들, 기관 사람들은 집에 가서 잠자리에 들고, 또 다른 사람들은 검문검색을 받기 시작한다. 그 무렵은 '보편적 인간성'이라는 상상의 산물이 무너져 내리는 모습이 얼핏 눈에 들어오는 때이기도 하다.

고통을 말하지 않는 법

어떤 죽음은 그 무렵을 닮았다. 하루가 끝날 무렵이 완연히 드러내는 것들, 아무런 장식 없이 벌거벗은 그대로 완전한 외로움 속에 버려진 사람들. 조지 오웰이 「가난한 자들은 어떻게 죽는가How the Poor Die」에서 묘사했던 순간들. 밴더가 그 말을 했던 날, 우리는 와인을 마시며 앉아 있었다(밴더는 레드, 나는 화이트였다). 그때 애스트리드는 살아 있었다.

존 신부가 사람들에게 몇 마디 해 달라고 요청한다. 일어서는 사람은 밴더뿐이다. "저는 애스트리드의 용기와 배짱에 몹시 좌절했지만, 그만큼 그것들이 대단하다고 생각하기도 했습니다. 애스트리드는 경찰, 교정 시설, 치안 판사, 이들 모두의 머리 꼭대기에 앉아 있었습니다. 다들 그 친구가 벌여 놓은 게임을 하고 있었죠."

이 슬프고 기운 없는 분위기를 당신이 잠시나마 없애 주는군요, 밴더. 불화와 싸움을 이 공간에 되돌려 놓으면서요.

"그리고 전 우리가 애스트리드를 완전히 실망시키지는 않았다는 걸 압니다. 우리가 그 친구에게 희망을 주었던 순간들도 있었습니다." 밴더는 다시 자리에 앉는다. 밴더는 방금 누구에게 말하고 있었던 걸까. 애스트리드? 아직 다른 주에 있는 모린? 밴더 자신? 아니면 분노에 찬 젊은 여성들이 사고로, 혹은 의도적으로 이 세상을 떠날 때 아주 무관심하지는 않으셨을 하느님? 존 신부는 이사야서의 일부를 읽어 준다. 슬픔의 베일을 거두고, 사망을 멸하고, 눈물을 닦아 주시는 하느님에 대한 글이다(비종교적인 유대인으로서 최선을 다해 요약했다). 나중에 우리가 차와 슈퍼마켓에서 파는 비스킷을 양손에 들고 있을 때, 그는 내게 이렇게 말한다. "사람들이 애스트리드의 베일을 벗겨 주려고 했는데, 결국에는 죽음이 해 줬네요. 그 베일을 벗겨 주는 일을요." 살아가는 일이 덮어씌운 슬픔의 베일을 벗겨 주는 죽음이라, 이해가 가네요, 나는 생각한다. 언젠가 밴더는 존 신부에 대해 이렇게 말했다. 시신을 거두어 줄 친척조차 없는 사람들을 위해 제대로 격식을 갖춘 장례식을 치러 주는 사람이라고.

"나는 사망이라는 학문을 공부해 왔다"—이 문장은 오시프 만델시탐Osip Mandelstam의 시 「애가 Tristia」의 첫 구절이다.

누가 알겠는가, '사망'이라는 단어가 말해질 때
어떤 종류의 헤어짐이 임박해 있을지

만델시탐은 그것을 아는 건 불가능하다고 생각했다. 하지만 마약을 비롯한 여러 이유로 인해 수많은 의뢰인을 잃어 왔던 밴더는 죽음의 확률을, 그 경향성을 가늠할 수 있었다. 밴더는 분명 애스트리드가 오래 살지 못할 것 같다고 느꼈을 것이다. 그런데도 그 죽음은 충격적이었다. 다른 세상에서라면 60년쯤 일찍 찾아

온 것으로 여겨질 죽음. "다들 애스트리드가 좀 더 과격한 방식으로 죽을 거라고 생각했어요. 경찰관을 위협해 발포하게 만들어서 죽는다든지." 경찰을 도발하는 건 애스트리드의 성격에 그럭저럭 들어맞는 일이었다. "뭐 그런 방식으로요." 밴더에 따르면 애스트리드는 감옥에 있고 싶어 했다고 한다. "거기가 훨씬 안전하다고 느꼈거든요. 비슷한 이유로 자동차 밑에 들어가 눕기도 하고 그랬죠." 어린아이의 두 손. 한 손은 노브를 돌리고, 다른 손은 찰싹 얻어맞는 의식을 행하기 위해 스스로를 내준다.

애스트리드는 얼마나 난폭했고 얼마나 분노에 차 있었을까? 앨프리드 병원 정신과의 피오나는 애스트리드에게 겁이 났던 적은 없었다고 한다. "딱 한 번만 빼면요. 제가 독실로 가 보니 그 환자가 거기 있었는데, 무슨 짐승 같았어요. 감옥에 들어가고 싶었던 게 아닐까 싶어요. 통제가 안 됐어요. 그때는 좀 무섭더라고요." 피오나의 동료인 자키는 애스트리드가 단 한 번도 폭력적인 영화를 보거나 폭력적인 책을 읽지 않았고 "드라마랑 슬픈 영화같이 말랑말랑한 것들"을 좋아했다고 말해 준다. 밴더는 애스트리드의 행동에서 성적 학대를 겪은 사람에게서 드러나는 전형적인 특징들을 발견했다고 말한다. 누가, 언제, 어디서 그런 학대를 저질렀는지 아는 사람은 아무도 없었다. 애스트리드는 한 해 가운데 특정한 시기, 즉 자신의 생일 무렵이 되면 늘 정신적으로 위태로워졌는데, 그때마다 그에게선 한결같이 성적인 뉘앙스가 배어났다. 그 현상은 그가 어린 시절에 겪은 학대—그게 무슨 학대였든—가 거리에서 일하는 동안 겪었던 여러 번의 성폭력과 뒤섞이면서 생겨난 것이었다. 이런 기억들은 어떤 방식으로든 밖으로 쏟아져 나와야만 했다. 그런데 애스트리드는 그것들을 대체 어디로 쏟아내야 했을까? 그의 두뇌가 총명했다는 점이—밴더는 "통찰력이 뛰어나다"고 했다—그의 상황을 그나마 나아지게 했는지 아니면 더 나빠지게 했는지는 알 수 없다. 밴더와 애스트리드는 '여성의 집'으로 알려진 공간에서 몇 시간 동안이나 이야기를 나누곤 했다. 애스트리드는 학위 과정을 밟고 있었는데, 거기에는 지역 선주민들에 대한 토착 연구가 포함되어 있었다. 또한 그는 법조계에도 관심을 갖고 있었고, 언젠가 거기로 진출해 보면 어떨까 하고 생각하고 있었다. 그가—전과가 있는 그가—정말로 변호사 일을 하게 된다면 얼마나 큰 기적이겠는가. 그들은 애스트리드가 하얀 가발을 쓰고 법복을 입게 되는 날이 정말로 다가올 거라는 망상에 빠지지는 않았지만, 어쨌든 법학 학위가 있으면 여러모로 도움이 되는 건 사실이었다. 그들은 그 학위를 따려면 어떤 과정을 거치는 게 좋을지 논의했다. "솔직히, 그 일은 제 뜻대로 될 거라 생각했어요."

고통을 말하지 않는 법

밴더는 말한다. 하지만 그 일은 다른 무언가의 뜻대로 됐다. 버림받는 일에 학대를 더하고, 거기에 중독을 더한 다음, 다시 정신 질환의 재발을 더해 보자. 뭐가 나올까? 손상. 이제 다른 것도 생각해 보자. 애스트리드는 아프리카계 미국인이었지만 아프리카계 미국인 공동체에는 속해 있지 못했다. 미국에 있는 가족은 그와 관계를 끊기를 바랐다. 그러면 뭐가 남을까? 외로움. 우주적인 외로움. "제가〔밴더가〕지금껏 만나 본 사람 중에 가장 외로운 사람이었죠."

참석자가 거의 없는 장례식. 한 사람 전체가 사라졌지만 상실감으로 이성을 잃을 사람은 아무도 없다. 사람들과 사물들에 묻은 그의 지문은 점점 빛이 바래며 보이지 않게 되고, 결국에는 그가 아무도, 아무것도 건드린 적이 없는 것처럼 된다. 점점 더 힘겨워하는 유일한 사람은 그의 양모다. 피오나는 추도 예배 전날 모린과 이야기를 나눴는데, 모린은 위로가 통하지 않을 만큼 슬퍼하고 있지는 않았지만 거의 그 비슷한 상태였다고 한다. 양어머니에게는 딸이 지니고 있던 분노는 없었다. 오직 죄책감뿐이었다. "우리는 온전한 정신을 유지하기 위해 죄책감을 느끼지 않는 법을 배워 온 거죠." 밴더는 말한다.

막 교회에서 나온 나는 벌써 잊어 가고 있다. 애스트리드는 마치 합판에서 떨어져 나온 지저깨비처럼 느껴진다. 강물이 그 작은 쪼가리를 실은 채 흘러간다. 망각의 강. 시간이라는 강. 인간 삶의 존엄함에 대해 떠들었던 그 모든 이야기.

마치 인간 정신의 기본 바탕은 삶의 소중함을 아는 데에 있다는 듯이. 마치 모든 사람이 이 앞으로부터 태어나며, 언제나 자연스레 그리로 돌아가기라도 한다는 듯이.

그럼 자기 인생을 소중하게 느끼지 못하는 그 많은 사람은 어떻게 된 거지? 그 이유는 이해하기 별로 어렵지 않다. 그들은 학대당하고, 버림받고, 몸이 몸이 아닌 것처럼 느껴질 때까지 얻어맞고, 배신당하고, 모욕당하고, 여러 사회경제학적인 이유로 용수철 덫에 걸린 두더지처럼 곤경에 처해 있었다. 그들은 사랑받지 못했거나 충분히 사랑받지 못했다. 누군가를 잃었거나, 어떤 일인가를 목격했거나, 일찌감치 약물이나 알코올을 접했거나, 정신 질환 진단을 받지 못하고 넘어갔거나, 앞서 언급한 모든 사항에 해당하거나, 그중 어디에도 해당하지 않을 수도 있다. 그보다 더 어려운 질문은 다음과 같다. 인생에 아무 가치가 없다는 느낌은—외부로부터든 내부로부터든—고쳐질 수 있는 걸까? 그럴 수 있을까? 법적인 지원을, 음식을, 상담을, (따분한) 일자리를, 쉼터를 제공하는 그 모든 시설은 그러나 삶에 아무 가치가 없다는 그 느낌에 접근하지는 못한다.

고통을 말하지 않는 법

그런 시설들이 충족시켜 주려 하는 욕구들이 매슬로의 욕구 단계 맨 밑바닥에 위치해 있다는 이야기가 아니다 (그런 멍청한 단계 어쩌고는 날려 버리자).[28] 내 말은 세상 무엇도 '삶에 가치가 없다'는 느낌을 흐트러뜨릴 수는 없다는 뜻이다. 그 느낌의 뿌리는 너무도 깊고 넓게 퍼져 있는 데다가, 그것을 겪고 있는 당사자는 그 정체조차 제대로 파악할 수 없다. 왜냐하면 그것은 일종의 예지豫知인 동시에 형이상학적인 고뇌이기 때문이다. 마치 수수께끼처럼 보이는 이 느낌이 우리의 내면에 자리 잡고 나면, 그것은 우리의 생존 본능을 왜곡하며 '살든가 말든가' 류의 의식을 서서히 불어넣는다. 이 때 중력의 힘은 당신을 끌어당기기에는, 그러니까 당신이 튕겨 나가지 않도록 지키기에는 너무 약하다. 이런저런 사람, 이런저런 계획, 갚아야 할 빚, 뜻밖의 행운들…… 이런 막연한 요소들이 당신을 붙잡아 두려 하겠지만, 그것들은 삶을 버리려는 당신의 행동을 저지할 수 있을 만큼 강력하지는 못하다. "포기라는 무중력 상태." 이것은 내가 크리스티나 올슨Kristina Olsson의 『보이, 로스트Boy, Lost』[29]를 읽다가 우연히 만난 표현이다.

이런 느낌들의 일부, 아니 아마도 상당 부분은 우리가 가늠할 수 없는 곳에서부터, 즉 우리가 태어나기 전 혹은 기억하기도 전의 시간으로부터 주어지는 것일 터다. 이렇듯 시작하기도 전에 이미 주어져 버린 것

들을 뭐라고 불러야 할까? 내력이나 기질 같은 말로는
설명할 수 없는 이 '느낌의 구조물들'을 뭐라고 불러야
할까? 심지어 누가 (혹은 무엇이) 이것들을 가져다주
는지, 왜 가져다주는지조차 제대로 알지 못하는 우리가
그 정확한 명칭을 찾을 수 있을까? 학대의 순환. 가난의
순환. 정신적 외상의 대물림. 미안하다, 못 하겠다. 노력
했지만 목에 걸려 말이 나오지 않는다.

　　언젠가부터 밴더는 존재하지 않는 그 동화 같은
결말들이 누구를 위한 것인지에 대해 생각하게 되었다.
그건 늘 구조자를 자처하는 사람들만을 위한 것이었다.
구조될 사람들을 위한 것은 하나도 없었다. 밴더는 미
니시리즈 〈밴더〉에 나오게 되더라도 함께 출연하는 의
뢰인들의 머리 위에 구원을 내려 주지는 않을 것이다.
그 드라마에는 저녁놀도, 기운을 북돋아 주는 희미한
미소도, 잼 담는 유리병에 담긴 김빠진 레모네이드처럼
달착지근한 희망도 나오지 않을 것이다. 그리 오래전은
아니었던 어느 해 크리스마스에, 밴더는 공원을 가로질
러 가고 있었다. 그때 누군가의 울음소리가 들려왔다.

28　　'매슬로의 욕구 5단계'를 뜻한다. 피라미드 형태로 구성된 이 5단계의
　　　　아래쪽은 더 기본적이고 시급한 인간의 욕구에 해당하며, 따라서
　　　　사회 안전망 시스템은 그쪽을 먼저 충족시키는 데 집중하게 된다.
　　　　피라미드의 맨 아래는 생리적 욕구이며, 이후 안전의 욕구, 사랑과
　　　　소속의 욕구, 존중의 욕구, 자기실현의 욕구 순으로 올라간다.

고통을 말하지 않는 법

처음에는 성별을 구분할 수 없었던 그 목소리의 주인공은 알고 보니 젊은 여자였다. 남자 친구의 집에서 쫓겨난 그는 가족들에게서도 버림받아 며칠 동안 길거리에 나와 있는 중이었고, 자포자기한 상태로 괴로워하고 있었다. 웬만큼 뻔뻔하지 않고서야 크리스마스에 갈 곳이 없어 울고 있는 사람을 그냥 지나쳐 걸어가기는 어려울 것이다. 아니, 거기서 인류애와 크리스마스라는 변수를 빼더라도, 밴더는 밴더였기 때문에 그냥 지나칠 수가 없었다. 그때 밴더는 당시 만나고 있던 남자의 가족과 함께 크리스마스를 보내기 위해 태즈메이니아로 향할 예정이었다. "같이 가요." 밴더는 그 젊은 여자에게 말했다. "제가 커피 한잔 살게요." 가게들은 모두 닫혀 있었다. 그래서 그들은 크라운 카지노로 갔다. 그때 밴더는 대체 무슨 짓을 하고 있었던 걸까? 여자에게 커피를 사 준 뒤, 밴더는 이 젊은 여자가 목욕을 하고 음식을 먹고 따뜻한 침대에 눕고 책도 좀 읽게 해 주면 좋겠다고 생각했고, 그러자 기분이 좋아졌고, 그렇게 그 여자를 자기 집으로—밴더의 집은 단칸 셋방이었다—데려갔

---

29 저자가 어머니의 삶을 재구성한 논픽션이다. 그의 어머니는 붐비는 기차역에서 품에 안고 있던 아기를 순식간에 빼앗겼고, 이후로 오랫동안 그 기억과 싸워야 했다. 크리스티나는 그 납치당한 아이 이후에 태어난 첫 번째 아이였다.

다고 한다. 청결함과 배부름과 따뜻함과 안전함을 주기 위해서. 밴더 자신이었다면 간절히 원하고 필요로 했을 그 모든 것을 주기 위해서. 밴더는 여자를 자신의 집에 남겨 두고 비행기에 올라 태즈메이니아로 갔다.

당시 만나고 있던 남자는 밴더가 미쳤다고 생각했다. 밴더는 집에 전화를 걸었다. 여자는 받지 않았다. 밴더가 멜버른으로 돌아갔을 때 집에는 아무도 없었고, 집 안의 모든 게 뭔가 잘못되어 있었다. 커피잔 속에는 곰팡이가 슬어 있었고 여러 날 전에 나온 신문이 그대로 놓여 있었다. 이웃들은 그 젊은 여자의 가족이 와서 여자를 끌고 갔다고 알려 주었다. 나중에 밴더는 그 여자가 졸리몬트역 철교에서 뛰어내렸다는 소식을 들었다. 여자는 죽지 않았지만 온몸의 뼈가 부러졌다.

밴더는 말한다. "그때 저는 어떤 조치든 다 취할 준비가 되어 있지는 않았던 거예요." 그 말을 들은 나는 퍼뜩 깨닫는다. 밴더는 이 말을 하려고 내게 이 이야기를 들려준 거였다. "저는 그 여자한테 제가 원했을 법한 것들을 줬어요. 하지만 환불이 안 되는 태즈메이니아행 비행기 티켓을 포기하고 보다 어려운 일들을 수행할 준비는 되어 있지 않았죠. 구세군 소속 상담사에게 전화를 건다든지, 정신 건강 관련 문제를 처리한다든지……." 이어서 그는 말한다. 사람들을 구조할 때 우리는 우리 자신의 행동에 책임을 져야 하며, 끝까지 가는 것도 그 책임 가운데 하나라고.

생텍쥐페리의 『어린 왕자』에 나오는 여우는 말한다. "사람들은 이 사실을 잊어버렸지만 너는 잊으면 안 돼. 네가 무언가를 길들이면 너는 그 상대에게 영원한 책임을 갖게 되는 거야."

그 말은 혹시 이런 뜻일까? 약간만 도와주는 건 아예 안 도와주는 것보다 나쁜 행동이라고? 밴더와 이 이야기를 나누는 동안 내 뱃속 어딘가가 당기는 듯한 느낌이 든다. 무언가 중요하지만 놓치기 쉬운 일이 일어나고 있을 때 찾아오는 느낌이다. 몸이 안쪽에서부터 나를 잡아당기기 시작한다. 밴더는 한 여성 의뢰인이 아무런 타당한 이유도 없이 자신에게 버럭 화를 냈던 일을 기억한다. 그 여자는 범죄로 인한 손해 배상 청구 소송 한 건을 진행하고 있었는데, 그 소송은 앨리스스프링스의 사법 제도 속을 빙빙 돌며 끝없이 지연되고 있었다. 밴더는 그 소송과는 거의 관련이 없었다. 그가 한 일이라곤 앨리스스프링스의 법률 지원 부서에 두어 번 전화를 걸어 진행 상황을 물어 본 게 다였다. 하지만 그 여자의 머릿속에서 밴더는 일을 애매하게 만들며 시간을 끄는 제도의 상징이 되어 버렸다. 밴더는 의뢰인들이 화를 내더라도 거의 흔들리지 않지만, 2009년은 좋지 않은 해였다. 그 해는 여러 건의 산불로 시작되었고, 뒤이어 밴더의 절친한 친구가 간암으로 세상을 떠났던 것이다. 밴더는 여자에게 화를 냈다. 그 여자가 발산한 분노를 그대로 돌려줬다. 그로부터 얼마 지나지 않아 그 여자는 비자발적으로 정신 병원에 입원하게 되었다. 그 일 또한 밴더와는 아무 상관 없는 일이었다. 밴더는 그 여자의 머릿속에 내내 심각한 문제가 있었다는 걸 알게 되었고, 그냥 그게 다였다. 그리고 시간이 더 흐른 뒤에, 밴더는 그 여자가 자살했다는 소식을 들었다. "그러면 스스로에게 묻게 되죠. 만약 내가 그때 화를 안 냈더라면 어땠을까? 어쩌면 그 여자는 내가 희망을 줄 거라고 기대하고 있었던 게 아닐까?" 그 말, 고래 심장처럼 커다란 연민을 지닌 이 지역 사회 변호사가 털어놓은 그 말은 죄책감에 관한 것이 아니다. 그는 실재하는 딜레마에 대해, 실재하는 압력에 대해 말한 것이다. 어떤 낯선 사람이 어딘가로 미끄러지거나 추락하거나 물에 빠져 죽어가는 중인데 당신이 그저 우연히 그 곁을 지나가고 있었다면, 혹은 당신의 시야 가장자리에 그런 모습이 포착되었다면 어떻게 할 것인가? 당신이 인생을 충분히 살아봤다면, 특히 몇 가지 '도움'을 시도해 봤고 그러는 와중에 내복까지 다 젖어 본 적이 있다면 아마 알고 있을 것이다. 이 질문에는 당연해 보이는 대답들이 손쉽게 적용되지 않으며, 당신이 무슨 행동을 하든 상황이 더 나빠질 가능성이 압도적으로 높다는 사실을.

밴더와 나는 둘 다 〈오스트레일리안 스토리〉[30]

중에서 유명한 럭비 선수가 나오는 에피소드를 본 적이 있다. 럭비 리그에서 활동하는 선수 가운데 최초로 커밍아웃을 한 그는 병원 방문 행사 중에 만났던 한 소년의 이야기를 들려주었다. 그 행사는 유명 럭비 선수들, 특히 설득에 잘 넘어가는 유명 선수들이 병원에 있는 아픈 아이들을 찾아가는 행사였고, 그곳의 아동 환자 중 한 명이었던 소년은 여러모로 위기에 처해 있던 홈리스였다. 몇 년 뒤 10대가 된 소년은 그 럭비 선수가 여성 친구와 함께 쓰는 집으로 들어가 선수와 함께 살게 되었다. 소년은 위험한 약물들을 끊었고 학교에 갔다. 안전해졌고 돌봄도 받게 되었다. 그런데 6개월 뒤, 경찰이 그 소년을 계속 감시하고 있었다는 사실이 드러났다. 예전에 소년이 소아 성애자로 알려진 몇몇 사람의 집에 들어가는 모습이 목격된 적이 있었기 때문이었다. 그 얼마 전에 커밍아웃했던—그의 아버지는 그에게 커밍아웃을 하지 말라고 애원했고, 자기 아들이 이성애자이기를 바라는 마음을 접지 못했다—선수는 소아 성애 용의자가 되었다. 그는 금세 혐의를 벗었고, 경찰은 그에게 부탁을 하나 했다. 소년이 자신을 학대했

---

30 ABC 방송국이 제작하는 주간 다큐멘터리 프로그램으로, 1996년에 시작해 현재까지 방영되고 있다. 오스트레일리아 사람들의 다양한 인생사를 다룬다.

던 소아 성애자들에게 불리한 증언을 하도록 압력을 넣어 달라는 거였다. 소년은 그 핵심 인물들을 감옥에 집어넣기에 충분할 만큼 많은 것을 알고 있었다. 아마도 그 소년이 증언하기로 한 건 불타는 정의감 때문은 아니었을 것이다. 아마 그 증언은 소년이 이 유명하고 안정된 남자에게, 그토록 신망을 얻고 싶었던 남자에게 은혜를 갚는 방법 중 하나였을 것이다. 하지만 소년은 증언하는 과정에서 망가지고 말았다. 그는 학교에 가는 일을 그만두더니 약물과 나이 든 남자들에게 돌아갔다. 그러고는 다시 홈리스가 되었다. 그 뒤로 선수는 소년이 어디 있는지 제대로 알지 못했다. 한번은 경찰이 소년을 구속한 뒤에 선수에게 전화했고, 소년은 수화기 속 선수에게 자신을 꺼내 달라며 고함을 질러 댔다. 연락이 끊긴 지 몇 달 만의 일이었다. 선수는 할 만큼 한 뒤였다. 이 아이를 위해 정말 많은 일을 했는데, 그건 다 뭘 위해서였지? 이제 선수는 어떤 식으로든 이 소년과 다시 엮였다가는 커리어가 완전히 꼬여 버릴 수도 있었다. "아뇨, 전 그 사람을 책임지고 있지 않은데요." 선수는 경찰들에게 말했다. 4년 뒤, 칼에 찔려 사망한 뒤 카펫에 둘둘 말린 채 얕게 판 구덩이 속에 버려진 소년의 시신이 발견되었다. 검시 보고서에 따르면 그 살인은 선수가 경찰의 전화를 받고 나서 얼마 지나지 않아 저질러진 것으로 보였다. 그건 놀라운 일은 아니었다. 소

고통을 말하지 않는 법

년이 갖고 있던 증거는 소아 성애자 패거리 하나쯤은 무너뜨릴 수 있는 거였으니까. 소년의 죽음 이후 고통에 시달려 온 선수는 그 전화 통화를 다시 하는 꿈을 꾼다. 그의 주변에 있는 사람들은 다들 그건 당신의 잘못이 아니라고, 심지어 당신은 할 수 있는 일보다 더 많은 일들을 했다고 말해 준다. 사회도 그렇게 말해 준다. 남자는 그 말을 믿기 시작한 참이다.

"미안한데요." 밴더가 말한다. "그건 당신이 잘못한 겁니다. 당신 책임이에요. 비판하려는 게 아니라 그냥 사실을 말하는 겁니다. 당신은 누군가를 구해 주면서 동화 같은 이야기를 기대했던 거예요."

내 친구 하나는 몇 년 동안 캄보디아에서 활동해 왔다. 지금도 종종 그곳으로 돌아가는 그는—여든 살이 넘었지만, 나이는 그를 막지 못한다—젊고 이타적인 또 한 명의 오스트레일리아인이 캄보디아의 가난하고 낙후된 지역에 새로운 고아원을 설립한 일에 박수를 보내기를 보류한다. "그렇게 되면 거기 있는 애들은 거의 다 그 고아원에 들어가게 될걸요. 연줄이 좀 닿아 있는 부모들은 애들을 다 거기 보내려고 하니까요." 친구는 말한다. 하지만 그 정도는 문제 축에 끼지도 못한다. 친구가 더욱 우려하는 시나리오는 그 고아원이 부패한 고위층이나 조직 범죄와 연결되는 것이다. 하지만 고아원을 세운 그 이타적인 오스트레일리아인은 그런 가능성을 발견하거나 예견할 수 없을 터였다. 내 친구의 우려는 자선이라는 행위 자체, 즉 제2 세계와 제3 세계 국가들의 내부를 좀먹는 자선 경제 자체에 관한 게 아니다. 그 우려는 사람들이 자신이 이해하지 못하는 복잡한 생태계 속으로 억지로 파고들면 피해가 발생할 수밖에 없다는 뜻을 담고 있다. 내 친구는 그럴 때 어떤 피해가 일어나는지 익히 알고 있다.

우리는 취약하고 고장 난 공동체는 단순하고 발달하지 못했다고 생각하기 쉽다. 그런 공동체는 삶의 의미나 자아 실현에 관한 구성원들의 욕구를 충족시킬 수 없다고 단정하고, 결국 외부에서 개입할 수밖에 없다고 결론짓는 것이다. 또 이렇게도 생각하기 쉽다. 마약을 하고 나이 많은 남자들을 상대로 성매매를 하며 길거리에서 사는 소년은 그곳을 떠나게 해야 한다고, 왜냐하면 길거리가 그에게 약속하는 것은 오직 타락과 자멸뿐이기 때문이라고, 그러니 다른 어떤 세상도 길거리보다는 나을 거라고……. 그러나 가진 것이 별로 없거나 아예 없어 보이는 사람들도 실은 잃을 것이 아주 많을 수 있다는 점을 받아들이지 못한다면 인간의 존엄이라는 개념은 큰 의미가 없다.

잠깐만. '악이 승리하기 위해 필요한 건 딱 하나다. 선한 사람들이 아무것도 하지 않는 것.' 이건 시리얼 상자마다 적혀 있는 문구 아닌가요, 밴더? 이 말은,

고통을 말하지 않는 법

다른 사람이 울고 있다면 귀를 막거나 시선을 돌리거나 걸음을 재촉하는 식으로 반응해서는 안 된다는 뜻이다. 하지만 선한 사람들이 행하는 무언가라는 게 대체로—대단한 일인 척하지만—별것 아닌 일에 불과하다면 어떨까. 혹은 아예 아무것도 하지 않는 것보다 더 나쁜 일이라면 어떨까. 그 최악의 시나리오는 이렇게 진행된다. 다른 사람들을 그들 자신의 세계로부터 억지로 떼어 낸 다음, 이전보다 더 적은 자원과 더 적은 희망을 쥐여 준 채 그들을 내팽개치는 것이다. 그런 일이 일어나는 건 소위 선한 사람들의 '도덕적 에너지'가 고갈되기 때문인데, 그 고갈은 피할 수 없다. 자신의 회복—가끔은 완전히 불가능한 일—을 말없이 기대하는 누군가를 돕는 건 돕지 않을 때보다 나쁜 결과로 이어질 때가 많다. 밴더도 이 사실을 처음부터 알았던 건 아니지만 지금은 알고 있다. 이런 사실을 안다는 건 곤란한 일이다. 그런 앎은 나를 무력하게 만들 테니까. 내가 뭐라는 거지? 난 이미 무력해졌는데.

마약을 예로 들어 보자. 밴더는 말한다. "많은 변호사와 판사들이 이해하지 못하거나 그러는 척하는 부분이 있어요. 자기들이 사람들한테 약을 끊으라는 지시를 할 때, 그 안에는 약보다 훨씬 많은 걸 포기하라는 요구가 함께 담겨 있다는 거죠. 친구들, 여러 가지 도움, 자아감, 신용, 시간을 보내는 그들만의 방식…… 그 모든 것을요."

　　　마약 중독을 극복하는 건 등산과 비슷한 데가 있다. 두 다리를 자루 속에 넣은 채 오르막을 걷는다는 차이가 있긴 하지만 말이다. 산을 오를 때와 마찬가지로, 중독이라는 산을 정복한 뒤에는 금세 외로워지거나 지루해질 수 있다. 게다가 그 정상에서 미끄러지기란 또 얼마나 쉬운가. 재활 시설이나 감옥에서 나온 직후는 특히 위험한 시기다. 그럴 때 약을 하면 과용으로 죽기 쉬운데, 몸이 평소에 복용하던 양을 감당하지 못하기 때문이다. 그러니 약을 끊은 사람들 일부가, 혹은 대부분이 다시 약을 손에 댄다고 해서 호들갑을 떨 필요는 없다. 원래 그 일은 전진과 후퇴를 고통스럽게 반복하면서 진행된다. 어느 화요일, 나는 법정에서 부 치안 판사 포포비치가 하는 말을 듣고 있다. 어느 순간 그는 중독에서 벗어나는 일은 순풍에 돛 단 듯 나아가는 일과는 전혀 다른 거라고 말하고, 그때 나는 그에게서 무언가를 느낀다. 높은 직위를 가진 여성 특유의 근엄함과는 완전히 거리가 먼 무언가가 거기에 있다. 온몸에 소름이 돋는다.

　　　"포포비치 씨도 뭘 좀 아시네요." 밴더는 상점을 배회하며 물건을 슬쩍한 혐의로 기소된 두 젊은 여자 이야기를 들려주는 중이다. 그들 둘은 자신들이 중독되어 있는 헤로인을 계속 사기 위해 거리에서 일한다. 그들 중 한 명이 약을 하게 된 계기는 이렇다. 그 여자는 전 남자 친구와 결별한 뒤에도 그와 같은 집에서 살고 있었는데, 어느 날 그 남자가 새 애인을 집에 데리고 들어왔고, 그때 여자의 어머니가 아무런 악의 없이 여자에게 헤로인을 건네주면서 이렇게 말했던 것이다. "이거 좀 하면 기분이 나아질 거야." 여자는 가게 물건을 슬쩍한 일에 대해 계속 "너무 당황스러워요"라고 말한다. 144달러 20센트어치의 식료품이었다. "면도날, 화장품, 데오도란트 같은 걸 훔친 게 아닙니다. 음식을 훔친 거죠." 밴더는 법정에 있는 사람들에게 그 점을 강조한다. 또 한 명의 여자는 이름이 루비인데, 약을 심하게 했던 시기에 저지른 전과가 있고, 상급 조리사 자격증을 따기 직전이며, 좋아하는 음식은 이탈리아 음식이다.

　　매달 첫 번째 화요일은 '노상 성매매 종사자 연속 공판'이 있는 날이다. 재판은 야간에 일하는 여성들의 생활 패턴에 맞추어 오후 시간대에 진행되며, 성적 함의가 담긴 시선이 따라붙지 않도록 격리된 법정에서 열린다. 개인적인 희망이 있다면 거기에 더 많은 여성들이 나타나는 것이다. 그러면 더욱 바빠진 치안 판사들이 그 각각의 여성들에게 벌금을 부과하는 일에 심취하기 어려워질 테고, 결국 여성들이 자신에게 부과된 벌금을 마련하기 위해 다시 거리를 샅샅이 훑는 일도 그만큼 줄어들 테니 말이다. 루비는 998달러어치의 아이팟과 오디오 용품들을 훔쳐 마약으로 바꾼 범행 사실을 시인한다. "과거 이력은 있지만, 부디 이번 한 번만 유죄 판결 없는 처분을 고려해 주시기 바랍니다." 밴더가 말한다. 밴더는 루비의 상태가 괜찮아 보이고, 주의를 놓지 않은 채 생활하고 있으며, 소변 검사에서 아무 것도 나오지 않았던 경우도 많았다고 말한다. 나는 등받이 쪽으로 기대앉은 채 곧 들려올 설교를 기다린다. 법리적 해석 어쩌고 하는 똥 덩어리 같은 소리를 듣기에 덜 힘든 무언가로 둘러싼, 일종의 샌드위치 같은 것 말이다. "끈기가 놀랍네요, 루비." 포포비치가 선언한다. "보통 사람은 한 열 번쯤 약을 끊어 보다가 이후 평생 시달리게 될 의존증에 굴복하죠. 아니면 죽거나요. 그런데 루비는 지금까지 중독 치료를 열여섯 번이나 받았고, 재활 센터에도 두 번 다녀왔네요. 이렇게까지 인내심을 갖고 묵묵히 계속 싸우는 사람은 본 적이 없어요. 약을 끊는 게 그만큼 힘들다는 얘기죠. 루비는 이렇게 지적인 사람이고, 약을 끊는 데 이렇게 전념하고 있는데도 아직 다시 하게 되잖아요."

　　내가 방금 존중이 담긴 표현을 들은 건가? 지금껏 마약에 다시 손댄 횟수가 마리나 아브라모비치가 뱀을 자기 머리에 칭칭 감은 횟수보다[31] 더 많은 여자를 법정이 존중해 주었다고? 저 사람이 방금 루비를 '보기 드문 젊은 여성'이라고 칭한 게 맞나? 포포비치 같은 사람이 한 명이라면 도덕적 결벽증을 앓고 있는 설교자는 천 명일 테고, 루비 같은 사람이 한 명이라면 약을 끊는 일을 끊을 중독자들은 대도시 하나쯤은 거뜬히 채울 만큼 많을 것이다. 빌어먹을, 누군가가 이런 존중을, 보통은 절대 주어지지 않는 존중을 받는 광경을 목격하는 건 얼마나 굉장한 일인가. 게다가 그 이유는 또 얼마나 굉장한가. 그저 모든 인간은 원칙적으로 존중받아야 하니까 존중해 준다는 흔해 빠진 이유가 아니라, 열여섯 번이나 되는 중독 치료 경력을 꼼꼼히 챙겨 넣은 가방을 들고 법원에 나타난 여성이기 때문에 '더욱 존중받을 자격'이 있다고 여겨지는 광경이라니. 나는 포포비치에게 존중에 관해 묻는다. 그는 말한다. "요전 날 누가 저한테 말하더라고요. 일곱 살 난 아이들한테 너는 커서 뭐가 되고 싶냐고 물으면, 그중에 '저는 마약에 중독된 성매매 종사자가 되고 싶어요'라고 말할 아이는 아무도 없을 거라고요. 그 말이 정확히 무슨 뜻인지 알겠더군요."

일곱 살과 열일곱 살 사이, 열일곱 살과 스물일

31　행위예술가 마리나 아브라모비치가 1990년대 초에 여러 차례
　　　선보였던 퍼포먼스 작업 「드래곤 헤드Dragon Head」를 뜻한다.
　　　뱀이 아브라모비치의 머리와 얼굴을 휘감는 이 퍼포먼스를 기록한
　　　사진들을 모아 「드래곤 헤즈Dragon Heads」라는 이름으로 전시하기도
　　　한다.

곱 살 사이에 무슨 일인가가 일어난다. 사람들의 삶은 간단하지 않다. 사회는 점점 더 복잡해져 가고, 거의 모든 문제가 증가하고 있다. 우리는 일주일 전에 만나기로 했었다. 이른 시간에 만나 커피를 마시자는 약속이었다. 그런데 포포비치가 약속을 잊었다. 진행 중인 일이 너무 많았던 것이다. 그날 나는 카페 안에 피워진 난롯불을 지켜보며 가만히 앉아 있었다. 그러면서 변호사로 사는 일은 어떨지 공상에 잠겼다. 아무래도 판사가 더 좋을 것 같았다. 나는 어마어마한 목적의식과 긴장으로 팽팽히 당겨진 하루하루를 상상했다. 그 상상 속에서 내가 꺼내는 말들은 내 앞에 선 사람들의 삶을 보호해 주는 강둑이 되었다. 삶의 홍수를 막아 주고 물줄기의 흐름을 다른 곳으로 틀어 주는 말들. 그에 비하면 작가가 하는 말들은 대개 눅눅해진 비스킷 쪼가리만큼의 가치도 없다. 그다음 주에 포포비치는 정확한 시각에 약속 장소에 나왔는데, 주위 사람 누구에게도 폐를 끼치는 데 익숙지 않은 듯 미안해하는 모습이었다. 나는 그에게 덫에 걸린 느낌에 사로잡힌 사람들을 대하는 일에 대해, 그리고 그런 그들을 집어삼키는 타르 구덩이에 대해 물었다. 물론 '타르'라는 단어를 쓰지는 않았다. 미사여구를 즐겨 쓰는 사람이라는 인상을 주고 싶지는 않았기 때문이다. 포포비치는 오스트레일리아 선주민 청년 남성들에게서 "자신이 처한 상황 속에 갇혀 있는 것 같은 느낌, 할 수 있는 게 아무것도 없다는 공허함"을 포착한 적이 많다고 했다. 게다가 그들의 그런 절망감에는 '가족 구성원으로서의 의무감'까지 더해진다. 가족. 그의 '가족'은 그에게 이런 것들을 요구한다: 일단 술을 마시고, 저 차에 올라타서, 면허가 있든 없든, 제한 속도를 지키든 말든, 저 주류판매점을 향해 달리는 것. 나이 지긋한 어르신이 있다면 그 청년에게 '가정에 충실한 남자가 좋은 남자'라고 말해 줄 수도 있을 것이다. "하지만 잃어버린 세대[32]와 연관된 사람들은 가족으로서의 의무감을 무척 광범위하게 느끼면서도 가족 사이에 오가는 친밀함에 관한 감각은 가지고 있지 못해요." 나는 포포비치에게 가족에 관해 묻는다. "가족의 영향은 치명적일 수 있습니다. 저는 지금 3세대 마약 범죄자들을 다루고 있거든요."

나는 부 치안 판사와 이야기를 나누는 동안 유명한 물리학자들을 몇몇 떠올렸다. 자신들의 발견을 통해 행복한 무신론자들로 이루어진 새로운 세대를 탄생시켰으면서도 그들 자신은 일종의 신앙을 향해, 혹은 적어도 거대한 회의를 향해 다가갔던 물리학자들. 아마

---

32   1900년대에서 1960년대까지, 강제로 원래 가족에게서 분리되어 백인 위탁 가정이나 아동 보호 시설에서 양육된 오스트레일리아 선주민 자녀들을 일컫는 말이다. 17번 주석 참조(126페이지).

도, 오직 과학에서 멀리 떨어져 있는 사람들만이 '과학은 신앙을 상대할 가장 순수한 해독제' 어쩌고 하는 생각을 가질 수 있었던 것 같다. 나는 치안 제도에 대해서도 그와 비슷한 이야기를 할 수 있을지 궁금해졌다. 다시 말해 그 제도 속으로 더 깊이 들어갈수록 정의와 갱생에 관해 떠드는 고결한 목소리들을 향해 코웃음을 치게 되지 않을까 하고 말이다. 만약 정말 그렇게 된다면, 그건 환멸을 느껴서가 아니라 어느새 이런 사실을 알게 되었기 때문일 것이다. 레이먼드 게이타가 말했듯, "고통에 취약하다는 우리의 특성을 슬픔 속에서 알아채는 일"이 "죄에 어울리는 처벌을 하라"는 슬로건보다 더 나은 행동 지침을 제공한다는 사실을 알게 되었기 때문에. 취약함. 고통에 대한 취약함. 우연에, 불운에, 유전자에, 당신이 태어난 가족에, 당신이 사는 지역에 대한 취약함.

"고양이라도 거기서 살고 싶진 않을 겁니다." 잔뜩 흐린 어느 날 아침, 무라빈 사법 센터의 수석 경찰관은 밴더에게 그렇게 말했다. 거기란 어느 하숙집을 뜻했다. 고양이가 경찰관의 머릿속에 떠오른 건, 그 하숙집에 사는 여성이 키웠던 고양이의 무덤이 동료 하숙인에 의해 파헤쳐지는 사건이 일어났기 때문이었다. 그 사건에 뒤이어 싸움이 벌어졌고, 무덤을 파헤친 것으로 알려진 여성은 이마를 머그잔으로 얻어맞아 커다란 상처

고통을 말하지 않는 법

가 났다. 죽은 고양이의 주인은 피해자가 "삽을 가지고 있었다"며 정당방위를 주장하고 있었다. 검사의 서류철에는 삽, 커다란 상처, 그리고 머그잔을 찍은 여러 장의 클로즈업 사진이 있었다. "제가 가끔 의뢰인들한테 하는 말이 있는데요." 밴더는 수사관에게 말했다. "경찰이 다른 시간에 왔더라면 피의자가 피해자가 되고 피해자가 피의자가 되었을 거라는 말이에요." 수사관은 동의하며 말했다. "아, 맞아요, 저희 머리도 종종 그런 식으로 돌아가거든요. 결국에는 저희한테 먼저 찾아오는 사람을 피해자라고 생각하게 되죠." 밴더의 의뢰인들이 경찰에게, 혹은 누구에게든 찾아가는 일은 좀처럼 일어나지 않는다. 자신이 잊고 있던, 혹은 잊히지 않는 어떤 위법 행위로 인해 기소될지 모른다는 두려움이 너무 크기 때문이다.

밴더는 조지를 만나기 위해 콜링우드 지역 사법 센터에 나와 있다. 트랜스젠더 여성인 조지는 날짜를 착각해서 어제 혼자 법원에 나왔고, 결국 혼자서 법원을 상대해야 했다. 그가 법원에 나온 건 어느 형사 사건의 피해자로서 그와 관련된 절차를 밟기 위해서였지만, 법원은 그 문제가 아닌 다른 문제를 들먹였다. 그는 얼마 전 지역 사회 교정[33] 명령을 위반했었는데, 그 건을 처리할 테니 내일 다시 법원에 나오라는 주문이었다. 거기에 더해 조지에게는 마약 소지, 처방전 위조, 수

표 위조와 관련된 혐의들도 걸려 있었다. 조지는 이 혐의 대부분을 반박하고 있는데, 그 모든 혐의는 이미 7년 전에 다 해결할 수 있었던 것들이었다. 그가 법정에 출석하기만 했더라면 말이다.

조지는 지금 여기 없다. 밴더는 조지에게 전화를 건다. 어디예요, 조지? 혹시 콜린스 스트리트에 있으면 잠깐 시가 전차를 타고 여기 왔다 가도 되지 않을까요? 먼저 이 문제를 해결하고 나면 당신이 피해자인 그 사건과 관련된 문제도 풀어갈 수 있을 거예요.

("굉장히 현명하네요, 밴더." 교정 센터에서 온 베스가 옆에서 듣고 있다가 말한다. "아주 윤리적이라고는 못하겠지만 굉장히 현명하긴 하네요.")

아니에요, 조지, 감옥에 가진 않을 거예요. 우리 오늘 이 문제 처리해야 돼요. 그냥 와요. [침묵] 아뇨, 조지, 일정을 그렇게 마음대로 잡을 수는 없어요. 여기 사람들이 오라고 하는 날에 와야 돼요. 이 문제 처리를 무한정 피할 수는 없잖아요. 걸려서 재구류될 거라고요. [침묵] 재판을 2주 연기할 수는 있지만 그때 당신이 나올 거라는 보장이 없잖아요? [침묵] 아뇨, 제가 하루 종일 여기 있을 수는 없죠.

---

33 교도소 등에서 이루어지는 시설 교정과 반대되는 용어로, 사회생활과 함께 진행되는 형사 행정적 교정 활동을 뜻한다. 보호 관찰 제도나 사회 봉사 명령 등이 이에 속한다.

('안 온다네요.' 밴더가 베스에게 입 모양으로 말한다.)

어떤 사람들은 법원의 명령을 지키는 데 실패하고, 법원에 나오지 않고, 마약이나 알코올과 관련된 상담 시간에도 나오지 않는다. 그리고 이렇게 발을 헛디딜 때마다 처벌받아야 하는 과실은 늘어난다. "말로는 지키겠다고 하고, 심지어 자기 자신도 그렇게 믿죠. 이번에는 지킬 거라고, 나가야 하는 자리에 꼭 나갈 거라고요. 하지만 절대 안 지키죠." 밴더는 말한다. 그의 생각에 따르면, 사회적 갱생 절차라는 미로 속에 갇힌 채 영원히 제자리에서 맴도는 것보다는 차라리 집행 유예 선고를 받아 일을 마무리 짓고 공적 제도와 접촉을 줄이는 쪽이 낫다. "잊지 말아요. 경찰이 트랜스젠더들한테 열받게 되면 그들을 남성 감방이나 구치소에 넣어 버릴 수도 있다는 걸요." 그런 상황이 닥칠지도 모른다는 두려움은 다른 충동들을 절멸시켜 버리고, 결국 모든 일을 회피하려 드는 인간을 만들어 낸다. 그리고 그런 상황에 다다르는 순간, 그때부터는 그 태도 자체가 처벌의 대상이 된다. 조만간 제도는 조지에게 이해할 수 없을 만큼 적대적인 분노를 터뜨릴 것이다.

나는 나 자신이 어처구니없을 만큼 순진한 인간임을 절감한다. 사법 제도는 가장 평범한 순간에도, 심지어 단순한 절차에 불과한 일을 진행할 때도 덫이나 다름없다는 사실을 접할 때마다 아직도 경악하기 때문이다. 덫. 땅은 입을 벌린 다음 그 안으로 떨어진 것들을 우적우적 씹어 삼킨다. 만약 조지가 한 번만이라도 사법 제도의 밑바닥까지 떨어지게 되면 그 어떤 지원도 소용없을 것이다. 이미 너무 늦은 것이다. 다른 사람들도 마찬가지다. 자신이 해야 하는 일들을 비교적 제대로 수행하는 사람이든, 아니면 조지와 다른 상황에 처해 있지만 자기에게 주어진 일을 제대로 수행하지 못한다는 측면에서는 조지와 닮아 있는 사람이든, 그들 모두는 같은 상황에 놓여 있다. 만약 사법 제도가 그나마 그들을 존엄하게 다룬다 쳐도, 그 제도 바깥에 있는 세상은 여전히 그러지를 않는다. "어떤 사람도 법원이 내린 선고 이상의 처벌을 받아서는 안 돼요. 하지만 공동체는," 밴더는 말한다. "사람들을 처벌하죠."

마이크, 라니, 스테프, 루비, 조지—그들이 어느 축제의 일원이 되어 공동체가 마련한 테이블에 앉아서 포크와 나이프를 들고 버터 바른 크럼펫을 먹는 모습. 나는 그런 걸 상상할 수가 없다. 그러면 애스트리드는 어땠을까? 그는 그 문제에 대한 답을 스스로 찾아냈다.

게이트하우스[34]는 세인트 킬다의 거리 노동자들에게 안전지대 역할을 해 주는 공간이다. 그 바로 맞은편은 그리브스 스트리트이고, 트레이시는 그곳에 주차되어 있던 망가진 흰색 포드 이코노밴 안에서 살해됐

고통을 말하지 않는 법

다. 트레이시는 그 밴에서 남자 친구 겸 보디가드인 토니와 함께 살았다. 그들은 오랫동안 함께 지냈고 서로를 사랑했다. 사람들은 트레이시에 대해 거의 한목소리로 말한다. 명랑하고, 아주 매력적이고, 나무랄 데 없이 공손하고, 다른 사람들에게 관심이 많고, 따뜻했던 사람. 트레이시가 자기 길모퉁이에—거기가 그의 영역이었다—서 있는 모습에는 위엄이 서려 있었다. 등을 꼿꼿이 편 모습, 나무랄 데 없는 자세. 누군가는 이렇게 말한다. "트레이시를 보고 나면 저도 자세를 좀 더 똑바로 하고 서게 되곤 했어요." 트레이시에게는 기품이 있었다. 그러면서도 그는 자기 주위에 도사린 위험 요소를 모두 파악하고 있었다. 토니가 뒤를 봐주고 있다는 점도 도움이 되었다.

"트레이시가 살해된 일이," 밴더는 내게 보내는 이메일에 이렇게 적는다. "여자들을 겁먹게 했어요. 그게 그렇게 오래가진 않았지만요. 절박한 사람들은 다시 길에 나와 있어요. 약에 대한 욕구가 두려움보다 크니까요."

토니와 트레이시는 한때 약을 완전히 끊고 세인트 킬다를 떴었다. 토니의 어머니와 함께 살게 된 그들

---

34 세인트 킬다 게이트하우스는 거리에서 일하는 성매매 종사자와 성적 착취로 인해 피해를 입은 청소년들을 지원하는 비영리 기관이다.

은 아픈 어머니를 정성껏 돌보았다. 하지만 어머니의 죽음은 그 둘을 다시 밀어붙였다. 그들은 헤로인을 다시 시작했고 돈은 곧 바닥났다. 결국 그들은 어쩔 수 없이 세인트 킬다로 돌아왔다. 누구의 말을 들어 봐도 트레이시는 다시 거리에서 지내게 된 상황을 싫어했다고 한다. 트레이시가 살해되었을 때 토니는 병원에 있었다. 트레이시를 발견한 사람이 그였다. 살인 방식은 잔인했다. 자세한 이야기는 여기에 적지 않겠다. 경찰은 트레이시의 손님 중 한 명이 범행을 저질렀을 거라고 보았고, 강도질을 하려다 잘못돼 버렸을 가능성을 염두에 두고 수사하고 있다. 하지만 살인범은 몇 년이 지난 지금도 잡히지 않았다. 인터폴까지 개입한 상태다. 토니는 트레이시가 죽기 전 마지막 18개월 동안 그의 손님으로 찾아왔던 사람들의 차량 번호를 3천 개 이상 모았다. 그가 심각한 감염으로 치료를 받고 있지 않았더라면(트레이시가 병원에 가라고 등을 떠밀었다), 세인트 킬다에 트레이시와 함께 있었더라면, 그랬다면 아무 일도 일어나지 않았을 것이다(토니는 남은 평생 동안 그런 생각을 견디며 살아야 했다).

언론에서 트레이시의 죽음은 질 미거의 죽음과 종종 함께 이야기된다. 아일랜드 출신 여성이었던 질 미거는 성매매 종사자가 아니라 ABC 라디오의 직원이었고, 거리에서 일하던 도중이 아니라 동료들과 함께 술을 마신 뒤 걸어서 집에 가던 도중에 살해됐다. 브런 즈윅에 있던 질의 집(남편 톰은 자고 있었다)으로부터 500미터 떨어진 곳에서 질을 강간하고 살해한 애드리언 베일리는 다른 범죄들로도 유죄 판결을 받았다. 그 중 세인트 킬다의 성매매 종사자들만을 대상으로 저지른 강간만 해도 총 16회에 달했는데, 그는 그 모든 범행을 1년도 안 되는 사이에 저질렀다. 기록에 남아 있는 것만 그정도였으니, 진짜 범행 횟수는 그보다 더 많을 수 있었다. 어느 인터뷰 영상에는 베일리가 자주 가던 스트립 클럽에서 일하는 여성이 나온다. 그는 베일리가 난폭했고 완전히 이상한 사람이기는 했지만, 애초에 그런 사람이 한둘은 아니었다고 말한다. 질이 살해되었을 때는 3천 명의 참가자들이 거리 폭력에 항의하는 행진을 했고, 질의 모습이 마지막으로 CCTV 카메라에 포착된 웨딩숍 근처에는 꽃다발이 너무 많이 쌓이는 바람에 의회 직원들이 나와서 치워야 했다. 바다같이 넘실거리는 꽃다발은 교통사고를 유발할 수 있는 위험 요소였던 것이다. 그로부터 10개월 뒤, 이번에는 트레이시가 죽자 사람들은 그가 평소에 서 있던 길모퉁이로—그곳은 이제 '트레이시의 길모퉁이'로 불린다—꽃과 촛불과 편지와 현수막을 가져왔다. 그곳에 모인 사람들은 분명한 인식을 하나 지니고 있었다. 앞서 질의 죽음이 격렬한 항의를 일으키는 걸 보았으니, 트레이시의 죽음 역시 그냥 넘길 수는 없다는 인식이었다. 그리브스 스트리트에서는 철야 촛불 집회가 계획되었는데, 그 집회를 홍보하는 포스터 문구는 다음과 같았다.

그도 사람이다
트레이시를 기억하는 평화 집회

나는 이 문구에 짜증이 치밀었다. 사람? 트레이시가 사람이었다는 사실이 대체 한 번이라도 정말로 문제가 된 적이 있었던가? 이 집회와는 별개로 열린 대규모 추도 예배 현수막에는 세인트 킬다의 여성들은 성매매 종사자들을 지지합니다라고 적혀 있었다. "참 더럽게 고맙네요." 밴더는 말했다. 그는 그 추도 예배에 가는 대신 게이트하우스에서 주최한 밤샘 행사에 갔다. 트레이시와 토니를 알고 지냈던 사람들이 전부 모이는 행사였다.

굳이 말하지 않아도 알 수 있다. 지금 밴더와 나는 애스트리드의 추도 예배를 떠올린다.

굳이 말하지 않아도 알 수 있는 것들. 하지만 결국 몇 잔의 술을(나는 화이트 와인, 밴더는 레드 와인) 들이킨 우리는 그런 것들 중 하나를 입밖으로 꺼낸다. 트레이시의 죽음을 둘러싼 수식어들이 어딘가 적절치 않았다는 이야기다. 내가 뭐라 말할 입장은 아니지만, 그래도 말이 입에서 흘러나온다. 나는 잘못됐다고 느껴지는 것들에 대해 뭐라뭐라 중얼거린다. 그러자 밴더가 말한다. "강요당하는 기분이 들더라고요. 게다가 작위적이었고요." 결국 문제는 트레이시가 주인공처럼 느껴지지 않았다는 것이다. 그 행사의 주인공은 어떤 원칙이었다. 혹은 어떤 대의였다. 그게 나쁘다는 건 아니다. 그런 것들도 중요한 거니까. 그런 행사가 열렸다는 건 어쨌든 좋은 일이고, 누가 알겠는가, 어쩌면 온 사방에 적혀 있는 이 '사람'의 삶에서는 썩 괜찮은 행사였을지도 모르지. 하지만 그건 트레이시를, 혹은 토니를 위한 행사는 아니었다. 질이 죽었을 때, 사람들은 질이 나, 내 딸, 내 여동생, 내 여자 친구일 수도 있었다고 말했다. 몇몇 사람은 살해된 트레이시에 대해서도 똑같은 말을 하려고 애썼다. 하지만 다른 사람들은, 특히 온라인에서는, 헤로인 주사를 맞는 창녀들의 결점들을 아무리 좋게 봐준다고 한들 그들이 '우리'에 속할 수는 없다고 반박했다. 대놓고 그 여자가 자초한 일이라고 말하는 사람은 없었지만, 그 말에서 그렇게 멀리 떨어져 있지는 않았다.

　여기서 궁금한 게 하나 있다. '동일시를 통한 공감'이라는 것 말이다. '그 사람이 나일 수도 있었다'고 말하려면 우리는 먼저 그 사람이 누구였는지 물어봐야 하지 않을까? 그리고 그 물음에 주어진 답을 해독하는 데에는 보통 영겁의 시간이 걸리지 않던가? 게다가 만약 트레이시가 나일 수 없고 내가 트레이시일 수 없다는 결론이 난다면(이를테면 나는 내가 하고 싶지 않은 일을 수년에 걸쳐 끝없이 반복하게 만드는 종류의 중독은 경험해 본 적이 없다), 그러면 어떻게 되는 걸까? 한 인간에 관한 사실들은 대개 타인들에게는 알려져 있지 않으며, 그중 대부분은 애초에 타인들이 결코 알아낼 수 없는 것이다. 타인의 고통을 이해하는 데는 한계가 있다. 그 한계를 무시하면 타인들은 곧 상징의 집합체로 변해 버린다. 우리 자신이 좋아하는 음료만 골라 담은 물통으로, 일종의 도구로 변해 버리는 것이다. 타인을 온전한 인간으로 받아들인다는 건 그의 어떤 점이 우리와 다른지 알아차리는 것이며, 또한 그 다른 점을 굳이 비틀어 숭고함에 가까운 무언가로 왜곡하지 않는 것이다. 다른 곳에 있는 사람들과 마찬가지로 거리에서 살아가는 사람들도 선한 동시에 악하다. 가난, 방치, 학대, 불이익 같은 그들의 과거가 마법의 가루처럼 그들을 보호해 주지는 않는다. 다시 말해 그들이 하는 모든 행동에 도덕적 면죄부를 제공해 주지는 않는다는 뜻이다. 만약 우리가 어떤 사람들이 불운을 겪었다는 점 때문에 그들의 도덕성을 실제보다 고결하게 평가하고, 그럴 때만(같은 인간으로서) 분노할 수 있다면…… 글쎄, 그건 정말이지 슬픈 일이다.

밴더는 종종 잠자리에 들면서 멜버른을 덮치는 눈사태를 상상한다. 그 상상 속에서 그는 자기 집으로 사람들을 데려와 먹을 것을 주고 추위를 피하게 해 준다. 그 뒤에 일어날 일들에 대해서는 생각하지 않는다. 그냥 쉼터를 마련하는 일만 생각한다. 그러다 잠든다. "우리가 할 수 있는 일은 아주 험한 길을 아주 조금 부드럽게 만드는 것밖에 없어요." 어느 날 밴더는 여러 건의 재판 연기와 사회 봉사 명령과 유죄 판결 없는 처분 신청을 하느라 법원에서 오전 시간을 보내고 나서 내게 그렇게 말했다. 그 사람들 가운데 대다수는 몇 달 안에 똑같은 종류의 문제로 법원에 돌아올 테고, 밴더는 그들을 다시 변호하게 되겠지만, 그렇더라도 밴더는 그 일이 시시포스왕의 고행 같다고 느끼지는 않을 것이다. 밴더는 경로를 이탈한 바위들을 밀어 올리고 있었고, 그 바위들이 다시 굴러 내려오는 건 그다지 큰 문제가 아니었다. "어떤 사람들은 고되고 고된 삶을 살죠. 우린 그냥, 죽도록 고된 삶을 아주 약간 덜 힘들게 만들어 주는 거예요. 뭐랄까," 밴더는 말한다. "저한테 이렇게 말하는 의뢰인들도 있거든요. 이렇게 되면 안 되는 거잖아요. 전 브라이튼 그래머 스쿨에 다녔던 사람이라고요." 하지만 수월하게 나아가던 삶 역시 무너지곤 한다. (조심하시길.)

키르케고르는 희망이란 '빳빳하게 풀을 먹여 광택이 나는 새 옷'이며, 기억은 '한때는 아름다웠고 매우 훌륭했지만 이제는 몸에 맞지 않아 버려진 옷'이라고 썼다. 그런가 하면 반복은 '꽉 끼지도 헐겁지도 않은……
없애 버릴 수 없는 옷'이었다. 반복은 기억과 마찬가지
로 시간을 거슬러 올라가는 일을 암시하기도 하지만
(재생하다 replay, 재장전하다 reload, 배선을 바꾸다 rewire,
취소하다 revoke, 후회하다 repent 등의 단어를 보라), 키르
케고르에게 반복이란 언제나 미래를 향한 움직임, '새
로움' 속으로 진입하는 움직임이었다. 즉, 반복이란 시
간의 내부에 존재하는 상태였다. 키르케고르는 이렇게
생각했다. 그리스인들은 우리에게 모든 지식이 기억이
라고 가르쳤지만, 현대의 철학은 모든 삶이 반복임을
가르쳐 줄 것이라고.

　　몇 년 전, 밴더의 의뢰인 중 한 명이었던 어떤 여
자는 밴더가 자신과 자야 한다고 여겼다(아니, 확신했
다). 그 여자가 밴더 앞으로 보낸 여러 장의 카드와 장
난감들이 세인트 킬다 법률 지원 센터 접수대에 쌓이
기 시작했다. "혹시 생일이에요, 밴더?" 밴더는 그 여자
가 보낸 것들을 하나도 열어보지 않았지만, 그 여자의
현재 주소를 알 수 없어서 돌려보내지도 못하고 있었
다. 언젠가 어느 경험 많은 사회 복지 상담원이 밴더에
게 조언했었다. 만약 의뢰인이 유혹해 오면 "안 돼요, 그
건 프로답지 못한 일이에요, 저는 직업 때문에 그럴 수
가 없어요"라고 대답하지 말라고 말이다. "그럴 순 없어
요, 저는 사귀는 사람이 있어요"라는 대답 역시 잘못된

고통을 말하지 않는 법

선택이다. 왜냐하면 그 말을 들은 의뢰인은 당신의 직업이나 당신이 사귀는 사람을 장애물로 받아들일 테고, 그 장애물이 없어지면 당신이 자기와 잘 수 있을 거라고 생각할 것이기 때문이다. 처음부터 단호하게 안 된다고 말해야 하는 거였다. 또 다른 한 의뢰인은 세인트 킬다 교차로에 있는 진료소에서부터 밴더의 사무실까지 그를 따라왔다. 그 여자는 아무도 모를 테니 모텔에 방을 잡자며 꽤 끈질기게 물고 늘어졌고, 밴더는 최선을 다해 단호하면서도 공손한 태도를 취하면서 이렇게 말했다. "있죠, 이건 좀 프로답지 못한 일이라서요." 그들은 작별 인사를 했다. 밴더는 사무실로 들어갔다. 그가 휴대 전화를 꺼내자마자 신호음이 울리며 문자 메시지가 왔다. '근데 당신이 프로답다고 누가 그래요?'

　　문자를 본 밴더는 웃음을 멈추지 못했다. 그가 그 이야기를 막 꺼내 놓은 지금, 우리는 함께 웃고 있다. 이런 식으로 웃는 건 얼마나 기분 좋은 일인지. 그런 웃음 안에는 얼마나 많은 자유가 녹아 있는지. 우리는 하늘에 떠 있는 한 쌍의 풍선 같다. 그 풍선 안을 채우고 있는 건 헬륨도 아니고 우리 자신도 아니다. 바람과 차가운 공기가 우리를 대기 속으로 더 멀리 밀어낸다. 때가 되면 우리는 스파게티 면발처럼 갈기갈기 찢어진 풍선 조각으로 변해 땅으로 되돌아올 것이다. 어느 학술 기사를 읽던 나는 우리가 저 대기권 꼭대기에 다다르면 어떻게 되는지 알게 된다. 가장 먼저, 우리는 얼어붙는다. 난 그건 괜찮다. 당신도 괜찮나요, 밴더? "알다시피 동물들은 가끔 이 부드러운 고무 조각들을 먹지만," 나는 기사를 계속 읽는다. "증명된 바에 따르면 이 조각들은 결국에는 동물의 몸을 해치지 않고 소화기를 빠져나온다."

2부

로리 무어Lorrie Moore의 뉴욕 공공 도서관 강연을 본 적이 있다. 거기서 그는 부모의 양육이란 대체로 소용없는 일이라고 말했다. 한 사람의 인격적 특성을 축조하는 과정에서 문제를 발생시키는 원인이 있다면, 그건 바로 그 사람의 생화학적 특징과 그가 살고 있는 지역이라는 것이다. 그 강연 제목은 '텔레비전 시청하기'였는데, 무어의 부모님은 도덕적이고 종교적인 이유에서 그와 나머지 형제자매 세 명에게 텔레비전을 거의 못 보게 했다고 한다. 하지만 금지령이 아이들에게 불러일으킨 반응은 제각각이었다. 텔레비전이 주는 즐거움을 갈망하는 정도도, 텔레비전이 만들어 내는 정신산만함을 경멸하는 정도도 서로 달랐던 것이다. 결국, 최종 결과는 서로 다른 네 개의 반응으로 나타났다. 텔레비전을 중요하게 여기거나 중요하지 않게 여기는 네 개의 서로 다른 인생이 나타난 것이다. 이런 무어 본인의 경험은 그의 주장을 확인해 주는 또 하나의 증거였다. 양육의 역할은 미미하고, 그 외의 변수들 특히 지역 같은 요소가 인격 형성에 큰 영향을 끼친다는 주장 말이다(물론 가구당 출생률이 1.8명에서 2.2명 사이인 세계에서는 이런 특징이 잘 드러나지 않는다). 무어는 이렇게 말했다. 충분히 큰 규모의 표본만 마련되면, 우리는 사람들 대부분이 그들의 부모가 무슨 짓을 벌이든 상관없이 자기가 되어야 할 사람이 되는 걸 볼 수 있을 거라고 말이다.

나는 그와 반대되는 생각을 하고 있었다. 어째서인지는 모르겠지만, 살다 보면 무언가가 우리를 사로잡는다. 삶 속에 심어져 있던 원형原型 가운데 몇몇이 자기주장을 펼치는 것이다. 보통 인생이 다 무르익은 뒤에 벌어지는 이 현상은 무슨 일이 있어도 자신의 부모 같은 사람이 되지는 않겠다고 오래전부터 맹세해 왔던 사람들에게(나는 여기에 속하지 않는다) 충격을 안겨 준다. 마치 무언가에 홀리거나 빙의된 것처럼 느껴질지도 모른다. 당신이 입을 열면 당신 어머니의 목소리가 당신 어머니의 말들을 실은 채 흘러나오기 때문이다. 거울 속에는 당신이 가지고 태어난 그 오래된 역설이, 당신 아버지의 두 눈이 갇혀 있다. 이 세상에 존재하는 모든 말은 어떤 식으로든 앞서 존재했던 모든 말을 포함하고 있다는 미하일 바흐친의 생각과 비슷한 이야기다. 우리는 우리 안에 부모님을 품고 있는데, 이는 우리가 곧 부모님이라는 뜻이 아니다. '우리가 부모님의 내

고통을 말하지 않는 법

면에 머물던 상태'로부터 '부모님이 우리의 내면에 머무는 상태'로 이행이 이루어진다는 뜻이다.

헝가리 작가 페테르 에슈테르하지Péter Esterházy는 우리 세기가 시작될 때―21세기 말이다. 당신은 언제라고 생각했는지?―『천상의 조화Harmonia cælestis』라는 850페이지짜리 장편소설을 썼다. 그 책은 부분적으로는 그의 아버지에게 바치는 헌사였다. 백작 직위를 가진 채 태어난 그의 아버지는 오스트리아·헝가리 제국에서 유명했던 어느 가문의 일원이었으나, 제2차 세계대전 말기에 새로 들어선 공산주의 정부에게 모든 것을 빼앗긴 뒤 강제로 시골로 이주당한 사람이었다. 그러나 에슈테르하지의 아버지는 본인의 마음속에서는, 그리고 그를 존경했던 아들의 눈빛 속에서는 계속 귀족으로 남아 있었다. ("내 아버지는 누구도 내려다보지 않았는데, 이 점이야말로 아버지가 귀족이었던 이유다. 내 할아버지는 모든 사람을 내려다보았고, 이 점이야말로 할아버지가 귀족이었던 이유다. 나로 말하자면, 그냥 계속 눈을 깜박일 뿐이다.")

『천상의 조화』는 두 부분으로 나뉘어 있다. 1부에서는 여러 세기에 걸쳐 살아온 아버지 쪽 조상들이 모두 '내 아버지'라고 지칭되지만, 2부에서 '내 아버지'는 작가의 실제 생물학적 아버지인 마차시를 가리킨다. '내 아버지'라는 표현에 가문의 모든 아들들의 모든 아

버지들을 포함시킨다는 1부의 개념은—물론 에슈테르
하지 가문의 명성에 힘입은 자부심이 이런 설정을 만들
어 냈겠지만, 나는 왕국의 하찮은 백성들로서 눈부신
혈통 같은 건 하나도 없는 우리에게도 똑같이 그런 경
향이 있다고 느낀다—공산주의 독재 정권이 가족 간의
유대를 파괴해 온 최근의 역사와는 상충하는 것이었다.
레닌과 스탈린, 그리고 내가 그 둘만큼 자세한 내막을
알지 못하는 소비에트권의 다른 군소 독재자들은 그 나
라 국민들의 '진짜' 아버지로 선포되었다 ("오 지도자 동
지, 지도자 동지께서는 우리의 아버지이십니다. 우리는
흙이며 동지께서는 우리를 빚는 도공이십니다……." 이
말은 신이 존재하지 않는 이 세상에서 스스로 아버지를
창조해 내는 과업의 요지를 정확히 문자 그대로, 혹은
그에 가깝게 담고 있다). 우리는 크나크신 진짜 아버지
의 이름으로 우리의 작은 아버지들과 할아버지들을 공
공연히 규탄할 준비가 되어 있어야 했다. 국가는 가족
보다 우선이었다. 가족은 믿을 수 없는 집단이었다. 누
가 너희 아빠지? 잘 생각하고 대답해.

아버지 마차시가 세상을 떠난 뒤, 에슈테르하지
는 타락한 정권 속에서 상대적으로 청렴한 사람으로 여
겨졌던 아버지가 실은 비밀 경찰의 정보원이었다는 사
실을 우연히 알게 되었다. 아마추어 수준의 정보원이었
다. 그의 아버지는 첩보 활동에 취미를 붙이지도 않았

고 요령이 생기지도 않았지만, 출근 도장을 찍듯 규칙적으로 그 일을 했다. 그가 자기 담당자에게 첩보들을 전달한 때는 주로 아들과 함께 축구 시합을 볼 때였다. 아들에게는 언제나 아버지와 함께할 수 있었던 소중한 시간. 에슈테르하지는 어느 인터뷰에서 이렇게 말했다. 자기 아버지의 그런 행동이 무해할 수도 있다고 믿는 사람이 있다면, 그 사람은 아마 윤리적 사고 능력이 결여된 사람일 거라고 말이다. 그런 첩보들이 무해했던 적은 한 번도 없었다. 아들이 아버지에게 등을 돌리게 된 과정은 이렇다. 에슈테르하지는 책(이번에는 얇은 책이었다)을 한 권 쓰고 있었다. 그 책은 아버지를 밀고한 사람이 누구였는지—귀족 혈통이었던 마차시는 공산주의 정권이 들어선 헝가리에서 확실한 공격 대상이었을 터였다—알아보려고 공문서 열람을 요청했던 자신의 경험을 담고 있었는데, 정작 문서 속에서 그가 마주한 건 도리어 자기 아버지가 밀고한 사람들의 이름과 그들의 삶이었다. 이런 내용이 담긴 책 『개정판Javított kiadás』은 결국 영어로 번역되지 않았다. 영어를 사용하는 지역의 딸들과 아들들 가운데 자기 부모가 밀고자였음을 알게 된 사람들, 그래서 가족과 자기 자신에 대해 품고 있던 소중한 생각들과 어린 시절의 여러 기억을 수정해야 한다는 사실을 자각하게 된 사람들이 너무 적었던 걸까? 『개정판』의 영어판이 나오지 못한 이유는 아무도 모른다. 나는 그 책을 러시아어판으로 읽었다. 정신없이 단숨에 다 읽어 버렸다. 그런 다음 러시아 평론가인 그리고리 다셉스키가 쓴 글을 읽었다. 그 글은 『개정판』에서 에슈테르하지가 검은색과 붉은색 서체를 사용한 이유를 다음과 같이 설명한다.

> 그는 아버지에게서 자신을 분리 중인 게
> 아니다. ······그는 아버지를 자신에게서
> 추방하고 있고, 사실상 뽑아내고 있는
> 것이다. 그런 다음 그는 아버지에게 건네는
> 말들, 자포자기 혹은 비웃음이 담긴 듯한
> 말들 속에서 그 자신을 아버지와 다시
> 연결하려고 시도하고 있다.

담당자들에게 보내는 보고서에 적힌 아버지의 말들은 붉은 서체로, 에슈테르하지 자신이 그것들을 읽으며 보이는 반응은 검은 서체로 표기되어 있다. 그의 반응은 종종 줄임말 혹은 간단한 단어로 표현된다: '눈물', '자기연민', '내생(내게 떠오르는 생각은)', '내 상상'. 그의 반응은 수치와 역겨움에 사로잡혀 부모를 밀어낸 다음 그 몸을 다시 끌어당겨 그 일부를 고통스럽게 다시 끌어안는 것과는 다르다. 그의 반응은 정확히 말해 아버지를 뽑아낸 다음 자기 내면에 다시 집어넣어 가라앉히는 작업이다. 우리의 부모가 그들 자신이나 우리를 배신한다 해도, 우리는 그들이 그러지 않았을 때와 똑같이 우리 안에 그들을 품는 것이다.

　나는 라디오를 켜 놓은 채 지저분한 접시 무더기와 씨름하며 (누군가는 해야 하는 일이다) 저장 강박증에 관한 청취자 참여 프로그램을 듣는 중이다. 한 남자가 전화를 걸어 온다. 40대일 수도, 60대일 수도 있는 목소리를 지닌 남자다. "제 저장 강박증은 감사하게도 저희 부모님 때문인 것 같아요. 그분들은 공황기를 버텨 내느라 모든 걸 모아 두는 습관이 몸에 배어 버린 분들이거든요. 그리고 저도 그렇게 됐고요."

　이것은 태어난 환경이 사람에게 어떤 식으로 영향을 끼치는지에 관한 이야기이며, 동시에 운명이 어떻게 세대를 건너 이어지는지에 관한 이야기이기도 하다. 끊임없이 다시 말해질 수밖에 없는 이야기들. 부모로서의 고통, 슬픔, 학대 (당한 것이든 가한 것이든), 무관심, 손에 쥔 채 건네 주지 않은 애정, 마치 탱크처럼 자식의 삶을 밟고 올라가 터뜨려 버리기.

　'그들이 널 조진다고, 너네 엄마랑 아빠가.' 필립 라킨Philip Larkin의 이 시구 같은 우화로 가득 채워진 보르헤스풍 무한의 도서관.

　이보다 끝이 없는 주제는 없다. 우리와 부모에 관한 문제는 우리를 지겹도록 따라다닌다. 마치 여러 종류의 재앙이 동시에 발생할 수는 없다는 듯, 역사적인 재앙이나 개인적인 재앙이 가져온 공포를 없애 주기까지 하면서 말이다. 부모와 자식 사이에 전해지는 것들은 짙은 안개에 뒤덮여 있다. 너무 많은 의미와 지나치게 많이 발견된 공통점으로 이루어진 안개.

반향실에서보다 더 많이 들려오는 반향들!

폐쇄 루프 회로보다 더 많이 도출해 낸 입력값과 결괏값들![35]

게다가 나는 아직 아버지를 죽인다거나 어머니와 결혼한다거나 하는 이야기, 그리고 그 두 원형의 갖가지 변형들은 아직 건드리지도 않았다. 그런 이야기들은 지금도 쉼 없이 만들어지는 중이다.[36] 이렇게 과잉 생산되는 의미들은 지나치게 결정론적인 분위기를 조성한다. 어쩌면 로리 무어는 그런 분위기에 반기를 든 게 아닐까. 무어는 부모가 된 사람들이 스스로를 향해 '부모는 도공이고 자식들은 그 도공이 빚는 흙이다'라는 말을 얼마나 많이 되뇌어야 하겠냐고 묻는다. 당신이 그만큼 중요한 존재라는 망상, 스스로 증식하는 그 망상이 없다면 어떻게 평생에 걸쳐 자녀를 향한 헌신과 희생을 유지하겠는가? 이제 자식들에 대해서도 말해 보자. 늘 변명거리를—내 결함은 부모 탓이라는 이유를—찾아다니는 자식들, 그들은 자신들도 부모가 되고 나면 자기 망상이라는 시스템 속에 종속되리라는 걸 정

말 상상조차 하지 못하는 걸까? 필립 로스는 『포트노이
의 불평』에 다음과 같은 문구를 남겼다.

> 그 유대인 주화[37]에는 하나의 전설이
> 새겨져 있었다. 모든 유대인 어린이의
> 몸에 새겨져 있는 전설! 그건 바로 우리는
> 하느님을 믿는다가 아니라 언젠가 너도
> 부모가 되면 알게 될 거야다.

이 작품은 제2차 세계 대전이 끝난 뒤 미국에 살던 유대
인 부모들이 자기 자녀들에게 행사한 영향력을, 그 특
수한 힘을 전혀 특수하지 않은 것처럼 묘사했다.

나는 대단한 부모님을 뒀다. 대단한 유대인 부모
님을. 부모님은 내가 자라는 동안 내 인생에서 커다란
자리를 차지했지만, 그분들이 내게 '너무나도 중요하

---

35   외부 개입 없이 회로 자체의 로직만으로 반복 연산하는 시스템. 직전
       결괏값을 입력값으로 바꾸어 넣은 뒤 같은 연산을 반복한다.

---

36   오이디푸스 콤플렉스와 엘렉트라 콤플렉스라는 개념을 주창한
       프로이트와 그 뒤에 등장한 여러 정신/심리 분석 이론을 뜻한다.

---

37   Jewish Nickle. 주로 1930년대에 미국에서 만들어진 주화 모양의
       장식품. 실제 동전과 비슷한 크기로 만들어져 장난감 및 기념품으로
       사용되었다.

게' 다가왔던 적은 한 번도 없었다……. 내가 이런 생각을 다시금 떠올린 건 칼 오베 크나우스고르가 자기 아버지와의 관계를 묘사한 글을 읽을 때였다. 그에게 너무나도 중요하게 다가왔던 그의 아버지. 아버지가 나를 때리든 안 때리든 다를 건 없었다. 내가 두려워하던 것은 통증이 아니라 아버지 자체였다. 그의 목소리, 그의 얼굴, 그의 육체, 그리고 그것이 내뿜는 격노, 나는 그것들을 두려워했고, 그 두려움은 결코 수그러들지 않았고, 내 어린 시절 내내 하루도 빼놓지 않고 그 자리에 머물렀다. 나는 부모님을 심각할 정도로 무서워했던 적이 없다. 나는 공포로부터 해방돼 있었고, 그건 분명 나와 내 삶에 관한 매우 중요한 사실일 것이다. 그리고 그만큼 중요한 사실이 하나 더 있다. 오스트레일리아로 이민을 왔을 때 10대였던 나는—무의식적인 선택이든 아니든—부모님의 삶을 복제할 위험에 처하지 않았다는 것이다. 우리가 떠나온 나라는 얼마 지나지 않아 무너졌고, 우리가 당도한 나라에 존재하던 모든 것은 내 부모님이 알고 있거나 상상할 수 있었던 그 어떤 것과도 비슷하지 않았다. 덕분에 자유로워진 사람, 그게 나였다. 제1 세계가 아닌 지역에서 이주해 온 부모들은 대개 자기 자식들이 사회적·경제적 기반이 전혀 없는 이곳에서 보잘것없는 사람으로 살아가는 치욕을 겪지 않기를, 달리 말하면 자기들과 마찬가지로 '어쩔 수 없이 똥이나 먹고 살지 않기를(내 부모님이 한 말은 아니다)' 바랐다. 결국 그들은 자식들에게 성공하라는 압박을 가했다. 그러나 내 부모님은 흔들림 없이 계속 내 자율성을 존중해 주셨다. 아마도 일부러 그런 건 아니었던 것 같지만, 어쨌든 그분들은 나를 '가족'의 요구에 부응하는 일로부터 해방해 주었다. 여기서 '가족'이란 마치 생명체처럼 늘 스스로를 재확인하며 계속 살아남으려 하는 하나의 개념체다. 지금 살아 있는 구성원뿐 아니라 이미 죽은 구성원과 아직 태어나지 않은 구성원까지 포함하고 있는 거대한 개념체.

　　내 부모님이 말씀하신 바에 따르면, 사람은 자식을 낳으면 자기 안에 있는 조짐들(즉, 자기 부모님과 똑같은 특징을 드러낼 조짐들)을 알아차리기 시작하게 된다고 한다. 하지만 나는 내 첫아이를 혼자 낳았고, 한부모가 되는 경험도 했다(이 역시 내 부모님에게는 이질적인 경험에 속한다). 특히 우리 가족이 아직도 좀 낯설어하는 법률에 의해 돌아가는 나라에서 한부모가 되었다는 사실은 나를 가족으로부터 더욱 자유롭게 만들어 주었다. 물론 내가 자유로워진 건 다른 이유 때문일 수도 있다. 그때 나는 너무 젊었고, 스스로 고안해 낸 계명誡命들이 머릿속을 이미 다 채우고 있었고, 어떤 엄마가 되어야 할지 '스스로 많이 생각했고', 삶에 찌들어 있지도 않았으며, 거기에 더해 내 부모님의 양육 방식에 감사하고 있었고, 억지로 그분들을 거스르려 하지도 않았던 것이다. (크나우스고르는 아이가 넷이었고, '그 애들을 키우면서 내가 달성하려 애쓴 단 한 가지 목표는 그 애들이 아버지를 두려워하지 않게 만드는 것이었다.') 정해져 있는 가족의 각본을 독창성 없이 재현하거나 거부해야 하는 일로부터 자유로웠던 나는 '부모님의 딸'로서의 나 자신을 찬찬히 관찰할 수 있었다. 물론 때로 내 부모님은 임신한 여자의 배를 밀며 불쑥 튀어나오는 아기 다리처럼 내게서 튀어나오곤 했다. 때로 그분들은 내 안을 가득 채워 다른 모든 소리를 들리지 않게 함으로써 불안한 고요가 자리잡을 공간을 만들어 내는 백색소음이기도 했다. 내가 가졌던 자유를 과장할 생각은 없다. 그 자유는 언제나 일시적이고 부분적이었을 뿐이니까. 하지만 나이를 먹어 갈수록, 다시 말해 다른 사람들의 삶이 그려 온 궤적들을 얼핏얼핏 보게 되는 일이 많아질수록 내가 가졌던 자유는 믿기 어려울 만큼 희귀했던 것 같다.

　　어느 날 나는 케이티와 브린에 대한 생각을 머릿속에 내내 품은 채 리사와 이야기를 나누었다. 주제가 가족 이야기로 바뀌자 리사는 이런 말을 했다. "가족 중에 자살자가 있다는 건 이마에 새겨진 십자 표시 같은 거죠." 나는 리사 아버지의 형제자매 두 명이 모두 자살했다는 사실을 그 순간까지 전혀 모르고 있었다. 리사는 자신도 그렇게 될 거라고 수십 년 동안 믿어 왔다고 했다. 그런 고백과는 가장 멀리 떨어져 있는 사람처럼 보였었는데 말이다. 나는 그에게서 심각한 자기 파괴적 충동의 징후들은 발견하지 못했지만, 그의 내면까지 바라볼 수는 없었다. 알고 보니 리사는 30대 때 자기 머리를 날려 버리는 상상을 하며 잠자리에 들었다고 했다. 그 상상 속의 장면은 리사의 외부로부터 전해진 것이었고, 그는 그것을 없앨 수가 없었다. 그 장면 속에 도사린 중력장은 리사가 아니라 '그들'의 것이었지만, 뭔가가, 그것이 남긴 자국 같은 뭔가가 리사의 내면에 달라붙어 있었다. 그러다 그 상상은 결국 멈췄다. 마치 리사가 성장해 거기서 벗어난 것처럼.

리사에게서 이 이야기를 듣자마자 내 두 귀가 열렸다. 그때부터 이마에 새겨진 십자 표시 이야기를 하는 사람들의 말이 들리기 시작했다. 그전까지 나는, 혹은 그 이야기는 어디 있었던 걸까? 식탁 위에 남은 잔해를 치우면서 들으려고 부엌 라디오 채널을 획획 돌리던 나는 미국 작가 데이비드 밴David Vann이 털어놓는 이야기를 듣게 되었다. 누군가가 자기 부모의 자살에 대해 얼굴조차 볼 수 없는 타인들을 향해 그렇게 터놓고 이야기하는 건 그전까지는 들어본 적이 없었다. 나는 밴에게 사로잡혔고, 그가 쓴 모든 글을 읽었으며, 찾을 수 있는 모든 인터뷰를 다운로드했다. 그의 아버지가 목숨을 끊었을 때 그는 열세 살이었다. 그 사실이 부끄러웠던 그는 사람들에게는 아버지가 암으로 돌아가셨다고 말하곤 했다. 자신도 아버지의 운명을 되풀이하게 될 거라는 예감으로 속을 태우기도 했다. 그 일은 이런 식으로 일어날 것이었다. 즉, 그는 바닥으로 굴러떨어질 것이고, 그러면 "자살은 그냥 저를 기다리고 있을" 것이었다. 밴은 말했다. "저는 20년 동안 불운doom이 찾아올 거라는 느낌을 지니고 살았어요. 그 느낌을 표현할 수 있는 말이 그것뿐이네요. 그 단어가 갖고 있는 모든 뜻이 다 적용되거든요.[38] 상황은 나빠질 거고, 그러면 우울해질 거고, 그건 막을 수가 없을 거고…… 전 그렇게 될 거라 믿었어요."

그런 믿음 속에서 살아가던 그는 어느 날 바닥으로 굴러떨어졌다. 상황이 충분히 나빴던 까닭에 그는 '그 일'이 다가오고 있다고 생각했다. 그리고…… 그는 자신에게 자살하고 싶다는 욕구가 전혀 없음을 깨달았다. 그게 그가 마침내 자유로워지기 위해 필요로 했던 것이었다. 그곳에 직접 도달해 스스로 알게 되는 것.

20년. 내가 물어본 몇몇 심리학자들과 정신과 의사들은 그 정도의 시간이 걸렸다는 이야기를 자주 듣는 듯했다. 가족 안에서 일어난 자살은 계속 닫혀 있는 게 좋은 문 하나를 열어 버릴 수 있다. 그러면 그 문은 이후 충분히 세차고 꾸준한 바람이 불어올 때마다 마치 위협하거나 초대하듯, 혹은 위협하는 동시에 초대하듯 열렸다 닫히기를 반복한다. 바람에 반응해 열렸다 닫혔다 하는 그 문은 사람들이 지어낸 '자살 유전자' 같은 표현과는 전혀 닮은 데가 없다. 자살한 시인 실비아 플라스의 아들이었던 니콜러스 휴즈가 자살했을 때, 말하자면 '화제의 유전자'가 된 그의 유전자에 관한 이야기는 멍청한 언론들로 이루어진 싸구려 가판에서 오랜 기간 동안 간판 상품 역할을 했다. '자살 유전자'는 '연쇄 자살'보다는 어감상 더 쉽게 와닿는 표현이지만, 여전히 나는 이 단어를 접할 때마다 움찔한다. 자살이 남길 수 있는 것들을 멋대로 요약해 버리는 무리하고 어설픈 언어들은 진짜 언어가 나타날 때까지 그 자리에 세워진 대역처럼 느껴진다. 우리는 이리저리 목을 꼬며 기다리지만 진짜 언어는 여기 없다.

나는 그 십자 표시에 대해, 그리고 그 표시가 새겨지는 이마에 대해 알고 싶다. 부모가 고통스러워하다 자살했다는 기억에 시달리고, 그 기억에 의해 삶의 형태가 결정되어 버리는 상황은 그렇다고 치자. 하지만 당신 스스로 인생을 일궈 낸 뒤에도 그저 불운으로 인해 부모의 고통을 되풀이하게 되는 상황은 그것과는 또

---

38   doom은 불운, 파괴, 파멸, 죽음 혹은 피할 수 없는 최악의 상황을 뜻하는 단어다.

다르지 않은가? 부모의 죽음 속에 갇혀 버린 어느 아이의 모습이 내 머릿속을 떠나지 않는다. 거기서 과거는 무언가를 불러일으키고, 그 무언가는 자신이 세대를 건너 전해지는 운명이라고 주장한다. 선택의 여지를 주지 않고 멋대로 뻗어 가는 이 '운명'은 커다란 지정학적 사건들, 예컨대 약탈이나 종교적 박해, 집단적 트라우마 같은 것들로부터 생겨난 게 아니다. 그것은 피부 아래에서 맴도는, 누구도 파악하거나 통제할 수 없는 힘으로부터 생겨난다. 타인의 영혼, 그리고 그 영혼(들)이 지닌 질병들과 가장 절실히 갈망하는 것들. 가족이 당신을 향해 펼치는 거미줄들. (그리고 유전자.) "그가 지닌 기질이 곧 그의 운명이다"라는 헤라클레이토스의 말은 틀리기보다는 옳을 가능성이 더 높다. 크나우스고르는 어떤 인터뷰에서—그는 엄청나게 많은 인터뷰를 해 왔다—운명에 대해 어떻게 생각하느냐는 질문을 받는다. 그는 더 이상 운명을 믿는 사람은 없다고 말한다. 이제 운명은 죽은 개념이고 시대에 뒤떨어진 개념이죠. 그래요, 그런데…… 우리는 열 세대 전에 이곳에 있었던 사람들과 똑같은 인간, 똑같은 존재잖아요. 그렇다면 한때 우리가 진실이라 여겼던 개념들에게 무슨 일이 일어났던 걸까요? 그것들은 다 어디로 가 버린 걸까요?

그것들은 어디로도 가지 않았다. 심지어 이 세상이 무너뜨릴 수 없는 자유 의지라는 불길로(혹은 그와

고통을 말하지 않는 법

비슷한 그 무언가로) 환히 밝혀져 있다고 믿고 있는 이들조차 그 옛 믿음들을 소멸시킬 수는 없다.

흔한 생각이긴 하지만, 나는 늘 부모가 자식을 잃는 것보다 더 나쁜 일은 없으리라 생각해 왔다. 그런데 지금은 부모가 자살하면서 뒤에 남겨진 자식들을 떠올리면 얻어맞는 것처럼 아프다. 그들은 무엇과 함께 남겨지는가. 그건 하나의 예감이다. 털어 버릴 수도 없고 의지로 없애 버릴 수도 없는 예감. 자신이 틀림없이 부모의 마지막 행동을 되풀이하게 되어 있다는 예감. 그 '마지막 행동'을 선택이라고 부르지는 말자. 그것은, 적어도 가끔은, 생각보다 훨씬 복잡한 일이다.

어맨더가─우리는 브린의 학교에 다녔던 스티븐에 관한 이야기를 나누려고 만났지만, 대화는 결국 흘러가야 할 곳으로 흘러간다─나를 마틴에게 소개해 준다.

아버지가 스스로 목숨을 끊었을 때 마틴은 스무 살이었다. 이제 그 두 배의 나이가 된 마틴은 스무 살이 어린 나이라고 느낀다. 그때는 그렇지 않았다. 그때 그는 자신이 잘 대처할 만큼 충분히 나이를 먹었다고 생각했다. 마틴은 4남매 중 둘째다. 누나 한 명과 여동생 두 명이 있었는데, 그 넷 모두가 다섯 살이 채 안 된 아이들이었던 때도 있었다. "엄마가 그러셨는데 아버지는 저희가 아기였을 때는 괜찮으셨대요." 하지만 그들이 어린이가 되고 또 청소년이 될 때쯤, 아버지는 '괜찮음'과는 상당히 멀어져 있었다. 우울했고 감정적으로 멍했으며, 분노에 시달렸고, 피해망상도 있었다. 아내를 질투하기도 했는데, 특히 아내가 친구들과 외출할 때면 그랬다. 마틴 부모님의 말다툼은 거리로 쏟아져 나갔다. 온 동네가 그 시끄럽고 난폭한 소리를 들었다. 마틴의 절친한 친구, 옆집에 살고 있었던 그 친구도 분명 그 소리를 들었을 터였다. 그럴 때면 마틴은 수치심으로 부글부글 끓었다. 하지만 그렇다고 부모님이 헤어지기를 바랄 수 있을까? 그건 대놓고 무너져 버린 부모님의 결혼 생활보다 더 나쁠 것 같았다. 마틴은 내게 말한다. "제가 여덟 살이나 아홉 살쯤 됐을 때 엄마는 제게 와서 물으시곤 했어요. '나, 그 사람한테 돌아가야 할까?' 그렇게 물으시던 게 분명히 기억나요. 저는 부모님이 헤어지는 것 같은 수치스러운 일은 원치 않았어요. 그래서 엄마한테 돌아가는 게 좋겠다고 대답했죠."

그들은 영국 북부의 작은 도시에서 살았다. 상황이 통제가 안 될 때면 아이들은 가까이에 있던 조부모님 댁으로 갔다. 거기서 며칠을 보낸 뒤 집으로 돌아가 보면, 집은 다시 조용해져 있었다. 독실한 가톨릭 집안이었던 그 집의 아이들은 자신들이 처한 상황을 이렇게 평가했다: 그들의 어머니(마틴의 눈에는 최고로 대단한 어머니였다)는 선한 사람이자 무죄한 사람이었고,

반면에 그들의 아버지는 악한 사람 즉 사악한 남편이자 아빠였다. 아버지에게 맞은 적은 한두 번밖에 없었지만, 마틴은 아버지를 무서워했다. "한참이 지난 뒤에, 저는 엄마한테 남의 화를 돋구는 면이 있다는 걸 깨달았어요. 논쟁을 엄청 하고 싶어 하는 면이 있었죠. 저는 엄마가 그냥 좀 조용히 해 주길 바라곤 했어요." 마틴은 어머니가 아이들에게 신체적으로 필요한 것들은 챙겨 주지만 감정적으로 곁에 있어 주지는 않는다는 것을, 그리고 아버지는 아버지만의 방식으로 아이들을 사랑하고 마음을 쓰고 있다는 것을 알게 되었다. 자연을 사랑했던 아버지는 휴일이면 식구들을 굉장한 곳들로 데려갔다. 아름다운 곳들 중에서도 손꼽힐 만큼 아름다웠던 그곳들은 마틴의 친구들 대다수가 한 번도 가보지 못한 장소들이었다.

"어린 시절에는, 전 정말로 혼자만의 세계에 틀어박혀 있었어요. 남자들, 특히 나이 많은 남자들과 엮였을 땐 정말로 문제가 많았어요." 중고등학교 생활은 힘들었다. 대학은 "3년 동안의 지옥"이었다. 삶은 절대 쉬워지는 법이 없었다. "저는 평생을 착한 아이로 살았는데, 그건 정말로 어려운 일이에요. 왜냐하면 사람이 항상 착할 수는 없으니까요. 착한 아이가 되지 못했을 때마다 제 모습이 끔찍해 보였어요." 착해지고 싶어 한다는 건 자신의 진정한 모습을 알아내지 못하게 된다는 뜻이기도 하다. 마틴은 아직도 일자리를 찾는 데 어려움을 느끼고, 일을 그만두지 않고 계속하는 것 역시 힘들어한다. "누군가가 화가 나 있으면 저한테 화가 난 거라는 생각이 들어요. 저하고는 전혀 아무런 상관도 없을 텐데도 저 때문에 그런 것처럼 느껴져요." 그런 식으로 살아간다는 건 매우 지치는 일이다. 그런 삶에는 오직 공포로부터 생겨나 몸속과 머릿속을 세차게 흘러 다니는, 당신이 겨우 감당할 수 있을 만큼의 아드레날린만이 존재할 뿐이다. 마틴의 아버지는 마틴이 대학에 가기 위해 독립한 지 3개월인가 4개월 뒤에 죽었다. "제가 떠나면서 상황이 정말 나빠졌어요. 엄마는 제가 쓰던 방으로 옮겼다가 아파트로 이사를 가셨어요." 마틴의 아버지는 자신의 부모님 댁으로 가서 살았는데, 거기서 스스로 물에 빠져 죽었다. 마틴의 누이들이 전화로 그 소식을 알려 주었다.

소식을 들은 마틴은 무감각한 상태로 기차에 탔다. 눈물은 한 방울도 나오지 않았다. 장례식은 끔찍했다. 조부모님은 자기 아들의 죽음이 며느리와 손주들 탓이라고 비난하고 있었다. "그리고 저희는 엄마 쪽 친척들과 함께 있었는데, 그분들은 아버지가 얼마나 나쁜 사람이었는지 이야기하고 있었죠. 그래서 터놓고 슬퍼할 수도 없었어요." 장례식이 다가왔고, 지나갔고, 마틴은 여전히 울지 않고 있었다. 그의 가족 가운데 이 죽음이 자살이었다는 말을 꺼내지 말자고 제안한 사람은 아무도 없었지만, 다들 알아서 그런 식으로 행동했다. "그러면 그 일에 대해 점점 더 말을 안 하게 돼요." 마틴이 아무에게도 그 이야기를 하지 않은 지 수년이 지났다. 지금도 그 시절을 말하는 게 쉬운 일은 아니지만, 마틴은 상황만 괜찮다면 이야기하는 것 자체를 힘들어하지는 않는다.

한때 마틴은 운전하는 내내 누군가가 자신을 차로 들이받아 주기를 바라곤 했다. 자살이라는 선택지는 이미 아버지가 훔쳐 간 뒤였다. "아버지가 저희한테 한 짓을 저를 사랑하는 사람들한테 똑같이 저지르려면, 저는 얼마나 나쁜 인간이어야 하는 걸까요?" 하지만 그는 아버지를 탓하지는 않는다. 오히려 나이가 들면서 아버지를 점점 이해해 가는 중이다. "지금까지 저한테 가장 어려웠던 건 그런 거예요. 어쩔 수 없이 아버지하고 똑같은 일을 해야 할 때마다 실패해 버릴 거라는 느낌을 받는 거요." 그 똑같은 일들이란 남편 되기, 아버지 되기, 분노를 억제하기, 세상에서 자기 자리 찾아내기, 수치심과 우울함이 사람들과의 관계에서 생겨나는 생기와 희망을 빨아먹지 못하도록 막기 같은 것들을 말한다. 마틴은 "부모란 사람의 인생에서 가장 핵심적인 존재"라고 말한다. 부모가 아이들 곁에 머물기는 하되 진정으로 곁에 있어 주지 않는 것, 그게 마틴이 꼽은 최악의 상황이다. 왜냐하면 우리는 지지와 보호와 인정을 얻기 위해 곁에 있는 부모를 계속 찾아가게 되는데, 그들에게서 거부당하는 순간 우리 안의 무언가는 세상으로부터 더 먼 쪽을 향해 뒷걸음질 치게 되기 때문이다. 그가 온종일 이런 생각을 머릿속에 담고 있는 건 아니지만, 그런데도 그는 매년 주기적으로 병적인 과민함에 휩싸이곤 한다. 그럴 때마다 그는 세상이 왜 이렇게 느껴지는지 궁금해하고, 가끔은 그의 아내가 이렇게 말한다. "당신 아버님 기일이잖아."

나는 운명에 묶여 있는 느낌에 관해 묻는다. 그건 어떤 느낌이냐고.

"종종…… 제가 아버지로 변한 듯한, 아버지의 두 눈을 통해 세상을 보고 있는 것 같은 느낌이 잠깐씩 들어요. 저도 알아요. 좀 섬뜩하게 들리는 얘기죠. 하지만 정말 아버지는 거기 있고, 그걸 피할 수는 없어요. 아버지는 항상 저랑 같이 있을 것 같아요. 저는 절대 거기서 벗어나지 못할 거고요. 제가 요즘 깨달은 게 있거든요. 어쩌면 예전에 깨달은 적이 있었던 걸 새삼 다시 깨달은 걸 수도 있지만, 어쨌든 그 깨달음이 뭐냐면, 제 외모가 아버지를 닮았다는 거예요. 어딘가에 비친 제 그림자를 보면 아버지가 얼핏 보여요. 그렇게 닮았다는 느낌 때문에 정말 오랫동안 거울을 쳐다보질 못했거든요. 수치심 같은 게 든달까…… 분명 아버지도 저처럼 굉장

고통을 말하지 않는 법

히 수치스러워하셨을 거라는 생각이 들어요. 저는 면도할 때만 거울을 봐요. 우리 머릿속에는 어쨌거나 자기 외모에 관한 이미지가, 그러니까 세상 사람들 눈에 우리가 어떻게 보이는지에 관한 이미지가 항상 들어 있게 마련이잖아요. 저는 지금까지 조심해 왔어요. 제가 아버지인 줄 알고 한 번 더 돌아보는 세상 사람들을 상상하면서…… 자신도 모르게 외모를 바꿔 보려고 애쓰게 되죠. 덕분에 이제는 사람들도 저를 위협적인 존재로 보지 않아요."

마틴을 더 나아지게, 더 자유롭게 만든 계기는 이것이다: 그는 아이를 낳았다. 그리고 좋은 아빠가 되어 주고 있다(여전히 신중하게 자신을 조절해야 하지만). 그리고 그에게는 아내가 있다. 헤어졌다가 재결합했고, 아슬아슬한 시기를 여러 번 거치는 바람에 죽도록 지쳐 있긴 하지만, 그의 아내는 지금 그의 곁에 있다. 그들은 서로를 사랑한다. 그의 아내는 그를 위해 싸워 주었다. 어맨더 또한 그 싸움에 함께하고 있는 것이다. 마틴이 맞서고 있는 문제, 즉 부모의 고난이 자식에게서 다시 되풀이된다는 그 문제는 하늘의 별들이나 율법을 써넣은 서판이 전해 주는 숙명처럼 절대적이지는 않다. 마틴이 오랜 시간에 걸쳐 혼자 힘으로 조금씩 그러모은 해방이 이토록 미약한 건, 그가 상대해야 하는 대상이 그의 내면에 그만큼 깊이 박혀 있기 때문이다. 아마도 그의 아내가 그를 구한 것 같다. 이제 그는 자신에게 선택지가 없다고 생각하지 않으며, 아버지의 방식으로든 어떤 방식으로든 죽기를 바라지 않는다. 우리는 작별 인사를 하고, 그는 자기 아이에게, 나는 내 아이에게 달려간다. 그런데 이 마무리가 해피엔딩으로 느껴지지는 않는다(비록 그가 여전히 살아 있고, 아버지이자 남편이 된 그가 더할 나위 없이 행복해하고 있다는 걸 알지만 말이다). 한 남자가 자기 아버지의 삶으로부터, 그다음에는 그 자신의 죽음으로부터 분리되려고 애를 쓰면서 40년이나 보내야 한다는 게 너무 가슴 아프기 때문이다.

나는 정신과 의사인 폴 발렌트에게 이마에 새겨진 십자 표시에 대해 묻는다. 우리는 아동 홀로코스트 생존자들에 대해 이야기하려고 만난 참이고, 발렌트 자신도 그 생존자 중 한 명이다. 우리의 대화는 깊이 들어갈 수밖에 없는 곳에서 깊이 들어가게 되고, 그렇게 해서 나는 그에게 리사와 마틴과 데이비드 밴에 대해 이야기하고 있다.

내 얘기를 들은 발렌트는 이렇게 말한다. "그건 질병에도 마찬가지로 적용되는 얘기예요. 사람들은 자기 부모님이 돌아가신 나이가 되면 자기가 부모님의 죽음을 유발했던 병에 걸렸다고 믿게 되거든요. 아니면 실제로 그 병에 걸려서 딱 그 나이에 죽기도 하고요. 그런

고통을 말하지 않는 법

상황과 똑같은 전개가 펼쳐지는 경우가 있는데요," 발렌트는 말한다. "가족 중에 죽은 형이나 누나나 오빠나 언니가 있는 동생들이 그 손위 형제가 죽은 나이에 다다르면 사고를 당하는 거예요." 나는 오스트레일리아의 여성 작가인 로빈 데이비드슨Robyn Davidson의 인터뷰를 읽은 적이 있다. 어머니가 자살했을 때 데이비드슨은 열한 살이었다. 이후 그는 그 일에 대해 집착하듯 깊이 생각하지 않았고, 자신에게 치명적인 상흔이 남았다고 상상하지도 않았다. "저는 어떤 식으로든 죄책감이나 슬픔을 느꼈던 기억은 없거든요. 그러다가 마흔여섯 살이 됐는데, 그게 어머니가 돌아가실 때 나이였는데요, 타격이 왔어요." 그는 수십 년간 아무 일도 겪지 못했다가 매복 공격을 받은 것이다. 내내 머리 위를 맴돌다가 강습하듯 이루어진 공격이라기보다는 잠복 기습에 가까웠다. 나는 한 여성과 이야기를 나눈다. 그는 어렸을 때 어머니를 병으로 잃었지만 남은 중고등학교 생활을 씩씩하게 마쳤고, 이어서 대학교에 진학했고(가족 중에서 최초의 대학생이었다), 그다음에는 공무원이 되었고, 그러다 자기 어머니가 돌아가신 나이에 다다랐고…… 무시할 수 없을 만큼 몸이 약해지더니 의사들도 설명할 수 없는 원인 불명의 고통이 찾아왔다. 그는 몇 달간 일을 쉬며 침대에 누워 있었다.

"쭉 순서대로 흘러가는 시간이 있어요." 발렌트는

내게 말한다. "그리고 순환하는 시간이 있죠. 그건 경험
으로 만들어진 시간이에요. 그 시간 속에는 정서적인 의
미, 존재론적인 의미가 있습니다. 농부들이 추수에 관해
생각하는 방식과 비슷해요. 씨 뿌릴 때가 있고 거둬들일
때가 있는 거죠. 살 때가 있고 죽을 때가 있는 겁니다."

　　호바트에 있는 모나 예술 박물관에 찾아간 나는
관객들이 빠지기를 기다렸다가 안젤름 키퍼의 작품 「떨
어지는 별들, 그릇들의 부서짐Sternenfall/Shevirath ha Kelim」 앞
에 가서 선다. 이 박물관의 내부에는 대체로 자연광이
들지 않는다. 하지만 키퍼의 이 조형 작품 한 점만을 위
해 지어진 특설 건축물의 두 벽면 일부는 바닥에서 천
장까지 유리창으로 이루어져 있다. 유리로 된 통로를
따라가면 그곳이 나온다. 더 많은 빛이 들어온다. "키
퍼가 특설 건축물을 달라고 했으니, 그놈의 특설 건축
물을 줘야죠, 뭐." 이 박물관을 세운 데이비드 월시David
Walsh의 태도는 이런 식이다. [39] 이 작품은 네 단짜리 책
장에서 쏟아져 나오고 있는 거대한 책들로 이루어져 있
다. 이 책들은 온통 납으로 만들어져 있고, 그 페이지 사
이사이에는 곧 바닥으로 떨어져 산산조각 날 것처럼 보
이는 들쭉날쭉한 모양의 창유리가 여기저기 심겨 있다.
바닥에는 이미 여러 개의 유리 파편이 여기저기 흩어져
있다. 마치 유리가 떨어져 깨지는 일은 멈추지 않을 거
라는 듯이, 멈출 수도 없다는 듯이. 그 파편 중 일부에는

고통을 말하지 않는 법

나사NASA의 과학자들이 별들에 부여한 분류명들, 즉 기나긴 숫자들이 새겨져 있다.

'그릇들의 부서짐'이란 카발라[40]에 나오는 개념이다. 거기서 하느님은 천지 창조 도중에 신성한 빛을 열 개의 그릇에 부었는데, 알고 보니 그 그릇들은 빛을 담을 만큼 튼튼하지 못해서 대부분 산산조각 나 버렸다. 번뜩이는 신성의 빛은 셀 수 없이 많은 파편 속에 간힌 채 물질계로 떨어져 내렸고, 그렇게 해서 랍비인 아딘 스타인살츠Adin Steinsaltz가 '아직 희망이 남아 있는 모든 가능 세계possible world 가운데 최악의 세계'라 평했던 우리의 세계에 악과 불화가 들어오게 되었다. (한편, 우리의 세계는 또한 가능 세계 가운데 최선의 세계이기도 하다. 스스로를 복구하고 되찾을 수 있는 가능성을 품고 있기 때문이다.)[41] 키퍼의 작품이 항상 그랬듯, 그가

---

39 데이비드 월시는 스포츠 도박 사이트를 운영해 큰 돈을 번 뒤 미술품 수집에 뛰어들어 미술관까지 열었다. 그는 자신이 세운 모나 예술 박물관을 '성인을 위한 반체제 디즈니월드'라 평했다.

40 중세부터 근세까지 퍼진 유대교 신비주의, 혹은 그 가르침을 기록한 책

---

41 카발라에 의하면 '깨진 그릇'은 불행한 세계를 뜻하는 동시에 그 세계를 원래의 모습으로, 즉 조화로운 상태로 되돌려 놓아야 한다는 의무를 뜻한다. 따라서 불행은 형벌이 아니라 인간이(혹은 신앙이) 마주하고 풀어야 할 숙제가 된다.

재현한 천지 창조 신화 속의 한 장면을 채우고 있는 것은 비교적 최근의 역사다. 재로 만들어진 듯한(실제로는 납으로 만든) 특대 사이즈 책들은 분서 사건을 떠오르게 하고, 깨진 유리는 '수정의 밤'을 상기시킨다.[42]

주위에는 아무도 없다. 몇 분이 흐른다. 내가 이 작품을 보는 게 처음은 아니다. 내가 그 자리에 얼어붙었다고는 말할 수 없지만—그건 너무 과한 표현이다—내 자신이 다른 무언가로 변하는 듯한 느낌이 든다. 나를 이루는 요소들이 재배열되는 느낌. 키퍼가 했던 말이 내 머릿속으로 들어온다. "나는 끝이라는 개념에, 모든 것이 천국 아니면 천벌로 끝난다는 개념에 반대한다."[43]

이게 바로 세상의 모습이라고 나는 생각한다. 별들은 유리 파편들처럼 하늘에서 쏟아진다. 시간은 자기 안에 영원을 위한 자리를 마련한다. 창조는 언제나 하나의 재앙, 산산조각이 나는 일이다. 모든 일은 이미 일어났다. 과거는 누군가가 무언가를 비난하기 위해 내민 손가락 같은 모습으로, 혹은 긴 로브가 드리운 그림자 속에 숨은 채 무언가를 털어놓는 사람 같은 모습으로 현재를 통과하지 않는다. 과거는 내가 그럴 거라고 했잖아라는 말도, 그 모든 건 거기서 시작됐습니다라는 말도 아니다. 그것은 한밤중에 문을 두드리는 소리다. 당신은 문을 열지만, 거기에는 아무도 없다. 너무 늦은 시각이라 저기 길모퉁이 집에 사는 그 사나운 남자애들이 틀림없다고 되뇔 수도 없고, 밤새 소라게처럼 말똥말똥 깨어 있었던지라 잠결에 문 두드리는 소리를 들었다고 착각했을 리도 없다. 이것이 세상의 모습이다. 별들이 마오쩌둥의 중국에서 총에 맞은 새끼 참새들처럼 하늘에서 떨어진다. 책들이 불멸의 존재인 건 단지 그것들을 재로 바꿔놓는 일이 (건물을 폭파하는 일과는 달리) 너무도 쉽기 때문이다. 책들이 불멸의 존재인 건 그저 그것들이 먼지로만 남은 흔적처럼, 씨앗들처럼, 기억들처럼, 찢겨 나간 파편들처럼 세상 곳곳에 흩어짐으로써 살아남을 준비를 단단히 해 놓았기 때문이다. 우리에 관해, 나와 당신에 관해 말하자면, 아, 그건 간단하다. 우리는 부서진 그릇들이다. 우리보다 앞서 왔던 사람들을 품고 있는, 그리고 사방에 그들을 쏟아내고 있는.

---

42 분서 사건은 1933년 5월 10일 있었던 베를린 분서 사건을 뜻하는 것으로 보인다. 이날 나치를 지지하는 우익 청년들이 베를린 곳곳에서 반독일적이라 판명된 여러 작가의 책을 불태웠다(약 25,000권). '수정의 밤'은 1938년 11월 9일 저녁부터 다음날까지 나치와 독일인들이 유대인들의 상점과 회당을 공격한 사건을 뜻한다. 부서진 유리창 조각들이 수정처럼 보였다는 데에서 유래한 이름이다.

---

43 이 조각상 상단에는 유리로 만든 초승달 모양의 구조물이 달려 있고, 거기에는 아인 소프Ain Soph라고 쓰여 있다. 이는 히브리어로 '끝이 없음' 혹은 '무한'을 뜻한다.

3부

러시아 모스크바에서 몇 킬로미터쯤 떨어진 어느 소도시. 고등학생 몇 명이 일기장 한 권을 발견했다. 제2차 세계 대전 때 살육된 소년들과 같은 세대에 속하는 한 청년의 일기장이었다. 1910년대 말이나 1920년대 초에 태어나 1945년 무렵에 세상을 떠난 이 세대는 다른 유럽 대부분의 국가에도 존재했지만, 특히 소련—"죽을지언정 물러서지 마라"(이오시프 스탈린)—에서는 인구 통계에 블랙홀을 남길 정도로 커다란 시련을 겪었다.[44] 학생들은 일기장을 학교로 가져갔다. 그 일기장에는 역사적으로 중요한 문서 진본 특유의 분위기가 감돌았는데, 도서관이나 기록 보관소 같은 곳에 안락하게 자리 잡은 물건이 아니었던 까닭에 그 분위기는 두 배로 강렬했다. 학생들은 그것을 일종의 무명 상태로부터 구해 낸 것이었다. 그 사실을 자각했던 학생들은 이 일기장에 더욱 마음을 쓰게 되었다.

일기장의 주인이었던 청년은 대공포 시대의 정

점이었던 1937년에 내무 인민 위원부[45]의 '비밀경찰' 학
교에 들어갔는데, 그곳은 간부급 정예 요원들이 소련
내부의 적들을 색출하기 위한 훈련을 받던 곳이었다.
그런 적들은 150만 명이나 체포되었고 그중 70만 명 이
상이 총살되었다. 청년은 열성적인 신념 속에서 수업에
임했다. 수업이 3개월째에 접어들 무렵, 그의 부모님은
정확히 그들의 아들이 축출해 내도록 훈련받은 반 소비
에트 분자—스파이, 테러리스트, 방해 공작원—로 지
목되어 체포되었다. 청년은 인민의 적의 아들에게 주어
질 법한 처분을 받았다. 그는 즉시, 그리고 어떤 불필요
한 세심한 절차도 없이 내무 인민 위원부 학교에서 퇴
학당했다. 이것이 당시 소련 체제가 작동하던 방식이었
다(서구 세계는 솔제니친의 『수용소군도』를 통해 그 방
식을 알게 되었다). 일단 한 명의 적이 발각되면, 그와
가장 가까운 친지들은 그저 한 줌의 가엾은 가족 구성

---

44 소련은 제2차 세계 대전에서 가장 많은 사망자를 기록했다. 군인은
최소 1천만 명 이상, 민간인은 약 1천5백만 명이 사망한 것으로
추정된다. 두 번째로 군인 사망자가 많은 나치 독일의 추정 사망자는
약 3백2십만 명이다.

45 NKVD. 1934년부터 1946년까지 존재한 소련의 통합 치안/방첩 기관.
현재로 비유하면 내무부와 경찰, 검찰을 한데 통합한 조직체로 볼 수
있다. 그만큼 전무후무한 권력을 가졌던 이 기관은 특히 1930년대에
수많은 악명을 쌓았다.

원 이상의 존재가 되었다. 그들은 적의 아내, 적의 어머니, 적의 자식이었고, 그건 그들 역시 적에 해당한다는 의미였다. 일기는 제2차 세계 대전 도중에 끝나는데, 그때 그는 심각하게 오염된 사회적 DNA를 지닌 '적의 아들'이 여전히 할 수 있었던 유일한 일을 하고 있었다. 그는 조국을 지키다 전사했다.

　　일기장에 감돌던 독특한 분위기는 이것 때문이었을까? 한 청년에게 의미 있는 세계와 그의 어머니 아버지가 동시에 말살되었다는 것? 체제 속의 작디작은 톱니바퀴가 되는 것 말고는 아무런 갈망도 품지 않았던 이 청년은 그 체제의 절대적인 무관심에 의해 부서져 버렸다. 체제를 신봉하던 이들 가운데 얼마나 많은 사람들이 이런 식으로 치워졌을까? 사회에서 쓸려 나간 그들은 수용소에서, 혹은 유서 깊은 체제 찬양 구호를 외치거나 속삭이는 총살 집행 부대원들을 마주 본 채로 죽어갔다(스탈린 동지 만세! 공산당 만세! 위대한 조국 만세!). 분명 그들 가운데 상당수는 자신을 향한 숙청의 칼날이 일종의 착오일 거라고 생각했을 것이다. 그들은 실제로 파시스트들이 당 내부까지 침투해 있으며, 그로 인해 진정한 소비에트적 이상이—그들이 노래를 부르며 기꺼이 목숨을 바칠 수도 있었던 이상이—침몰하고 있다고 생각했을 것이다. 물론 일기장을 쓴 청년은 수용소와 총살 집행 부대를 용케 피했지만(그 점에 대해 그는, 감사할 수만 있었다면 전쟁에 감사했을 것이다), 어떤 의미에서는 그 역시 자신의 조국이 아무 생각 없이 씹어 삼켜 버린 익명의 충성스러운 아들들 가운데 한 명일 뿐이었다.

학생들은 그의 일기를 연극으로 각색해 자신들의 학교에서 상연했다. 다들 마법이 걸린 듯한 분위기에 젖었고, 특히 주인공을 연기한 학생은 자신이 맡은 역할에 너무나도 몰입한 나머지 그 일기와 그것의 저자에 관한 논문을 써서 '메모리얼'이라는 인권 단체가 실시하는 전국 역사 경연 대회에 보내기까지 했다. ('메모리얼 경연 대회'라는 명칭만 보면 마치 학생들에게 이런저런 일에 대한 관심을 불러일으키려고 마련된 행사, 그러니까 '의도는 좋지만 실제로는 시시한 사회적 기획' 같은 느낌을 받을 수도 있다. 그렇다면 이 사실을 기억해 두자. 1999년부터 쭉 계속되고 있는 이 대회는 20세기 소련을 연구하는 세계적인 역사학자 이리나 셰르바코바[46]가 총괄하고 있다. 해마다 3천 편 이상의 논문이 투고되며, 특히 지방과 시골 참가자가 많다. 응모작

---

[46]   Irina Sherbakova(1949~). 러시아를 대표하는 현대 역사가 중 한 명이자 사회 활동가다. 20세기 이후 러시아의 역사를 탐구하는 동시에 그 상처를 어떻게 치료해 가야 할지 모색하고 있다. '메모리얼'의 창립 멤버이기도 하다.

대부분은 역사를 발굴해 짜 맞추는 힘든 작업을 해내는데, 똑같은 주제를 재탕하거나 다 식어 버린 주제를 다시 데워 내놓는 일은 거의 없다. 다시 말해 이건 정말 멋진 일이다.)

논문을 작성하던 학생은 체포 후 처형되었던 과거 청년의 부모님에 관한 서류를 발견했다. 그 부부에게 불리했던 판결 내용을 자세히 기록한 문서였다. 메모리얼 경연 대회 주최 측은 목격자를 찾을 수 있다면 목격자에게, 기록 보관소 열람이 가능하다면 기록 보관소에 의지하라고 참가자들에게 권한다. 학생은 두 가지 작업을 전부 수행한 다음 부지런히 문서들을 검토하다가 그 청년의 부모님을 심문했던 장교의 이름을 알아보았다.

라디오 방송국 '에코 오브 모스크바(여전히 독립성을 유지하고 있는 이 방송국은 아직 건재하다)'[47]에 출연한 이리나 셰르바코바는 이 이야기를 저널리스트인 나텔라 볼티안스카야에게 들려주는 중이다. 이야기를 이어 가던 역사학자가 길게 침묵하는 순간과 다음 말을 기다리던 저널리스트가 "오 맙소사"라는 소리를 내뱉는 순간은 일치한다. 바로 장교 이야기가 등장하는 순간이다. 나텔라 볼티안스카야는 자신이 틀렸기를 바라고 있고, 그 바람은 그가 내뱉는 육성에 묻어 있다. 하지만 그가 생각한 바가 맞다. 그가 생각한 그대로가 사실이다. 그 부부를 심문했던 장교와 논문을 쓰던 학생은 성이 같다. 이 학생이 사는 곳이자 과거의 청년이 살았던 곳은 아주 작은 도시이고, 그런 곳에서 몇몇 성들은 오직 소수의 가족과 가문들만 지니고 있다. 전화번호부의 여러 페이지를 차지할 정도로 널리 퍼져 있지 않은 것이다. 이제 논문을 쓰던 학생은 무너지기 시작한다. 아마도 예전이었다면 그는 자기 할아버지가 내무 인민 위원부에서 일했다는 사실을 접했더라도 그렇게 큰 타격은 받지 않았을 것이다. 그가 이 일기장을 손에 넣기 전이었다면, 과거의 청년에게 일어난 불행한 사건과 부당한 추방을 목격하고 충격과 수치심을 느끼기 전이었다면 말이다. 하지만 과거의 청년은 자신이 남겨야 할 기록을 남겼고, 결국 학생은 '그때 내 할아버지는 심문 테이블의 어느 쪽에 앉아 있었는가?'라는 엄청나게 커다란 문제와 맞닥뜨리게 되었다. 그는 자기 할아버지가 무엇을 했고 무엇을 하지 않았을지 상상하면서 이중의 충격을 견뎌야 했다(혹은 더 정확히 말하자면, 이중의 상처로 고통받아야 했다). 첫 번째 충격은 자기 가족사의 계승자인 그 자신에게 가해진 것이었고, 두 번째

---

47 이 책이 출간된 후인 2022년 3월 1일, 에코 오브 모스크바는 우크라이나 침공 소식을 보도하던 중에 검찰 총장 직권으로 방송을 중단당했다. 이틀 뒤 방송국은 폐쇄되었고, 이후 주요 직원들은 유튜브와 인터넷 매체로 이동해 언론 활동을 이어 가고 있다.

역사는 반복된다

충격은 그에게 정신적인 형제 비슷한 존재가 되어 버린 과거의 청년에게 가해진 것이었다.

논문을 쓰던 학생은 자기 가족사를 파헤치려던 게 아니었다. 그는 아무것도 의심하지 않았고, 숨겨져 있는 진실 같은 것을 찾기 위한 어떤 임무도 의식적으로 수행하고 있지 않았다. 그는 매복 공격을 당했다. 발이 걸려 엎어졌다. 과거가 그를 찾아냈다. 과거는 전혀 알지 못하는 낯선 사람의 이야기를 통해 그를 붙잡은 다음 그 자신의 가족사라는 소용돌이 속에 쑤셔 넣었다. 너무도 많은 과거가 그런 식으로 작동한다. 그때 그것은 마치 소용돌이 같다. 또한 과거는 동물원의 조그만 울타리 안에 살지 않으며, 나이 든 이모님 찾아뵙듯 찾아갈 수도 없는 존재다. 그때 그것은 기관차와 닮아 있다. 심지어 과거는 (적어도 몇몇 지역에서는) 당신 가족의 피부 위에 뜨거운 금속으로 눌러 찍은 범죄자 표식과도 같다(이 이미지는 뒤마의 『삼총사』에서 밀라디의 어깨에 새겨져 있다가 우연히 드러나는 백합 문장紋章에서 가져왔다). "과거는 현재를 빚어낸다." 중고등학교와 대학에서는 그렇게 가르친다. 빚어낸다? 그보다는 과거가 현재 안으로 스며들고, 물들고, 불어넣어지는 것에 더 가까울 것 같다. 과거는 고체가 아니다. 그것은 보이지 않고 냄새도 색깔도 없는, 폐 속으로 들어와 그 안을 온통 헤집어 놓는 독성 화학 기체다. 그것은 사회가 들이마시고 내쉬는 공기 속에, 즉 우리 사이의 공간에 그르렁거리는 듯한 소리를 불러일으킨다. 손상된 폐가 힘겹게 짜내는 숨소리.

알고 보니 두 사람의 성이 똑같았던 건 그저 우연이었다. 하지만 학생은 어떤 위안도 얻지 못했다. 이리나 셰르바코바에 따르면, 알고 보니 그의 할아버지는 손자가 잠시 상상했던 지역 심문관이 아니라 그보다 훨씬 더 무시무시한 인물이었다. "오, 안돼, 오, 그럴 수가……." 맹세하건대, 그때 나는 나텔라 볼티안스카야의 목소리를 통해 이런 말을 들었다. 이건 절대 끝나지 않을 거예요. 이건 영원히 계속될 거예요. "하지만 우리는 이런 일을 두려워해서는 안 되죠. 이 학생이 겪었던 정신적 충격을 두려워해서는 안 됩니다." 셰르바코바는 말한다.

그 반대를 두려워하라. 충격의 부재를. 어떤 일기장과도 우연히 마주치지 않으며, 누구의 성으로부터도 급습당하지 않는 삶을.

내게 일곱 살이 되기 전의 아이를 데려다 달라, 그러면
그 아이가 자라서 어떤 여자가 될지 알려 주겠다

이전 이야기

내게도 젊은 여자였던 시절이 있었다. 그 무렵 머리칼을 금발로 염색한 적이 있었는데, 잘못해서 오렌지색이 되어 버렸다. 우리 가족이 오스트레일리아에 온 지 길어야 2년쯤 됐을 때였다. 오렌지색을 가라앉히려고 그 위에 회색 염색약을 약간 발랐다. 여전히 엉망이었지만 외출할 수는 있을 정도였다. 머리에서는 곧바로 검은 뿌리가 자라나기 시작했다. 내 눈썹은 검은색이었다. 남자들은 그걸 좋아했다. 나는—방법은 묻지 말기를—방송 저널리즘 과정에 들어갔다. 오스트레일리아 이외의 지역에서 태어난 사람들을 위한 특별 과정이었는데—이게 그 방법이다—나는 거기서 나지를 만났다. 나지 추. 훗날 '미스 추'가 되어 이런저런 새로운 분야를 개척하고 이런저런 신기원을 이루면서 '올해의 여성 사업가'가 되고, 푸드 패션의 아이콘이 되고, 그 직후에 그 모든 것을 잃어버릴 위기에 처했다가, 최후의 순간에 한 남자—듣기로 그는 보석 브랜드 베빌즈와 쿠키 제조업체 유니빅 또한 밑바닥에서 끌어올려 주었다 한다—에 의해 구원받게 될 사람.

그런데 그 이야기는 거기서 끝날 것 같지 않다.

나지와 내가 저널리즘 수업에서 만났던 때는 '미스 추' 연대기가 시작되기 전이었다. 나는 나지를 좋아

고통을 말하지 않는 법

했다. 나지도 나를 좋아했다. 나는 나이를 속이고 있었다(열일곱 살이었는데 스물네 살인 척했다). 나지는 이야기하지 않는 것이 많았지만 나이에 대해서는 그러지 않았고, 어쨌거나 나이는 문제가 되지 않았다. 나지는 스무 살인가 스물한 살이었고, 6남매의 중간 어디쯤이었고, 장녀였다. 나지의 가족은 베트남인들이었다. 그들은 배를 타고 라오스를 탈출하다 붙잡혀 태국 난민 수용소에서 3년을 보냈다. 그들 가족이 오스트레일리아에 도착했을 때 나지는 아홉 살이었다. 내 부모님 댁에서 저녁을 먹으면서 (우리 가족은 파티 같은 저녁 식사는 하지 않는다) 나지는 자기 가족의 전 재산을 자기 허리띠 속에 넣고 꿰맨 적이 있다는 이야기를 들려주었다. 우리 가족은 나지를 정말 좋아했다. 그는 우유부단해 보이지 않았고, 너무나 건강해 보였다.

훗날 내가 나지를 다시 본 건 텔레비전 토크쇼 〈Q&A〉에서였다. 몇 년 만이었지? 지금 헤아려 보는 중이다. 한 20년쯤 된 것 같다. 나지는 예전과 거의 똑같은 모습으로 너무나 자신 있게 에너지를 발산하고 있었다. 차이가 있다면 그 에너지의 전압뿐이었다. 20년 뒤에도 똑같은 사람은 아무도 없다. 토크쇼를 본 날로부터 1년 무렵이 지난 뒤에, 나지가 여전히 잘 나가고 있을 때, 우리는 시드니에서, 어느 신문이 표현했듯 '킹스 크로스 끄트머리'(나를 웃게 만든 표현이다)에 있는 그의 아파

트에서 만났다. 여러 웹사이트와 패션 잡지에 실린 사
진들을 통해 이미 여러 차례 보았던 곳이었다. 그래, 내
가 보기에도 그 사진 속의 집은 정말 근사했지만, 직접
와 보니 사진들만으로는 알 수 없었던 게 있었다. 나지
가 다른 모든 사람으로부터 멀리 떨어져 있다는 느낌.
나지는 혼자였다. 아니, 그건 내 오해인지도 모른다. 그
느낌은 그저 나지가 '미스추'가 되기 전의 과거로부터
내가 찾아왔기 때문에, 그러면서 나지에게 무언가를,
시간을, 시간의 흘러감을 되새기게 했기 때문에 생겨난
걸 수도 있었다. 나 역시 그 비슷한 걸 느꼈으니까. 나지
의 불독 '조지'는, 거의 모든 기사가 언급했던 이 녀석은
짖고, 뛰어오르고, 확신에 찬 태도로 소시지를 먹고, 밖
에 나가 오줌을 눴다. 그랬다. 나는 나지를 좋아했다. 나
지도 나를 좋아했다.

　　시간이 조금 지나면, 우리는 주위 사람들의 내
면에 그들의 어린 시절이 얼마나 많이 남아 있는지 알
아차리게 된다. 20대나 30대 때, 그리고 확실히 10대 때
는, 어린 시절 어쩌고 하는 얘기는 종종 클리셰처럼 느
껴진다. 어린 시절이 나중에 어떤 힘으로 변해 다시 나
타날 것처럼 보이지는 않는다. 얼마 전 아이라 글래스
는 자신이 진행하던 라디오 프로그램 〈디스 아메리칸
라이프〉에서 이런 말을 했다. "우리는 다른 사람들에게
우리가 누구인지 설명하기 위해 항상 어린 시절 이야기

　　　　고통을 말하지 않는 법

를 하나쯤은 준비해 두죠." 나는 그 말을 듣고 이런 생각
을 다시금 떠올렸다. 특히 미국에서는 어린 시절이 자
신을 설명하기 위한 수단으로, 혹은 모종의 자기 진단
을 위한 소재로 무척 오랫동안 쓰여 왔다고 말이다. 그
런 경향은 개인에게도, 사회에게도 일종의 책임 회피를
불러일으키기 쉽다. 게다가 그런 결정론은 대개 별 볼
일 없는 할리우드 영화에 나오는 인물의 틀에 박힌 배
경 설정처럼 맹목적이고 얄팍하다……. 하지만 나는 시
간을 조금 더 겪은 뒤에 이런 것들도 알게 된다. 우리의
신생아기, 유아기, 그리고 사춘기 이전 시기에 일어나
는 백만 가지 사건 가운데 일부는 에바 호프먼Eva Hoffman
이 '바늘'이라고 부르는 것이 되게 마련이라는 것. '우리
의 살을 뚫고 들어가고' 그런 다음에는 '다시 빼낼 수 없
게 되는' 바늘.

　　　나는 나지의 아파트에 서 있었다. 단기간에 유명
해지며 천일야화를 써도 될 만큼의 '미스추' 어록을 만
들어 냈던 나지. 사람을 하찮은 존재로 만들어 버리는
일을 충실히 수행함으로써 돈을 버는 기자 나부랭이들
조차 그 개성을 완전히 지워 버리지 못했던 나지. 그에
게선 여전히 공중을 날아가는 화살처럼 자신만의 궤적
에 깊이 몰입한 분위기가, 사업가로서의 자신이 도착하
게 될 지점을 면밀히 예측하는 분위기가 느껴진다. 나
지라는 인물을 소개하기 위해 쓰인 거의 모든 글은 그

가 걸어온 경로를 되짚었다. 가난으로 시들었던 난민은 수백만 달러를 벌어들이는 사업가로, 과거로부터 도망쳐 온 사람은 과거를 포용하는 사람으로, 자신의 정체성에 대한 수치심은 자부심으로, 무無는 거의 모든 것처럼 느껴지는 무언가로 바뀌었다. 언론은 특히 나지가 겪었던 여러 번의 실패를 파헤쳤다. 그가 어떻게 재봉일을 하려고, 영화를 만들려고, 연기를 하려고, 회사를 세우려고 애를 썼는지 되짚으면서 말이다. 그 모든 시도가 잘 풀리지 않자 추는 앞으로 나아가는 유일한 방법은 자신에게 주어진 패들을 사용하는 거라는 결론을 얻었다고 한다. 그에게 주어진 패들은 다음과 같았다. 베트남인, 음식, 노력, 독창성, 누가 무언가를 거저 줄 거라는 기대는 갖지 말자는 다짐, 그리고 사람들 대부분이 건성건성 살고 있는 오스트레일리아에 정착하게 되었다는 행운.

그런 기사들을 접하다 보면 무언가가 마음에 걸리곤 했다. 나지가 돌고 돌아 거쳐 온 그 험난했던 길들이 제대로 조명되지 않아서 그런 건 아니었다. 나지는 '미스추'가 되기 전에도 엄청나게 다양한 일들을 해 왔기 때문이다(우리가 함께 공부했던 저널리즘 과정은 거기 끼지도 못할 정도다). 문제는 이것이었다. 그 '신데렐라 추' 이야기들은 나지가 실제로 마주했던 난관을 보여 줄 생각이 손톱만큼도 없다는 것. 예를 들면 이

고통을 말하지 않는 법

런 게 있다. 난민들이 열일곱 명 가운데 한 명꼴로 지도자적 기질과 노동을 향한 열정을 겸비한 사람을 배출한다면, 그런 다음 세상이 그들에게 오래도록 가치를 발할 만한 일을 꿈꾸고 또 실행할 기회를 선사한다면, 세상은 지금과는 다른 곳이 될 것이다.[48] 하지만 그보다는 낙타가 바늘귀를 통과하는 일이 더 쉬울 것이다. 나지가 거둔 성공은 확률적으로 매우 희박한 성과였다. 그가 '미스추'라는 색다른 일을 시도할 수 있었던 확률에다가 그 일이 오르막과 내리막을 반복하다 끝내 성공을 거두게 된 확률까지 감안해 보면 말이다. 나지는 사업을 시작하거나 유지하기 위해 돈을 빌리지 않았고("금융계 사람들은 저를 끊임없이 바보 취급하면서 대출을 받아야 한다고 말했죠"), 마케팅 팀을 두지 않았으며, 메뉴 가격 결정은 직감에 맡겼고("얼마를 받아야 할지 알아내려고 재료의 무게를 잴 필요는 없거든요"), 시장 조사도 거치지 않았으며, 최고급 실험 예술 프로젝트를

---

[48] 유엔난민기구에 의하면 최근 난민 청소년 가운데 6%, 즉 열일곱 명 가운데 한 명만이 고등교육을 받고 있다. 고등교육을 받는 모든 난민이 진취적인 기질을 지닐 수는 없고, 그 가운데 사회적 성공을 거두는 경우는 더욱 적을 것이다. 따라서 난민 가운데 6%의 진취적인 인재가 기회를 얻었으면 좋겠다는 표현은 곧 지금보다 훨씬 많은 난민 청소년에게 교육 및 사회 진출 기회가 주어져야 한다는(그리고 현재는 전혀 그렇지 못하다는) 뜻을 담고 있다.

여러 건 의뢰했고, 늘 똑같은 메뉴를 고수했다. 왜 똑같은 메뉴를 고집했을까? "메뉴를 바꾸는 건 쉬워." 나지는 내게 말한다. "제일 어려운 건 날이면 날마다 똑같은 요리를 만드는 거야."

나지는 직원들에게 말했다. "똑같은 요리를 평생, 완벽의 경지에 이를 때까지 만든다고 상상해 보세요. 그게 제가 여러분에게 요구하는 겁니다. 여러분은 이 일을 명상하듯이 할 수 있어야 합니다. 그걸 못 하겠으면 여기서 일하지 마세요."

나는 나지에게 묻는다. 나지, 네가 만약 태국 난민 수용소에서, 그다음엔 오스트레일리아에서, 그러니까 갈망의 대상이었던 풍요로운 나라였지만 알고 보니 진짜 수용소보다 더 수용소 같은 곳이었던 이곳에서 배짱을 키우지 않아도 됐다면, 너는 지금과 같은 배짱을 가질 수 있었을까? 넌 일찌감치 경험을 통해 알게 됐었지. 너희 언니나 오빠가 너를 따르게 만들 수 있다는 걸. 그리고 나이도 개성도 서로 다른 아이들 모두가 너를 따르게 할 수 있다는 걸. 너는 네 작은 군대를 이끌면서 다른 애들의 작은 반항 따위는 눌러 으깨 버렸고, 오직 네 머릿속에만 특별히 떠오르는 아이디어들을 현실 속으로 불러내기도 했어. 이런 경험이 없었더라도 너는 총사령관 기질을 지닐 수 있었을까? 하긴, 넌 그 어디에 있었더라도 이런 일들을 해냈겠지.

고통을 말하지 않는 법

그 보트, 허리띠, 무일푼 신세, 숱한 수치심. 네가 엑스레이를 찍으면 나타나는 게 이것들이 맞지?

나지가 말하는 방식은 혼란을 허용치 않는다. 그는 망설이거나 곰곰이 생각하고 있을 때도 말을 흐리지 않는다. "우리 집 6남매를 봐. 나이 차이는 별로 안 나지만 생각하고 살아가는 방식이 다 다르거든. 나와 비슷한 경험을 한 사람들, 과거도 가족도 다 부서져 버린 채 전쟁터에서 여기로 건너온 사람들이 얼마나 많을까? 근데 그런 사람들 모두가 사업가가 되는 건 아냐. 모두가 의욕이 넘치는 것도 아니고. 만약 우리가 지난 역사의 총합으로만 이루어진 존재라면, 나 같은 사람은 훨씬 치열한 경쟁을 통과해야 할 거야."

어떤 종류의 힘은 타고나는 거라고, 그런 건 학습되는 게 아니라고 나지는 말한다. 그건 개인적인 거라고. 발견하고 연마하는 거라고. 우리는 그 힘의 근원을 찾으려고 과거를 끌어와 뒤져 보기도 하지만, 애초에 그 힘은 태어날 때부터 있는 반점처럼 처음부터 거기 있는 거라고. 이어서 그는 말한다. "내가 의욕에 불탔던 건 난민 출신이어서가 아니야. 오스트레일리아에 도착했을 때도 우린 사회의 최하층민이나 다름없었거든. 부적격자 같았다고 할까. 그때는 내가 베트남 사람인 게 부끄러웠어. 처음으로 들어간 초등학교에서 내 유일한 친구는 오스트레일리아 선주민 여자아이였어. 아무도 말을 걸지 않고, 아무도 몸이 닿는 걸 원하지 않는 두 명. 그게 우리였어. 내 머릿속에서 그 기억은 난민 수용 소보다 더 단단하게 응어리져 있어."

수용소는 가혹한 곳이었지만, 거기 수용된 여러 베트남 사람들이 지니고 있던 임기응변의 재능 덕분에 괜찮은 곳으로 변해 갔다. 나지는 그 부분을 이렇게 설명한다. "우리를 감옥에 가두면 우린 아마 감옥에서 학교를 만들 거고, 실제로 그랬어. 난민 수용소에서 학교를 여러 개 만들었지. 우리는 스스로를 가르쳤어. 채소를 길렀고, 점토로 여러 물건을 빚었어. 그걸 구울 점토 화덕도 만들었고. 불을 피웠지. 뜨개질도 했고." 거기서 나지는 극단을 만들자는 아이디어를 떠올렸고, 점토를 빚어 만든 등장인물들과 손전등과 침대 시트를 이용해 만든 그림자 인형극을 여러 번 공연했다. 나지는 입구에 서서 입장료를 받곤 했다. 인생에서 좋은 것들은 하나같이 공짜가 아닌 법이니까. 동전 한 푼도 없는 아이들한테는 풍뎅이, 씨앗, 성냥개비 같은 것들도 받았다. 진귀하거나 가치 있는 것이라면 뭐든 받았다. 거절당해 돌아가는 사람은 아무도 없었다. 나지가 무엇보다 원한 건 관객이었으니까. 그러면서도 나지는 이 공연이 제대로 된 '교환 행위'이기를 바랐다. 그는 오늘날 난민 수용소에 거주하는 사람들이 자기 의지와는 상관없이 무위無爲라는 모욕 속으로 밀어 넣어지는 모습을 접할 때마

고통을 말하지 않는 법

다 화가 난다. 적어도 언론을 통해 봤을 때는 그게 사실 같다. 뉴스 영상 속 난민 수용소에서 사람들이 무언가를 만드는 모습은 보이지 않는다. 기술이나 지식을 전해 줄 방법이 없고 상품과 서비스의 의미 있는 교환마저 이루어지지 않으면 사람들은 망가져 버린다. 그게 나지의 지론이다.

인생의 특정한 시기에 있는 아이들을 보면 그 아이들이 훗날 어떤 면모를 가진 어른이 될지 예측할 수 있으리라는 믿음. 그런 믿음이 퍼진 건 인간의 삶에서 어린 시절이 특별한 단계로 여겨지게 되면서부터였다. 이 믿음의 현대적이고 대중적인 형태는 다음과 같이 나타난다. 우리는 일곱 살 난 제너나 티모시를 보면 그 애들이 자라서 어떤 어른이 될지 알아볼 수 있다(일부분만 알아볼 수도 있고, 거의 정확히 맞출 수도 있다). 느긋한 성격의 티모시는 대격변처럼 다가오는 여러 일들을 막아 내면서 잘 적응해 당당한 어른이 될 것이다. 하지만 버릇없는 꼬마 공주님 같은 제너는 쿵쿵 발소리를 내며, 다른 사람들이 자신의 세계관을 받아들여 주기를 기대하며 인생을 통과해 가다가 자신의 특권 의식을 뒤흔들어 버릴 수많은 장벽에 부딪힐 것이다(혹은 부딪히지 않을 수도 있다). 혹은, 다친 강아지 사진을 보여주었을 때 울음을 터뜨리는 제너는 자라서 사회복지사가 될 것이고, 사막처럼 건조한 눈을 가지고 있어서 눈물을 한 방울도 흘리지 않는 티모시는 결국 기업 인수 합병 전문 변호사가 될 것이다.

그럼 일곱 살 때의 나지는? 귀여우면서 대장 기질을 갖춘, 난민 수용소에 있는 나지의 모습을 일시 정지해 보자. 뭐가 나오는가? 그 아이는 자라서 마약중독자가 될 수도, 독지가가 될 수도 있다. 아니면 예술가가 될 수도 있다. 지난 10년을 통틀어 가장 두각을 드러낸 여성 사업가가 되거나 비참한 낙오자가 될 수도 있고, 영감을 주는 사람이 될 수도 있고, 정복자가 되거나 피정복자가 될 수도 있고, 여러 아이의 어머니가 되거나 아이 없는 사람이 될 수도 있다. 교외에서 빈털터리로 지낼 수도 있고, 런던에 스낵바 본점을 열 수도 있다(훗날 그 본점은 망하고 시드니에 내는 네 개의 분점은 매각되겠지만 그건 중요한 게 아니다). 나지가 유년기에 겪었던 일들은 확실히 눈에 띄지만, 그럼에도 그는 이 길로든, 저 길로든 갈 수 있었다. 혹은 처음에는 이 길로, 그다음에는 저 길로 갈 수도 있었다. 나지는 더글러스 페어뱅크스가 연기한 '마스크 쓴 조로'처럼 정체를 규정하기 어려운 존재다.

나지의 가게 어디에서나 그의 난민 비자 사진을 볼 수 있다. 메뉴판, 배달 자전거의 바구니, 냅킨 디스펜서, 스낵바의 벽면. 그 이미지는 그의 형제자매들의 비자 사진과 함께 '미스추' 디자인의 중심을 형성한다. 나지는 비자 이미지가 아름답다고 말한다. 눈길을 끌고, 이야기를 들려주며, 왜 '미스추'라는 이름이 붙었는지 말해 준다는 것이다. 다시 말해 사람들은 그걸 보고 '추'가 성이라는 사실을 알게 되고, 결국 이 가게 이름이 일종의 언어유희라는 걸 깨닫게 되는 것이다.[49] "또 그건 일종의 앙갚음이기도 해." "갚아 줄 상대가 누군데?" 나는 묻는다. 사실 물어볼 필요는 없다. "인종 차별. 내 정체성을 부끄러워해야 했던 경험." 나지는 비자 이미지를 전시하는 일이 저속해 보일까 봐 걱정하진 않았을까? "아니, 내가 걱정했던 건 가족들의 반응이랑 그 문서를 전시해도 법적으로 문제가 없는지였어." 그건 앙갚음인 동시에 마케팅이기도 하다. 서서히 고객을 끌어오는 나지만의 방식인 셈이다. 요란한 언론 홍보 기사가 아니라 가게의 모습이나 음식 냄새나 위치에 끌려나지의 스낵바에 머뭇머뭇 들어온 사람들은 주문을 하고, 음식을 먹고, 휴대 전화를 열심히 들여다보다가 문득 시야 한구석에 들어온 무언가를 의식하게 되고, 그런 다음 집에 갈 것이다. 그거면 된다. 그런 다음, 이를테면 세 번째나 네 번째로 방문한 사람들은 벽이나 메뉴 로고를 좀 더 자세히 들여다보다가 '아, 이건 몰랐네'

---

49   '미스추'의 사장이 '미스 추'라는 걸 알게 되는 순간, 이 가게의 상호가 얼마나 특이한지 알게 되는 것이다.

라고 생각할 수도 있고, 비자 속에 찍힌 도장들과 날짜들을 보고 직원에게 이게 뭐냐고 물을 수도 있을 것이다. 그러면 직원은 길거나 짧은 대답을 해 줄 것이다. 몇몇 손님들은 집에 가서 구글 검색을 통해 더 많은 것을 알게 될 수도 있다. 그게 나지가 바라는 것이다. 고객들의 기억에 남는 것. 궁금하게 만드는 것. 그러고 나서 서서히 드러내는 것. 그 식당의 직원들은 나지 덕분에 자신들의 정체성이 멋진 것으로 변했다고 말하곤 한다. 그럴 때마다 나지는 기분이 좋다. 나지의 기질은 유독 사납지만, 직원들은 그를 위해 일하는 걸 자랑스러워하는 것처럼 보인다. 마치 나지의 완벽주의를 통해 목줄에서 풀려난 강아지들 같다.

나지는 여러 인터뷰에서 베트남 음식은 그저 저렴하게 선택할 수 있는 음식이기만 한 게 아니라고, 그건 심오한 역사를 지닌 음식이기도 하다고 말한다. "제가 만드는 음식을 사랑하신다면 제가 가진 문화 또한 사랑하셔야 합니다." 처음에 나는 난민을 형상화한 디자인 요소들이 좋은 취향은 아닌 것 같다고 생각했다. 아이디어는 흥미롭지만…… 절망, 고통, 수치심, 공포, 바닷속이나 남의 나라에 묘비도 없이 묻힌 시신들…… 이런 것들이 홍보용 장치라고? 나지는 어느 인터뷰에서 이렇게 말했다. "복잡한 정체성, 그것도 정신적 외상과 인종 차별을 견뎌 낸 정체성을 상업적인 사업의 전면에 내

고통을 말하지 않는 법

세우는 경우는 드물죠." 그렇지, 맞는 말씀. 하지만 나지가 무슨 뜻으로 그 말을 꺼냈는지는 알겠다. 그는 사람들의 공감을 구하기에 앞서 자신이 발휘할 수 있는 영향력을 더 끌어올리고 싶어 하는 것이다. "사람들은 자기가 먹거나 만지거나 입어 볼 수 있는 것, 그러니까 직접 접할 수 있는 게 아니면 거기 담긴 이야기를 들으려 하지 않거든." 나지는 말한다. 공감과 소통은 나중 문제다.

나지의 아파트에서, 나는 이렇게 말했었다. "지금까지 이 모든 일을 겪고 나니까 오스트레일리아가 좀 집 비슷하게 느껴지니?" 그때 나는 내 부모님 댁에 같이 갔던 나지를 떠올리고 있었다. 우리 가족 눈에 비친 그 아이는 얼마나 단단했는지. 자신이 속해 있다고는 결코 말할 수 없는 이 사회에 몸담고 있으면서도 얼마나 편안해 보였는지.

"아니. 난 어떤 곳도 집처럼 느껴지진 않을 것 같아. 어딘가가 집처럼 느껴지는 걸 원하지도 않고. 그런 식으로 닻을 내리고 싶지는 않거든."

"집이라는 느낌을 갖고 싶지 않다고?"

"커다란 요트나 하나 있었으면 좋겠어. 왜냐고? 난 어디에 가든 진심 어린 환영을 받지는 못할 것 같거든. 시드니 사람들은 나한테 내가 여기 출신이 아니라는 걸 늘 일깨워 준단 말이야. 그래서 난 그 사람들한테 선수를 쳐. '좋아하시면 뵈달해 드립니다'라고 먼저 말해 버리면 상대는 그 비슷한 말을 하면서 날 놀릴 수가 없게 돼. 누가 날 놀리기 전에 내가 먼저 나를 놀리는 거야. 또 난 이 나라가 내 집이 될 수 있는 곳이 아니라는 얘기도 해 줘. 그러면 상대는 그 말을 꺼낼 수가 없지. 내가 먼저 그 사실을 고지해 줬으니까."

　조놔하시면 뵈달해 드립니다[50]는 '미스추' 음식 배달 서비스의 슬로건이다. "최선의 방어는 공격이다." 이 말을 누가 했더라? 실제로 나는 이 말을 들으며, 다시 말해 이 말과 함께 자라왔고, 덕분에 이 말은 마치 자명한 사실처럼 느껴진다. 이런, 여기 하나 더 있었네. 뭐뭐와 함께 자라왔다는 이야기.

　"난 책을 거의 안 읽어." 나지는 말한다. "지금까지 읽은 책을 다 합해도 한 손으로 다 꼽을 수 있을걸." 그 말은 고백이 아니라 경고다. 나지는 내가 책을 읽고 글을 쓰며, 그 두 작업을 얼마나 소중히 여기는지 안다. 또한 내가 사람들을 평가할 때 그들이 책을 얼마나 좋아하는지를 염두에 둔다는 것도 안다. 또 그는 세상 사람들이 이런 생각을 하는 것도 알고 있다. '나지 같은 사람이 난민 수용소와 냄새나는 자기 집 부엌에서 업계의 정상까지 오를 수 있었던 건 쉽지 않고 주 7일을 일해서가 아니라 똑똑하게 일했기 때문이겠지.' 여기서 똑똑하다는 건 등골이 휘고 뼈가 빠지도록 일하기만 하는 부모 및 조부모들과는 다르게 산다는 것이다. 지식을 빨아들이는 삶. 마치 흰긴수염고래의 등에 올라타듯 거대하게 쌓아 놓은 지식 위에 올라타는 삶. 하지만 나지의 재능은 그런 똑똑함과는 결이 다르다. 그의 재능은 무언가를 종합하거나 이미 나와 있는 것들 위에 무언가를 더 쌓아 올리는 식의 작업과는 아무런 연관이 없다. 그의 재능은 세상에 없는 무언가를 만들어 내는 것이다. "내 식탁 위에는 잡지가 없어." 나지는 내게 말한다. "난 잡지가 싫거든. 무섭기도 하고. 잡지는 안 봐. 내가 어떤 아이디어를 떠올렸을 때 그게 다른 누군가가 이미 떠올렸던 걸 수도 있다는 두려움이 생기니까. 난 나 혼자 아이디어를 떠올려. 어쩌다 그게 다른 누군가의 아이디어랑 우연히 겹칠 수도 있겠지만, 어쨌든 그건 내 힘으로 떠올린 거잖아."

나지의 런던 스낵바가 끝장나고 그가 모든 걸 잃을 위기에 직면하기 전에, 그러니까 그보다 한참 전에, 나는 빅토리아 국립 미술관에서 열린 〈멜버른 나우 Melbourne Now〉 전시회장 안을 걸어 다니다가 루시 맥레이 Lucy McRae가 나지의 의뢰를 받아 제작한 단편영화를 보았다. '미스추' 브랜드명이 여기저기 계속 등장하는 작

---

50 원문은 'you ling, we bling'으로, '전화하시면 배달해 드립니다you ring, we bring'를 변형한 표현이다. 아시아인들은 r 발음을 어려워한다고 여기는 서구인들이 아시아인들을 비하할 때 쓰는 말이다.

품이었다. 그 작품은 전에 언젠가 나지가 CD에 담아 보내 줘서 컴퓨터로 본 적이 있었는데, 그 전시장에서는 벽 하나를 통째로 차지하고 있었다. 그 영화는 마치 자신도 거기 있는 다른 작품들과 같은 '예술'이라는 듯 반복 재생되고 있었다. 나는 자리에 앉아 영화가 끝까지 돌아갔다가 다시 시작되는 걸 지켜보았다. 인간 복제, 자기 자신을 먹기, 흐려지는 육체와 음식 사이의 경계, 흐려지는 현재와 미래 사이의 경계……. 당신이라면 어떻게 생각할까? 나지가 빅토리아 국립 미술관에 남몰래 자기 사업 광고를 들여놓았다고 생각할까?

·

"내게 일곱 살이 되기 전의 아이를 데려다 달라, 그러면 그 아이가 자라서 어떤 남자가 될지 보여 주겠다." 이 격언을 처음 언급한 건 예수회라고 한다. 예수회가 하는 일들은 종종 그 안에 역겨운 함의가 담겨 있다는 비판을 받곤 하는데, 이 격언도 예외가 아니다. 즉, 이 격언은 어린아이를 집어삼켜서 도덕적 틀을 갖춘 완전한 존재로 만든 뒤 다시 세상을 향해 내뱉는 제도(교육, 교화, 가치관 주입 등등)를 형상화한 것인데, 예수회가 추구하는 게 바로 그런 것이라는 이야기다. 그런데 그런 비판은 사실 과장된 희화화에 가깝다. 아무런 성찰도 담겨 있지 않은 그런 비판은 그저 공허한 예수회 때리기에 불과하다. 어쩌면 저 격언은 일종의 은유일 수도 있다(작가 배리 로페즈에 따르면, 그의 내면에 잠자고 있던 '은유를 사용하는 능력'을 일깨워 준 사람들이 바로 예수회 교사들이었다). 그리고 꼭 그 이유가 아니더라도, 어쨌든 저 격언은 그동안 널리 잘못 해석되어 왔는지도 모른다. 그러니 예수회에 대해선 더 신경 쓰지 마시길. 나 역시 거긴 그냥 가만히 놔둘 생각이니까.

나는 소련에서 어린 시절을 보냈다. 나와 내 친구들이 살던 무신론자의 낙원에서는 예수회나 그들의 격언을 접할 기회가 한 번도 없었지만, 그때 우리 모두는 일곱 살이 인생의 분기점에 해당하는 나이라는 사실을 자연스럽게 이해하고 있었다. 일곱 살, 혹은 일곱 살 직전은 학교에 가는 나이였다. 그러니 특별히 운이 좋은 경우가 아닌 한, 가족이 우리의 삶에 국가 제도보다 더 큰 영향력을 발휘할 수 있었던 시기는 그때 끝나는 거였다. 제도화되기 전이었던(정정한다: '과도하게' 제도화되기 전이었던) 일곱 살의 우리들, 공터와 텅 빈 아파트가 키워 낸 그 아이들은 자기들 나름대로 미래 자아의 기반을 지니고 있었던 셈인데, 이는 (적당히 요약하자면) 그 예수회 격언을 우리만의 소박한 버전으로 만들어 낸 거라고 볼 수 있었다. 하지만 '일곱 살'이라는 부분만큼은 그 둘이 똑같았다.

무신론 버전의 예수회 격언은 평생 내 머리 위를, 그 낮은 하늘 속을 마치 무인 열기구 비행선처럼 떠다니고 있다. 그 격언은 이렇게 비유할 수 있다. "한 인간의 내면에 비유전적인 방식으로 코드화될 수 있는 모든 것은 두 차례에 걸쳐 코드화된다. 첫 번째는 태어나기 전이고, 그다음으로는 일곱 살이 되기 전이다." 여기서 '코드화된다'가 가장 좋은 표현은 아닐 수 있고, 아직 내 혀끝에서만 맴돌고 있는 '하드웨어에 내장된', '하드웨어', '소프트웨어' 같은 컴퓨터 관련 비유들 역시 적절하지 않을지 모른다. 그보다는 일곱 살이 되기 전에 어떤 뼈대, 틀, 회로 기판, 하부 구조가 만들어진다고 말하는 쪽이 그 생각—상당량의 감정과 뒤섞인 생각—의 특성을 더 잘 표현하는 것 같다. 다시 말해 일정 시기가 지난 뒤에는 접근하기 어려워지는, 또한 제거하거나 덮어쓸 수도 없는 무언가가 그때 만들어진다는 뜻이다.

과학자들과 신학자들은 나무에 관한 비유를 사랑한다. 나무에서 땅 위로 나와 있는 모든 부분은 태양과 비, 바람, 산소, 새들, 동네 아이들, 여기저기 퍼지는 고양이발톱덩굴 같은 것들에 영향을 받는다. 반면 뿌리는 나무에 심각한 문제가 생기거나 죽지 않는 한 땅속에 있어서 보이지 않는다. 뿌리 부분은 우리의 유아기에 해당한다. 뿌리뿐 아니라 뿌리를 감싼 흙, 벌레들의 군단과 땅 밑을 흐르는 물줄기들도 그렇다. 뿌리의 기능은 명백하다. 뿌리는 다른 곳에서는 얻을 수 없는 꼭 필요한 양분과 물을 나무에 공급하고, 그렇게 공급된 것들이 나무의 토대를 형성한다.

나무는 세상에서 가장 빈번하게 사용되는 은유인지도 모른다. 최고의 은유란 곧 가장 잘 구상된 비유라는 뜻이기도 하다. 우리가 종종 볼 수 있듯이 나무는 땅 위나 물속, 포장도로 아래, 쇼핑센터 내부 같은 곳에도 뿌리를 뻗치지만, 그런 뿌리들은 이 은유에 걸맞지 않다. 땅속으로 뻗은 뿌리, 즉 뿌리라는 이미지의 원형에 부합하는 뿌리만이 갖고 있는 특성이 있기 때문이다. 숨겨져 있으면서 나무를 지탱하고, 깊이 묻혀 있지만 중심을 형성하고, 변화에 저항하면서 변화로부터 보호받는다는 특성. 그 특성은 자아가 처음으로 생성되는 과정에 대해 우리가 갖고 있는 관념에 딱 들어맞는다. 결국 사람들이 '우리의 뿌리를 재발견하는 일'에 대해 말할 때, 그 표현에는 자기 부모의 세계와 다시 연결되고 싶다는 단순한 소망 이상의 의미가 담겨 있다. '뿌리의 재발견'이라는 표현은 유전자를 비롯한 수많은 변수들과 조화를 이루며 자신의 초기 자아를 만들어 낸 문화적·감각적 환경을 재발견하는 일까지 포함한다. 다시 말해 그 표현은 착륙등의 유도를 따라가며 자신의 천성이라 부를 만한 것을 향해 다가가는 일을 뜻한다. 그리고 이때 천성이란 기원전 인물인 헤라클레이토스가 정의했던 바로 그것을 뜻한다. 우리로부터 숨어 있지만 발견되기를 바라고 있는 것.

천성과 양육. 내가 어렸을 때 어른들이 종종 말했던 것처럼, 이 개념은 보드카를 반병쯤 마시지 않고서는 이해할 수 없다. 얼마 전, 내가 전에 다니던 치과에서 알게 된 박식한 치과의사는 1980년대에 한 무리의 오스트레일리아 치과의사 동료들과 함께 중국으로 연수를 다녀왔던 이야기를 들려주었다. 그들은 질병에 시달리는 사람들로 가득한 의과대학 부속병원 안을 걸어다녔다. 그곳의 환자 중에는 오스트레일리아 의사들이 예전에 교재에서만 본 적이 있는 질병을 앓는 사람들도 있었다. 그들은 잠시 커다란 홀에 들렀는데, 그곳에서는 50명, 혹은 그보다 많은 치과의사가 한 방울의 마취제도 없이 어린 아이들을 치료하고 있었다. 당시 서양이 아닌 세계에서는 그게 표준 규범이었다. 칸막이 없이 설계된 그 홀은 드릴로 돌 대신 이에 구멍을 뚫는 채석장 같았다. 그는 이렇게 말했다. "바늘 떨어지는 소리까지 들릴 정도였어요. 고통을 드러내지 않는 그곳의 문화 때문이었는데, 그 아이들은 모두 이미 그걸 완전히 체득한 상태였어요."

그 대화를 하기 거의 20년 전, 어렸을 때 부모님이 이혼했던 한 친구와 대화를 나눈 적이 있었다. 친구의 주장에 따르면, 내가 (가끔 육아에 완전히 질려 버리기는 해도) 아이를 혼자 키워도 괜찮다고 생각하는 건 본능적인 두려움이 없어서였다. 나는 그 친구와는 달리 부모님이 계속 결혼 생활을 유지했고, 그 덕분에 '파탄 난' 가정을 경험해 본 적이 없었고, 덕분에 자신이 겪었던 것과 똑같은 일을 자기 아이들에게 되풀이하게 될지도 모른다는 두려움을 가지지 않을 수 있었다는 것이다. 나는 친구의 가설을 받아들이지 않았다. 나는 문제없는 가족이 만들어 낸 결과물 같은 것과는 거리가 멀었다. 나는 그저 아이들을 원했고, 당시 내가 이해하고 있던 가정이라는 표준 개념을 몹시 싫어했을 뿐이다. 교외 슈퍼마켓에서 낳은 지 얼마 안 된 아이의 아버지와 손을 잡고 있는 내 모습을 떠올리면 꼭 체면도 차리지 못하고 굴복한 사람처럼 느껴졌다. 그로부터 얼마 뒤, 나는 친구가 했던 이야기를 그저 그 친구 혼자만의 의견이라고 치부하지 않게 되었다. X년 동안 살다 보면 이 세상 사람들이 온갖 이유로, 가능한 모든 방식의 조합으로 아이들을 낳아 키운다는 걸 알게 된다. 이들에게 과거는 보통 이런 모습으로 출현한다. 귓속에 유일하게 꾸준히 들려오는 목소리. '맞아, 아니야, 아니야, 맞아'라고 속삭이는 그 짧은 목소리. 하지만 나는 그런 소리를 들어 본 적이 없다. 20대 초반, 나는 내가 낳은 아이와 단둘이 있었다. 그때 어떤 유령도 비명을 지르지 않았고, 얼음장 같은 바람이 나를 갈가리 찢어 놓지도 않았으며, 대문이 저 혼자 닫히거나 방문이 저절로 잠기는 일도 없었다. 이제 나는 그 이유를 분명히 알고 있다. 나는 내 가족이 속해 있던 과거와 내 스스로 한 조각씩 상상해 나가던 미래 사이에서 눈에 보이지 않는 내적 투쟁을 할 필요가 없었던 것이다. 그러니, 그렇다. 나는 내 친구가 (50퍼센트쯤은) 옳았다는 걸 이제는 알고 있다.

양육과 천성. 이 둘은 과학적 또는 문화적 합의를 끌어내기에는 너무 복잡한 방식으로 얽혀 있다. 게다가 이 두 단어가 각각 담고 있는 의미 역시 천 가지쯤은 되는 것 같다. 마녀의 솥단지 속에서 끓어오르고 있는 건 유전자와 환경 단둘만이 아니다. 그 솥에는 태아기[51]와 주산기[52]의 경험도 들어 있고, 거기에 우리가 '태아기 인격'이라고 부르는 무언가가 추가되고, 마지막으로 '운'이 뿌려진다(이것보다 마지막에 어울리는 게 또 있을까?). 그 과정을 다 거치고 나면 그 솥에서 한 인간이, 한 아이가 걸어 나온다. 하지만 거기서 끝이 아니다. 신경 가소성과 뇌의 변화에 대한 연구에 따르면, 아이는 솥 밖으로 나온 뒤로도 계속 '제작 중'인 상태에 있다.

버밍엄대학교의 심리학자 스튜어트 더비셔Stuart Derbyshire는 한 사람의 생애 초기 몇 년이 그의 운명을 결정한다는 생각을 "부모라는 존재를 후려치려는 사람들이 만든 유사과학"이라고 부른다. 심리학자 올리버 제

임스Oliver James는 한 사람의 발달에 있어 부모의 영향이 중요하지 않을 수 있다는 인식은 "쓰레기이자 포스트모더니즘적 헛소리"라고 여긴다. 인지심리학자이자 언어학자인 스티븐 핑커Steven Pinker는 말한다. "많은 사람은 인간에게 천성이라는 게 존재한다고 인정하는 일이 곧 인종 차별, 성차별, 전쟁, 탐욕, 집단 학살, 허무주의, 보수 정치, 아이들과 혜택받지 못한 사람들을 방치하는 상황에 힘을 실어 주는 일이라고 생각합니다." 의사이자 철학자인 레이먼드 탤리스Raymond Tallis는 이렇게 쓰고 있다. "만약 당신이 '신경'이라는 접두어가 붙은 새로운 학문 분야를 우연히 발견했는데 그것이 실제 신경계와 관련이 없다면 개소리 탐지기를 켜라. 게다가 만약 그것이 다루는 범위 내에 '사회'가 속해 있다면 총에 손을 뻗는 게 좋다."

우리는 신생아는 빈 서판 같은 존재라는 믿음을 지나왔고, 사회진화론이라는 무성한 덤불도 헤치고 나왔으며, 행동주의와 유전자 우월주의까지 돌파했지만, 그런 뒤에도 또 다른 울창한 숲속에 들어와 있다. 우리

---

51 포유류가 모체 안에서 자라는 기간. 사람의 경우 수정에서 출산까지 약 280일간을 이른다.

---

52 周産期. 출생 전후의 시기. 세계보건기구(WHO)의 정의에 따르면 임신 22주부터 출생 후 1주까지를 가리킨다.

는 나무들 사이를 헤쳐 나와 또 다른 나무들과 만난 것이다. 하지만 어쩌면 이게 우리가 얻을 수 있는 최고의 결과일지도 모른다. 최악이 있다면, 그건 우리가 무언가를 안다고 확신하는 일일 것이다. 딜런 클리볼드는 미국 콜로라도주 콜럼바인 고등학교에서 친구 한 명과 함께 학생 열두 명과 교사 한 명을 총기로 살해한 뒤 자살한 소년이다. 그는 폭탄도 설치해 두었으나 터지지 않았다. 앤드루 솔로몬Andrew Solomon은 딜런의 부모인 수와 톰 클리볼드와 시간을 보내고 나서 그들을 이렇게 묘사했다. "가장 친밀한 인간관계에서도 곧잘 발견되는, 인간은 타인을 조금도 알아낼 수 없다는 끔찍한 사실의 피해자."

사람들은 살인자들의 어린 시절과 함께 그들의 가족을 살펴보려는 습성을 갖고 있다. 내가 요즘 다니는 치과에서 만난 박식한 치과의사가 며칠 전에 얘기한 바에 따르면, 칭기즈 칸은 어렸을 때 구타와 학대를 당한 적이 있다고 한다. 노르웨이 청년들을 무차별 살해한 아네르스 브레이비크의 행동을 이해하는 데 있어 핵심이 되는 사항은 그의 어린 시절과 성性심리적으로 뒤틀려 있는 모자 관계다. 하지만 솔로몬은 클리볼드 가족의 가정 생활에서 아무런 문제도 찾아내지 못했다. 학대도, 방치도, 무관심도 없었다. 거기에는 사랑과 포용, 친절과 따스함만 있었다.

우리와 친밀한 누군가가 알 수 없는 존재일 가능성이 있다면, 그 가능성은 '천성 대 양육'이라는 개념에 무슨 영향을 끼칠까? 아니, 어쩌면 가장 중요한 논제는 따로 있는지도 모른다. 우리는 무척 많은 걸 알고 있지만, 그 앎들을 하나의 체계 안에 매끄럽게 정리해 넣을 수는 없다는 사실 말이다. 우리의 앎들은 여러 모순과 극단적인 예외들로 인해 늘 긴장 상태에 빠져 있고, 결국 불편한 상태로 우리 마음속에 자리 잡게 된다. 마치 새벽에 급히 열린 집회에서 꾸려진 임시 정부처럼.

•

레아 뎀시는 연달아 여러 번의 워크숍을 진행했고, 그때마다 매번 방을 가득 채우고 있는 임산부들 속으로 걸어 들어갔다. 거기서 그는 마치 특수 안경을 쓴 것처럼 다른 사람들은 볼 수 없는 흔적을 알아볼 수 있었다. 그건 그의 눈앞에 있는 여자들 각자에게 새겨진, 그들 자신의 출생이 남긴 흔적이었다. 레아는 내게 말한다. 심지어 그들의 출생뿐 아니라 그들이 세상에서 처음으로 보냈던 몇 달의 흔적까지 남아 있었다고. 마치 빅뱅 이후 물질과 반물질이 급속히 갈라지며 우주를 채우던 순간과도 같은 그 모습들이, 자신을 향하고 있던 여자들의 얼굴에 담겨 있었다고.

레아는 40년 가까이 그 일을 해왔다. 그는 출산 지도사로서 1천 명 이상의(그중 한 명은 검은 눈동자를 지닌 내 아들이었다) 출생을 지켜보아 왔다. 그가 이끌어 온 임산부 중에는 한때 막 어머니의 몸에서 나와 그의 두 팔에 안겼던 사람도 있었다. 레아 자신의 세 딸은 어렸을 때 지역 사회에서 운영하는 작은 초등학교에 다녔는데, 레아는 그곳에서 수영을 가르쳤다. 거기 있던 아이들 가운데 적어도 절반의 출생을 지켜보았던 그는 그 아이들이 수영하는 모습 속에서 그들의 출생을 다시금 바라볼 수 있었다. "구분이 됐어요." 그는 말한다. "엄마 몸에서 금방 나온 아이들이 누구고, 오랜 시간에 걸쳐 천천히 태어난 아이들이 누군지." 그의 수영 수업을 듣던—그리고 그가 출생을 지켜봤던—한 소년은 "엄마 자궁 속에서 온통 한쪽으로 쏠리고 비틀린 불편한 자세"를 취하고 있던 아기였다. 그 소년은 직선으로 헤엄치지 못했다.

레아는 세상이 개입하기 전에, 그러니까 세상이 망치질을 해서 아이들의 모양을 바꾸기 시작하기 전에 그 아이들의 어린 시절을 지켜보라고 부모들에게 말한다. 아이들이 어떻게 기는지, 어떻게 걷기 시작하는지 자세히 지켜보라고. 왜냐하면 그런 모습들은 "그 아이가 어떤 사람인지 알려 주는 가장 순수한 표현"이기 때문이라는 것이다. 또한 그에 따르면 만 1세가 넘은 아이

고통을 말하지 않는 법

들은 태어나고 첫 해 동안 변화했던 것만큼 많이 변하지는 않을 것이다. "그 첫 1년은 이후 우리 삶이 연 단위로 맞이하게 될 리듬을, 일종의 원형을 마련해 주죠."

"그 아이가 어떤 사람인지"는 레아에게 중요한 문제다.

(우리가 '그 아이는 그런 아이'라고 생각하게 되기 전에 그 아이들은 어떤 존재일까? 그 아이들 스스로 '나는 이런 아이'라고 생각하게 되기 전에 그 아이들은 어떤 존재일까?)

"제가 가장 큰 열정을 느끼는 일은 이거예요. 아이들이 가장 온전한 형태로 세상에 진입하도록 만들어 주는 일이요." 레아는 말한다.

여러 해 전, 분만의 고통에 관한 좌담회에 참석한 나는 자리에 앉은 채 행사가 시작되기를 기다리고 있었다. 둘째를 임신한 지 32주째였던 나는 출산할 때 누가 특별히 곁에 있을 필요는 없다는 생각을 갖고 있었다. 첫째를 쉽게 낳은 까닭에 오만해지거나 버릇없어져서 그런 건 아니었다. 산파와 가족들이 각자 맡은 일을 하면 그걸로 충분하다고, 다른 건 필요 없다고 생각했기 때문이었다. 그때 레아가 걸어 들어왔다. 그는 흰색 옷을 입고 있었다. 그 흰색이 주었던 충격이 기억난다. 고등학교에서 대여한 방, 커다란 입이 질겅질겅 씹어 놓은 것만 같던 그 방 안으로 누군가가 낙타를 타고

들어온 것 같았다. (또 레아가 로열 여성 병원에 찾아왔을 때 입고 있던 옷도 기억난다. 그때 나는 아무런 특징이 없었던 나머지 지금은 희미하게 불 밝혀진 직사각형으로밖에 떠오르지 않는 병실에 누운 채 정신을 잃어가고 있었다. 레아는 가죽 장갑을 끼고, 뾰족한 부츠를 신고, 등 뒤로는 숄을 늘어뜨린 차림으로 등장했다. 나는 벌거벗고 있었다. 더 이상 내 몸이 뭘 하고 있는지 알 수 없었다. 레아가 걸치고 있던 모든 것은 아름다웠고, 옷감은 새것처럼 깨끗해서 바스락거리는 소리가 남들보다 두 배쯤은 큰 것 같았다. 그는 마치 내 출산 과정에서 자신의 멋진 옷이 더러워지더라도 신경 쓰지 않기로 마음먹은 것처럼 보였다.)

진통에 관한 좌담회가 끝나자 나는 레아에게 다가갔다. "지금 말씀드리기엔 너무 늦었고, 선생님은 온통 예약이 되어 있으실 테고, 뭐 그렇다는 건 알아요." 나는 말했다. "그래도 부탁드릴게요. 제가 아이 낳을 때 곁에 있어 주시겠어요? 지금까지는 그런 순간에 선생님 같은 분이 얼마나 필요한지 몰랐어요."

그러자 레아는 "네"라고, 그런 다음 "알겠습니다"라고 대답했다. 그때까지 나는 모르는 사람의 도움이 필요한 상황이 존재한다는 것조차 잊고 있었다. 하물며 그럴 때 도움을 요청한다는 것은……? 내가 그러는 법을 알았던 적이 있었는지조차 의심스럽다.

여자들로 가득한 방 안에 있는 레아……. 나는 여자들을 바라보는 레아를 상상하는 걸 좋아한다. 내가 그 여자들 가운데 한 명이어도 상관없다. 나는 점잔을 빼는 사람이 아니니까. 레아가 나를 읽어 줬으면 좋겠다. 얼마 전 나는 팀 로스가 오랜만에 찍은 TV 시리즈 〈라이 투 미Lie to Me〉를, 그 질척거리는 이야기를 홀린 듯이 시청했다. 그 드라마는 마흔세 개의 얼굴 근육이 결합해 1천 가지의 표정을 만들어 낼 수 있으며, 사람들이 거짓말을 할 때는 그들의 시선이 왼쪽이나 오른쪽이나 위나 아래를, 이 네 방향 중 하나를 향한다는 것을 알려 주었다(물론 표정을 읽는 전문가쯤 되어야 그 미묘한 변화를 알아챌 수 있다). 내가 틀렸다면 정정해 주기를. 시선으로 거짓말을 파악한다는 건 분명 완전 개소리일 테지만, 만약 개소리가 아니라면 그 기술은 분명 경외감을 자아낼 것이다. 무언가를 알아본다는 것, 어떤 사람들은 얼마나 그 일에 뛰어난가. 기이할 정도로 뛰어난 그들의 눈을 피할 수 있는 것은 아무것도 없어 보인다. 그런 뛰어난 눈을 가진 이에게 내면을 완전히 파악당하는 것—그건 누구나 가지고 있는, 그러나 아무도 말하지는 않는 인간의 커다란 욕구 중 하나가 아닐까?

내가 정말로 궁금해하는 건 이것이다. 우리에게 '최초의 바코드'에 해당하는 어떤 흔적이 남아 있을 수도 있을까? 다시 말해 우리가 살아온 삶이 아니라 우리의 시작에 관한 기록이, 우리 개인의 역사가 시작되는 그 뾰족한 출발 지점에 놓여 있던 자아에 관한 기록이 존재할 수도 있을까? 그리고 세상 전체를 통틀어 한두 명쯤의 사람은 그 바코드를 눈으로 볼 수도 있을까? 껍질이 벗겨진 양파 같은 인간의 벌거벗은 모습을 충분히 관찰해 왔을 그들은 결국 각 인간의 앞날에 무엇이 놓여 있는지도 알 수 있게 될까?

최초의 바코드. 0세부터 7세 사이가 아니라 0세부터 0세 사이에 새겨지는 것.

V.W.

환자가 의사를 찾아간다. "선생님," 환자는 말한다. "저 좀 도와주셔야겠어요. 못 견디게 힘들거든요. 오줌이 계속 나와서 사방에 흘리고 있어요." 의사는 그에게 알약 하나를 처방해 주고 나중에 다시 오라고 한다. 며칠 뒤 약속대로 환자가 다시 온다. "안녕하세요, 선생님. 잘 지내시나요, 아내분도 잘 계시죠?" 환자는 쾌활하게 말한다. "정말 기분 좋은 날이네요." 어안이 벙벙해진 의사는 묻는다. "그런데 증상은 좀 어떠세요?" "아, 너무 좋아요, 선생님. 오줌이 계속 나와서 사방에 흘리고 있지만 더 이상은 하나도 신경이 안 쓰이거든요."

이것은 1960년대 언젠가, 로만 폴란스키가 런던에서 만나고 있던 베라 바소프스키에게 던진 농담이다. 당시 폴란스키는 폴란드를 떠나 런던에 살고 있었다(아직 할리우드로 진출하기 전이었다). 그는 베라를 어느 고급 클럽에 데려가면서 여기에 믹 재거가 자주 온다고 지나가듯 말했다. 베라는 그 농담은 기억하지만 그 클럽의 이름은 잊게 된다. 그곳은 '애드 립' 클럽이었다(1983년에 클라이브 제임스가 할리우드를 떠난 폴란스키와 했던 인터뷰를 보면 알 수 있다). 1960년대에 베라는 오스트레일리아에서 살고 있었는데, 몽롱하고 따분한 평야였던 그곳은 1960년대의 런던과는 닮은 데가 별로 없었고, 1950년대의 바르샤바와는 닮은 데가 전혀 없었다—그 무렵의 바르샤바는 어떤 곳이었을까? 전쟁으로 인해 인구의 85퍼센트에서 90퍼센트가 사라진 곳. 시인 체스와프 미워시Czeslaw Milosz는 그곳을 "공포에 사로잡힌 유럽 전체를 통틀어 가장 고통스러운 곳"이라고 표현했지만, 불과 몇 년 뒤 그곳은 (베라의 고집스러운 표현에 따르면) "엘리트 지식인들"이 번영을 누리는 도시로 변했다. 베라는 이런 표현들을 쓴다. "최고였죠." "세계적 수준이었죠."

영화 제작자들, 저널리스트들, 배우들, 지식인들, 폴란스키의 배우 데뷔작 〈세대Pokolenie〉를 만들었던 영화감독 안제이 바이다, 그리고 베라와 그의 남편이자 저널리스트였던 얀…… 그들 모두가 한 방에 다 같이 모이곤 했다. 그때마다 생겨나던 그 활기라니! 의사와 환자가 나오는 그 농담은 사실 그들 자신의 이야기가 아니었을까? 주위의 현실에 눈곱만큼도 신경을 쓰지 않을 수 있는 능력, 그것은 이제 스탈린의 손아귀에 들어간 그들의 나라에서 누릴 수 있었던 몇 안 되는 자유 중의 하나가 아니었을까? 바깥세상에서 그들은 무언가를 양도하거나 빼앗기고 있었지만, 그들의 머릿속에는 그런 현실이 접근할 수 없는 하나의 장소가 있었다. 1950년대 바르샤바에서 베라와 얀 부부와 어울리던 사람들 대부분은 오직 그들만의 것이었던 그 장소를 마음속에 간직하고 있었다. 국가는 사람들이 하는 모든 일에, 그들이 걸어 다니는 거리에, 중고등학교를 거쳐 대학을 나와 직업을 갖고 연금을 받는 그들의 인생 궤적 전체에 온통 지문을 찍어 놓고 있었다. 타자기조차 국가에 등록해야 했다. 심지어 공기마저도 예외가 아니어서, 한번 숨을 들이쉬고 내쉬기만 해도 무언가에 연루되었다. 하지만 자유로워지는, 혹은 적어도 자유로워진 것처럼 행동하는 방법, 즉 자유롭지 않은 주위의 무엇과도 동화되지 않을 수 있는 방법이 여러 가지 있었다. 당신도 베라와 얀을 지켜보다 보면 자연스럽게 알게 될 것이다. 그들이 써 왔던, 쓸 수 있었던 방법들. 의지력을 발휘해 남들의 눈에 띄는 사람이 되는 것. 유순함을 없애 버리는 것. 체념을 다른 곳으로 흘려보내는 것. 당신이 이런 사람이라고 가정해 보자. 남들 앞에서 말할 때

고통을 말하지 않는 법

목소리 크기를 신중히 조절하지 않는 사람, 말할 내용을 미리 생각해 보지도 않고 내뱉는 사람. 술을 적당한 수준 이상으로 마시고, 연애, 섹스, 가족과 관련해서는 아슬아슬한 사고들을 치는 사람. 굴종을 찬양하면서 북을 울려 대는 어떤 공산당 똘마니의 작품이 아니라 폴란드를 세상 여러 나라 가운데 예수 같은 존재로 여겼던 아담 미츠키에비치Adam Mickiewicz가 쓴 시들을 외우고 있는 사람.

시, 예술, 음주, 연애 사건. 이것들은 사치품도 감미료도 아니었다. 게다가 정치적으로 특별히 선을 넘는 행위도 아니었다. 시인 아담 자가예프스키Adam Zagajewski가 썼듯, 농업이나 건축이나 문학이나 철도 시스템에 쓸 시간은 없고 군대, 경찰, 연설, 열병식에 쓸 시간은 무한히 많은 정권 치하에서 마음속 깊이 분노하기는 너무도 쉬웠다. 자가예프스키는 그 분노를 펼치는 요령을 다음과 같이 알려 주었다. "더 위대한 것들을 향해 나아가는 도중에, 마치 지나쳐 가듯 전체주의를 물리치기." 그것에 대한 '반대'가 당신을 규정해 버리지 않도록, 그것에 대항하는 '싸움'의 노예가 되지 않도록 말이다. 당신 주위의 너무도 많은 사람이 그 함정에 빠져 버렸다. 20세기가 남긴 교훈 중 하나는 정확히 다음과 같다. '당신은 조만간 당신이 대항해 싸우는 바로 그것으로 변한다.' 그러니 시, 예술, 음주, 연애 사건…… 이런 것들은

'반대'와 '싸움'의 노예가 되지 않기 위해 꼭 맞아야 할 예방 접종이 아니었을까?

아니다. 그렇다. 그들이 한 일은 무모함을, 즉 예측할 수 없는 방식으로 끊임없이 움직이는 영혼의 상태를 만들어 내는 것이었다. 영혼이 계속 움직이고, 스스로를 확장하고, 내부 공간을 개방하고, (넓고 트인 공간에서 잠복해 있는 저격병을 피하면서 도망치는 방법을 아는 현명한 도망자처럼) 속도를 계속 변화시키며 도망치는 한, 그 영혼은 온전히 포획될 수 없다. 그렇다면 앞서 말한 '예방 접종'만 맞으면 그런 영혼이 될 수 있었을까? 그렇다. 아니다. 폴란드에 관한 대부분의 질문에는 적어도 두 가지 대답이 함께 숨어 있다. 미워시의 책 『사로잡힌 마음Zniewolony umysł』에는 폴란스키가 했던 '의사와 환자' 농담과 비슷한, 더 정확히 말하자면 그 농담의 반전된 형태가 실려 있다. 미워시는 잘 알려지지 않은 작가 스타니스와프 이그나찌 비트키에비치Stanisław Ignacy Witkiewicz의 1927년 작 장편소설[53] 속에서 '무르티-빙의 알약'이라는 가상의 알약을 발견한다. 사라지지 않는 불안을 누그러뜨리고, 복용하는 사람을 '어떤 형이상학적 근심의 영향도 받지 않게' 만들어 주는 그 알약은 결국 동양에서 온 독재 정권의 임박한 침략을 환영하는 데 쓰이게 된다. 비트키에비치는 붉은 군대가 폴란드의 동쪽 국경선을 넘어왔다는 사실을 알게 된 직후인 1939년 9월 18일 스스로 목숨을 끊었다. 미워시는 5년간의 독일 점령기 내내 바르샤바에서 머물다가 서구로 망명했다. 어쩌면 '의사와 환자' 농담은 처음부터 줄곧 이중의 메시지를 담고 있었는지도 모른다. 어쩌면 그 농담에서 진짜 농담 같은 부분은 그것이 지닌 이중성이었는지도 모른다.

　　폴란드가 침공당했을 때 폴란스키는 여섯 살이었다. 베라는 그보다 한 살 어렸다. 14세 이하의 폴란드계 유대인 아이들 1백만 명 가운데 전쟁이 끝날 때까지 살아남은 아이들은 약 5천 명이었다. 생존자 대부분은 폴란스키와 베라가 살아남은 방식으로, 즉 수녀원이나 기숙 학교, 고아원, 농장, 다락방, 혹은 기독교를 믿는 가족들이 사는 집으로 몰래 들어감으로써 살아남았다. 때로는 구덩이 속에, 동굴에, 숲속에, 가짜 벽들 사이에, 벽장에 숨기도 했다. 하지만 얀이 살아남은 방식은 달랐다. 그때 그는 카자흐스탄에 있었다. 폴란드에 유대인을 위한 신문들이 아직 존재하던 시절, 한 유대인 신문사의 편집자로 일했던 얀의 아버지가 선견지명을 발휘해 가족을 국외로 내보냈던 것이다. 베라는 얀과 함께 두 번째로 맞이한 낭만적인 저녁 식사 자리에서 자

내게 일곱 살이 되기 전의 아이들 (…)　　　　291

신이 겪어 왔던 일들을 털어놓았다. 그는 장황한 무용담을 늘어놓는 대신 이야기 전체를 몇 문장으로 짤막하게 요약했다. 베라의 강력한 남편 후보였던 얀은 눈물을 참지 못했다.

베라와 얀은 1950년대 말까지 바르샤바에 머물렀다. 그들은 자신들만의 환상 속에서 타오르듯 행복했다. 전후 폴란드에서 인생 최고의 시간을 보냈다는 사람들의 이야기를 듣게 되는 일은 드물고, 그런 말을 하는 사람이 유대인일 경우는 더더욱 드물다. 큰 소리로 떠들어 대는, 자만으로 가득 찬, 대기권 밖에서도 알아볼 수 있는 유대인들. 전쟁이 끝났을 때 바르샤바에—1939년 이전에는 뉴욕에 이어 두 번째로 커다란 유대인 공동체가 존재했던 그 바르샤바에—남아 있는 유대인은 거의 없다시피 했다는 건 다들 알고 있을 것이다. 하지만 베라와 얀은 그때 거기 있었고, 폴란스키도 거기 있었다. 베라의 말에 따르면 그들의 친구 중에는 유대인이 많았다. 그리고 그들 중 대다수는 베라와 마찬가지로 다른 곳에서 살다가 바르샤바로 온 사람들이었다. 이들은 대개 특별한 범주에 속했는데, 이 범주를 가장 잘 표현한 사람이 있다면 바로 시인이었던 알렉산데르 바트Aleksander Wat일 것이다. (폴란드 시인들에게 의지하지 않고 폴란드에 관해 이야기하려고 시도해 보라. 그건 불가능하다. 아마도 그건 철학자 아감벤

이 『아우슈비츠의 남은 자들』에서 썼듯 "'목격자'의 몸짓은 또한 시인의 몸짓이기도 하기" 때문일 것이다.) 어떤 사람이 그에게 폴란드인인지 아니면 유대인인지 묻자, 바트는 이렇게 대답했다. "나는 폴란드계 폴란드인이자 유대계 유대인입니다." 그들은 그 둘 중 하나일 수만은 없었다. 그들은 그 둘 모두였으며, 그러면서 그 각각의 의미는 두 배로 강렬해졌다. 바르샤바대학교—베라는 여기서 저널리즘을 공부했는데, 그는 이 학부 과정이 "특히 우수한" 교수진과 그 폭넓은 지적 관심사 때문에 "멋있었다"고 기억한다—에서 가장 눈에 띄는 교수들 역시 유대인이었다. 마지막까지 바르샤바에 남아 있던 이 교수들은 1960년대 말 브와디스와프 고무우카Władysław Gomułka의 '반 시온주의' 운동이 그 도시에 남아 있던 유대인 인텔리겐치아들을 '처리'할 때 교수직을 박탈당하게 된다.[54] 베라와 얀은 베라의 표현대로라면 "반유대주의의 꼭지가 확 돌아 버리는 걸" 눈치채고 나서야 그곳을 떠나는 일을 고려했다. 폴란드의 반유대주의는 무너뜨릴 수 없는 존재였고, 사라진 적도 없었

---

54 당시 폴란드의 최고 지도자였던 고무우카는 독재자와는 거리가 먼 인물이다. 그러나 그는 1960년대 중반부터 경제 침체 등의 이유로 힘을 잃어 갔고, 1968년의 학생 시위 강경 진압과 같은 해 벌어진 반 시온주의 운동을 주도한 당내 강경 세력을 묵인했다(혹은 승인했다).

다. 능히 사람을 죽일 수 있었던 그것은 전쟁 직후의 생존자들을 간절히 기다리고 있었다. 1956년, 고무우카의 탈 스탈린화 움직임이 터져 나온 그해를 기점으로 폴란드의 반유대주의는 넓다란 날개를 지닌 새처럼 높이 날아올랐다.

1956년의 어느 날 밤, 베라와 그의 친구들은 어느 나이트클럽에 모여 있었다. "여러 친구 중에서도 특히 세간의 이목을 끄는 사람들이 거기 와 있었죠. 최고의 지식인들이요." 베라는 말한다. 자가예프스키의 놀랍도록 정확한 표현에 따르면, 1956년은 "생각은 허용해도 말은 허용하지 않았던, 콧노래는 허용해도 노래는 금지했던, 휴식은 허용해도 노동은 허용하지 않았던, 교회에 들어가는 것은 허용해도 거기서 나가는 것은 승인해 주지 않았던" 기괴한 반半 전체주의 정부가 활동하던 시대였다. 기묘하고도 기묘했던 그 시절, 1956년의 어느 날 밤, 나이트클럽에서의 대화는 어느새 주제를 바꾸었다. 이제 그들은 폴란드에서 앞으로 일어날 수도 있는 '차기 홀로코스트'에 관해 이야기하고 있었다. 그건 정말로 일어날 수 없는 일일까? 그러다 그들 가운데 한 남자가, 유명한 배우였고 유대인은 아니었으며 지금은 세상을 떠난 그가 베라를 향해 무릎을 꿇었다. 그러더니 장난삼아, 혹은 배우라는 직업 특유의 치열하고 일시적인 진심을 담아 이렇게 선언했다(그때

고통을 말하지 않는 법

베라는 그 클럽에서 가장 눈부신 여자였다고 해도 무방할 것이다). "당신은 제가 숨겨 드릴게요. 그러니 걱정 말아요."

그 선언은 베라의 마음을 흔들었다. 어떤 상황이든 간에, 또 다른 홀로코스트가 일어날지도 모른다는 가능성을 받아들일 수 있는 인간은 대체 어떤 인간일까? 그것도 하고많은 곳 중에 폴란드에서, 지난 홀로코스트가 끝난 지 얼마 되지도 않은 지금 말이다. 숨겨 주신다니, 오, 위대하고도 용감한 은인이시네. 베라는 속이 메스꺼웠다.

네이선 잉글랜더Nathan Englander의 단편소설 중에 「안네 프랑크를 말할 때 우리가 이야기하는 것What We Talk About When We Talk About Anne Frank」이라는 작품이 있는데, 바로 레이먼드 카버의 「사랑을 말할 때 우리가 이야기하는 것What We Talk About When We Talk About Love」을 자신의 스타일로 다시 쓴 것이다. 잉글랜더의 단편은 얼마나 오랜만인지 모를 정도로 오랜만에 오후를 함께 보내게 된 두 쌍의 중년 유대인 부부에 관한 이야기다. 두 명의 아내 데비와 로렌은 뉴욕의 정통파 유대교 여학교에 다니던 시절 절친한 친구였고, 이후 각자 결혼을 했다. 데비는 미국에 계속 머물렀고, 비종교적인 유대인이 되었으며, 아들 하나를 낳았고, 수영장이 딸린 집을 샀다. 반면 로렌은 서둘러 이스라엘로 갔고, 하시딕[55] 유대인이 되었고, 열 명의 딸을 낳았고, 이제는 로렌이 아니라 쇼샤나라는 이름으로 불린다. 두 쌍의 부부는 플로리다 남부에 있는 데비네 집에서 만난다. 그들은 이야기를 나누고, 보드카를 마시고, 데비의 아들이 세탁실에 숨겨 둔 마약을 하고, 빗속에서 '혼성 춤'을 조금 춘 다음 코셔 음식을 찾아 식품 저장실을 뒤진다. 그 이야기는, 특히 두 남편 사이는 내내 고통스러울 정도로 긴장으로 가득하고, 또한 여러 번의 고통을 안겨 줄 정도로 아름답기도 하다.

그 집의 식품 저장실과 그 바로 옆에 있는 화장실은 집의 나머지 부분으로부터 차단될 수 있도록 설계된 공간이다. 벽을 하나 세우면 아무도 알아낼 수 없는 그 예비 격리 공간은 뉴욕 브롱크스에서 (유럽에서 얼마나 떨어져 있는지 누가 좀 계산해 주길) 태어난 조부모님을 둔 데비가 설계한 것이다. 식품 저장실에는 음식이 쌓여 있다. 한편, 데비는 그 자신의 표현에 따르면 진지한 사고 실험이기도 한 '안네 프랑크 게임'을 하고 싶어 하고, 그의 남편은 그 게임이 '병리적 증상'에 가깝다고 생각하면서도 이번에는 동참하기로 한다. '누가

---

55 Hasidic. 정통파 유대교 중에서도 옛 율법을 엄격하게 신봉하는 강경 원리주의 계파(초정통파). 이들의 공동체 중에는 현대 문물마저 가능한 한 받아들이지 않는 곳도 있다.

고통을 말하지 않는 법

나를 숨겨 줄까요?'나 '정의로운 비유대인' 게임으로도 알려져 있는, 제목 그대로의 게임.[56] 그 게임을 받아들인 로렌은 얼마간 시간이 지난 뒤에 말한다. 아시겠지만, 이건 우리끼리도 할 수 있거든요. 만약 여러분 중 한 명이 유대인이 아니라면, 그 사람은 유대인인 자기 아내 혹은 남편을 숨겨 줄까요? 그 제안은 처음에는 어처구니없어 보이지만, 그들은 곧 그 방식을 시험해 본다. 그러고는 그 방식으로 게임을 한다.

카버의 단편에서는 두 쌍의 부부가 술을 마신 뒤 사랑에 관해 이야기를 나누는데, 그 대화가 끝날 무렵 그들은 어느새 모종의 새롭고 끔찍한 세계 질서 속에 진입해 있다. (마지막 단락은 그 진입에 관한 실마리를 이렇게 제공한다. "내 심장이 뛰는 소리가 들려왔다. 모두의 심장이 뛰는 소리가. 방이 어두워졌는데도 우리 중 누구도 꼼짝하지 않고 거기 앉아 만들어 내고 있던 인간의 소음이 내 귀에 들려왔다.") 잉글랜더의 단편에서도 마지막에 두 쌍의 부부는 몸을 움직이지 못한다. 그들은 무언가를 불러일으키고 말았는데, 그들이 그것으로부터 뒷걸음질 칠 수 있을지는 아무도 모른다. 아니, 그보다도 뒷걸음질을 어디로 친단 말인가? 일부 비

---

56 특정 인물을 지칭한 후 그가 유대인을 숨겨 줄 것인가 아닌가를
추론하는 게임

평가들은 지금껏 광적인 대량 학살을 저질러 온 '미국'에서는 잉글랜더가 선보인 '게임'이 주장하려는 바가 거의 퇴색해 버린다고 말했다. 더 나쁜 평도 있었다. 이 소설이 견지한 상대주의는 용서할 수 없는 수준인 데다, 전체적으로도 모욕적인 설교나 다름없는 작품이라는 거였다. 만약 그 지적이 옳다 하더라도 이것만큼은 확실하다. 20세기에 일어난 여러 대규모 학살의 그림자 속에서 살아간다는 것은 곧 앞서 제기된 질문들과 함께 살아간다는 것이다. 그리고 확실한 게 하나 더 있다. 오늘날의 미국이나 오스트레일리아에서 '안네 프랑크 게임'을 한다는 건 그저 모멸감 섞인 불쾌감만 안겨 줄 뿐이라는 것이다. 마치 베라가 자기 앞에 극적인 포즈로 무릎을 꿇은 배우를 바라보아야만 했던 1950년대 폴란드에서처럼 말이다. 그런 상황은, 그런 게임은—'농장주 게임'은 어떤가? '노예 상인' 게임은? '내무 인민 위원부' 게임은?—누가 언제 하더라도 불쾌할 게 분명하다. 어떤 사람들은 또다시 그런 선택을 강요받게 됐다는 생각만으로도 견딜 수 없을 테고, 반면에 그런 경험을 해 보지 않은 사람들은 그 일에 관해 이야기하는 것과 아예 입을 다무는 것—마치 그런 일은 당신과 당신 가족에게는 일어날 수 없다는 듯이, 누군가는 그 일로부터 영향을 받지 않거나 면제될 수 있다는 듯이, 그런 일이 가까운 곳에서 일어나면 어떻게 행동해야 하는지

고통을 말하지 않는 법

나는 알고 있다는 듯이—, 이 두 선택지 모두가 불편할 것이다.

브라티슬라바에서 태어난 에바 S는 전쟁이 끝난 지 50년 뒤 폴 발렌트의 책 『홀로코스트의 아동 생존자들 Child Survivors of the Holocaust』에서 이렇게 말한다. "방에 들어갈 때마다 누구를 살려야 할지 결정해야 할 것 같은 기분이 들어요. 심지어는 제 아이들과 저녁 먹는 식탁에서도 이런 생각을 하게 돼요. '주님, 만약 선택해야만 한다면, 저는 얘들 중에 누구를 선택하게 될까요?'" 에바 S는 여동생 마르타와 함께 아우슈비츠에 있었고, 그들 둘은 함께 멩겔레 박사[57]의 실험 대상으로 선발되었다. 멩겔레는 아이들에게 '농부는 아내가 갖고 싶어'[58] 게임을 하게 했는데, 그 게임에 참가한 아이들은 자신들이 다음번에 죽을 아이를 뽑고 있다고 믿었다. 발렌트는 멩겔레의 게임을 사악함의 극치로 묘사한다. 당시

---

57 요제프 멩겔레 Josef Mengele(1911~1979). 강제 수용소에서 비인간적인 인체 실험을 자행한 것으로 악명 높은 인물이다. '죽음의 천사'라고도 불렸다.

58 Farmer Wants a Wife. 농부 역할을 맡은 아이를 중심에 두고 다른 아이들이 노래를 부르며 돈다. 그러다 농부가 지목한 아이는 원 안에 들어온다(가족이 됨). 원 안쪽 혹은 바깥쪽에 정해진 인원수가 충족될 때까지 이 행동을 반복한다. 여기서는 원 밖에 한 명이 남을 때까지 계속한 것으로 보인다.

어린 소녀였던 에바는 누군가를 선택하는 일을 용케 피할 수 있었지만, 대신에 다른 아이들이 '선택'하는 순간을, 스스로의 영혼을 적출하는 듯한 그 순간을 여러 번 목격했다. 어쩌면 생존자들은 그 '선택'으로부터 도망칠 방도가 없을 수도 있다. 어쩌면 그 선택 과정을 접했다는 사실 자체가, 그 앎 자체가 항상 그들 곁에 머무를 수도 있다. 그때 그 앎은 아리아드네의 실처럼 평생 그들의 삶을 끌어당겨 이끌 것이다.

안이 만성 알코올의존증으로 세상을 떠난 뒤, 오스트레일리아에 홀로 남은 채 이전과는 다른 방식으로 살게 된 베라는 폴란드로 돌아가는 일을 진지하게 고려할 것이다. 이렇게 혼잣말을 하면서. "내가 오스트레일리아에서 대체 뭘 하고 있는 거지?" 바르샤바의 어느 텔레비전 방송국 대표인 베라의 친구는 베라가 오기만 하면 바로 일자리를 주겠다고 약속한다. 베라는 폴란드를 방문한다. 그러던 어느 날, 사람들이 가득하고 태양이 밝게 빛나는 바르샤바 번화가를 걷던 베라는 벽에 방금 뿌려진 스프레이로 쓰인 글귀를 보게 될 것이다. 새것처럼 번쩍거리는 글귀. 유대인은 나가라JUDEN RAUS. 그때 베라는 아마도 자신이 늘 알고 있었던 것을, 돌아와서는 안 된다는 것을, 다시금 알게 될 것이다.

전쟁이 끝나고 두 달 뒤에 폴란드에서 홀로코스트 생존자의 자녀로 태어난 에바 호프만은 폴란드 땅에서 일어난 전쟁이 선사한 "두 가지 순교사적 기억의 정면충돌"을 이야기한다. 폴란드인으로서의 기억과 유대인으로서의 기억이 서로 충돌하는 것이었다. 양쪽 모두에 있어 "그 필사적일 정도로 방어적인 태도와 서로에 대한 신랄한 비난은…… 제가 보기에는…… 그들 자신의 비극을 조롱하는 짓이고, 자신들의 도덕적 진실을 희화화하는 행위예요."

평생 오스트레일리아에 적응하지 못했던 얀은 바르샤바 시절의 친구들을—그들과 보냈던 시간들을—떠올리곤 했고, 기꺼이 "스스로의 지적 수준을 낮추려" 하는 베라의 태도를 한탄하곤 했다. 얀은 자신의 지적 수준을 결코 '낮추지' 않았다. 그 모든 부당함에 어떻게 보조를 맞추란 말인가? 물론 베라 역시 오스트레일리아에 오고 싶었던 건 아니다. 전쟁이 끝난 뒤 베라가 애타게 그리던 곳은 이스라엘, 현재의 이스라엘이 되기도 전의 이스라엘이었다. 1950년대가 되자 베라는 다시 이스라엘을 애타게 그리워하게 되었다. 처음에는 베라의 어머니가 말렸고, 다음에는 얀이 말렸다. "난 한 전체주의 국가에서 다른 전체주의 국가로 갈아타는 짓은 안 할 거야." 얀은 말했다. 그렇게 해서 그들—베라와 얀, 베라가 첫 번째 결혼에서 낳은 아들, 베라의 어머니—은 결국 오스트레일리아로 오게 되었다. '자신의 수준을 낮추지' 않는 얀의 태도는 이윽고 새로 정착한 나라를 그리 편안히 받아들이지 못했던 망명 지식인들이 흔히 마주하는 비극을 이끌어내고 만다. 반면에 베라는 (물론) 그 일을 해냈다. 베라라면 영화 〈마션〉의 맷 데이먼처럼 화성에서 종이봉투 안에 담긴 것과 함께 살아남아야 하는 상황에 맞닥뜨렸더라도 잘 해냈을 것이다. 베라의 어린 시절과 비교해 보았을 때, 그가 오스트레일리아에서 보낸 삶은 과연 어떤 삶이었을까? 그는 해냈다. 그는 바르샤바에서 형성되었던 베라라는 존재로 계속 충실히 남아 있었던 것이다. 이렇게 할 수 있는 사람이 얼마나 될까?

•

베라와 나는 우선 애클랜드 스트리트에서 길모퉁이를 돌면 나오는 정육점으로 갔다. 그의 단골 가게였다.

  ―안녕하세요. 다시 뵈니 좋네요. 어떻게
   지내세요?
  ―보시다시피 아직 살아 있네요. 여전히 걸어
   다니고요.
  ―저도 아직 살아 있어요.

(전혀 무시무시하지 않은, 거의 즐겁다고 할 수 있는 대

고통을 말하지 않는 법

화였다.)

그런 다음 우리는 울워스 슈퍼마켓에 가서 감기약과 두꺼운 두루마리 휴지를 샀다. 세인트 킬다에서 베라와 함께 지내고 있는 친구에게는 손가락이 뚫고 나올 만큼 얇은 휴지밖에 없었던 것이다. 그런 다음에는 발라클라바 로드에 있는 유대인 식품점까지 걸어갔다. 베라는 다진 간을 사고 싶어 했다. 나는 그 식품점 주인을 알고 있었는데, 그의 딸과 내 딸이 아직 호르몬의 영향을 받기 전이었던 명랑한 시절에 함께 놀았던 적이 있어서였다. 나는 주인과 포옹을 나눴다. "저 손님, 항상 저희 가게에 오세요." 주인이 베라를 보며 내게 러시아어로 말하더니, 이렇게 덧붙였다. "멋진 여자분이죠." 나는 우리가 하는 말을 베라가 알아들을 거라고 거의 확신했지만, 그래도 러시아어로 대답했다. "사연이 상당히 많은 분이시죠." "맞아요, 음, 저희 손님들은 다들 자신만의 사연이 있는 것 같아요." 주인이 말했다. "몸에 숫자 문신이 있던 분들은 제법 많이 자취를 감췄지만, 지금까지 오시는 분들은 다들 사연을 하나하고도 절반씩이나 더 갖고 있죠." 나는 그 순간의 대화가 그 식품점 주인과 그때까지 나눈 모든 대화 가운데 최고였다고 마음속에 새겨 두었다. 또 다른 상점에서는—우리가 뭘 샀더라? 작고 먹을 수 있는 무언가였던 것 같은데—카운터 뒤에 있던 남자가 우리 둘이 친척인지 알고 싶어

했는데, 그 질문은 요즘에는 혼란스러운 날씨 이야기에서 한 단계 더 나아간 '스몰 토크'로 여겨지는 질문이다. "저희는 친구예요." 아직 친구까지는 되지 못한 우리가 친구라고 주장하는 말이 너무 과시적으로 들리지 않기를 바라며 나는 말했다. 그리고 베라는 이렇게 말했다. "이 아가씨는 내 손녀딸이에요."

베라와 쇼핑을 한다는 것. 평범하고 사소한 대화 중에 갑작스레 터져 나오는 베라의 격렬하고 커다란 감정은 마치 갑자기 풀리는 블라우스 단추 같다. 그렇게 옷섶이 벌어지고 나면, 그 밑에는 헤아릴 수 없는 또 하나의 삶을 말해 주는 한 점의 피부가 있다.

베라는 내가 그동안 만나 보거나 책에서 읽어 본 어떤 홀로코스트 아동 생존자와도 다르다. 내가 지금 그에 대해 쓰고 있는 건 그래서다. 베라는 술을 마시고, 담배를 피우고, 파티를 하고, 유명인들과 친한 척 그들의 이름을 들먹인다. 언제나 그래 왔다. 베라는 쉽게 발끈하는 성격이다. 그동안 남자도 많았다. 사람들이 베라에게 으레 갖다 붙이는 단어는 '난폭한'이다. 다른 홀로코스트 생존자들은 베라에게서 거리를 두는 경향이 있다. 그런데도 베라의 생활 반경 속에는 많은 사람이 있다. 베라를 규정하는 또 하나의 특징은 바로 프티 부르주아를 향한 반감인데, 이는 거의 플로베르적이다. 그러니까 친구였던 루이 부이예에게 쓴 짧은 편지에 구스타브 플로베르, 부르주아 혐오자라고 서명해 보냈던 그 플로베르 말이다. 다음과 같은 글귀가 큰 글씨로 적혀 있는 모습을 상상하기는 어렵지 않다.

베라 바소프스키.
부르주아 혐오자.

베라는 아우슈비츠에서 비르케나우까지 3킬로미터를 걷는 '살아 있는 자들의 행진'[59]을 하면서 수많은 오스트레일리아 참가자를 화나게 하는 데 성공했다. 그는 행진 내내 예의 바르게 굴기를 거부했고, 심지어 여러 차례에 걸쳐 폴란드의 음식과 시골이 너무 좋다는 선언을 반복했다. 폴란드를 향한 (유대인들의) 사랑이란 본래 무척 복잡하고 모순적인 법이지만, 그리고 베라가 그 사랑을 표현한 건 21세기가 되어서였지만, 많은 홀로코스트 생존자와 그 가족들은 그 점을 감안해 주지 않았다. 그들에게 그 사랑은 지금까지도 금기로 남아 있다. "베라의 세계관은," '살아 있는 자들의 행진' 주최자 중 한 명은 내게 말했다. "거기 모인 사람들 대부분과는 정반

---

59 각국 사람들이 모여 폴란드의 홀로코스트 유적지를 탐방하는 연례 교육 프로그램. 나치 독일이 전쟁 말기 수용소 수감자들을 강제 이동시키며 많은 희생자를 낳은 '죽음의 행진'을 반대로 한 이름이다.

대였어요." 그 사람들은 자기 가족의 과거와 다시 연결되는 작업을 하고 있던 보수적인 중산층이었다. 베라는 그들 한가운데 있는 외계인이었다. 주최 측은 좌절했을까? 그렇다. 그들은 끝에 가서는 확실히 좌절했고, 도대체 베라가 그 여행에 왜 참여했는지 알고 싶어 했다. "내가 여기 온 건 폴란드의 반유대주의 때문이에요." 베라는 그들에게 말했다. "나는 저항을 하고 싶거든요."

내가 베라의 이름을 처음 발견한 곳은 어느 과도하게 감상적인 뉴스 기사였다. 맨 아랫줄 가까운 곳에서 문장 하나가 내게 확 달려들고, 그렇게 나는 그를 찾아야 한다는 걸 알게 된다. 그와 내가 공통으로 아는 사람들, 나를 그에게 데려다줄 작은 다리가 되어 줄 사람은 꽤 많다. 베라는 한때 멜버른에 살았고, 지금은 거기 살지 않지만 1년에 몇 번씩은 그곳으로 돌아온다. 이메일과 스카이프도 사용하고 있다. 우리는 만나서 이야기를 나눈다. 곧 베라가 내가 쓰고 있는 책의 4분의 1쯤 되는 분량을 차지하게 되리라는 사실이 분명해진다. 베라는 나의 주인공이다. 책. 책…….

내가 쓰고 있는 책. 베라를 찾아 나설 무렵, 나는 책을 쓰는 일이 12개월에서 18개월 정도면 끝날 거라고 확신하고 있다. 그런데 한 해, 또 한 해가 획획 지나간다. 2011─2012─2013─2014─2015─등등…… 나는 여느 때처럼 책 자체가 필요로 하는 시간이 따로 있는 법이라는 주문을 외우며 나 자신을 위로해 보지만, 이번에는 좀 다르다. 이번에는 내가 쓰고 있는 이 책과 내 인생에 대한 계획 사이에서 하나를 선택해야만 하는 것 같다. "거의 모든 사람은," 어느 날 베라는 내게 말한다. "내가 누군지 몰라요. 그렇다고 내가 누군지 그 사람들한테 설명하려 들지는 않을 거예요. 귀찮거든. 자, 이제 됐죠."

이제 됐죠는 베라가 이야기를 끝맺는 방식이다.

세상 일이 다 그렇죠도.

이야기는 그걸로 끝이에요도.

베라가 하는 이야기는 이런 식이다. 바퀴가 굴러가기 시작한다 싶으면 어느새 끼익 하는 소리가 들리더니…… 자, 이제 됐죠가 나와 버린다. 그 말은 이야기를 모호하게 남겨 두기 위해 튀어나오는 게 아니다. 베라는 그럴 필요가 없기 때문이다. 베라가 지닌 이야기들은 그를 짓누르거나 망가뜨리지 못한다. 베라는 그것들을 통제할 수 있는데, 아마도 늘 그래 왔을 것이다(그리고 이 말은 당신이 베라를 판단하는 데 있어 기준이 되어 줄 것이다). 그렇다면 그 말을 튀어나오게 하는 힘은 무엇일까. 그건 어쩌면 베라를 동시에 서로 다른 방향으로 가차없이 잡아당기는 두 개의 힘인지도 모른다. 우리 삶의 서사가 낮 동안 엮어 만들었다가 밤에는 풀어내는 것, 즉 오비디우스가 호메로스의 페넬로페에 대해

썼듯 "낮에 짠 옷감을 밤의 술수 속에서 풀어내는 것"이
라면, (내가 아는) 베라의 내면에는 서사를 향한 충동
과 서사로부터 멀어지려는 충동이 동시에 존재한다. 그
두 충동은 그의 회고록 속에도 존재한다. 그의 폴란드
시절은 많은 이야기를 통해 표현되는 반면, 오스트레일
리아에서 보낸 날들에 관한 이야기는 별로 없다. 이는
흥미로운 지점이다. 보통 정신적 외상이라면 그 반대로
나타날 거라고들 생각할 텐데 말이다.

아, 그래. 그 회고록. 그 책은 2015년에 나왔다.
『베라, 나의 이야기Vera: My Story』. 붉은색과 흰색과 검은
색으로 된 표지에는 집시 여왕처럼 보이는 베라의 사진
이 들어가 있다. 손에는 굵은 시가가 들려 있다. 반쯤 피
운 시가다. 나는 생각한다. 내가 먼저 낼 수 있었는데 아
깝잖아. 그러다가 현실을 떠올린다. 아냐, 먼저 낼 수는
없었어.

표지에는 "로버트 힐먼과 함께"라고 적혀 있다.
로버트는 공식적으로 공지된, 육체를 지니고 나타난 베
라의 대필 작가다. 회고록 여백에 주를 달아 이 집필 작
업의 뒷얘기를 넣기로 한 것은 로버트의 결정이었다.
그 뒷얘기에는 베라가 그에게 더 빨리 작업할 수 없냐
고 닦달하던 순간도 포함돼 있다. 그때 베라는 "이게 왜
이렇게 오래 걸리는 거죠, 로버트"라고 말하고는 자신
이 "영원히 살지는" 못할 거라고 말했다. 그러니 알겠죠,

고통을 말하지 않는 법

로버트.

　　나는 이 부분을 읽으며 베라가 로버트가 아니라 나에게 말을 걸고 있다는 느낌을 받는다.

　　회고록이 착안되고, 논의를 거쳐 출간이 결정되고, 집필되고, 출간되고, 시장에 깔리고, 평가받고, 마지막으로 여전히 남아 있는 서점들의 앞쪽 진열대에서 책들이 빽빽하게 꽂힌 안쪽 서가로 옮겨지는 동안, 나는 책상 앞에 앉아 내 책에 들어갈, 아직 덜 다듬어진 베라의 이야기를 구성하는 2만 단어를 러시아식 벽난로 위에 누운 일리야 무로메츠[60]처럼 붙잡고 있다. 나는 로버트에게 말하고 싶다. 친애하는 로버트, 베라 말을 듣지 말고 제 말을 들으세요. 당신은 손이 빠른 데다 훌륭한 실력을 가졌어요, 기적적일 만큼요.

　　베라는 사람들에게 자신이 누구인지 굳이 이야기하고 싶지 않다고 한다. 그가 귀찮음을 무릅쓰고 일부러 사람들에게 이야기를 해 주는 경우, 즉 자신의 이야기를 남들에게 '나눠 주는' 경우가 아니라면 말이다. 어쩌면 그럴 때 베라는 말하고 싶지 않다고 생각하는

60　중세 동유럽 키예프 공국 시절의 고전 서사시에 등장하는 영웅이다. 그는 젊었을 때 중병을 앓아 서른세 살 때까지 걷지 못하고 집 안의 벽난로 위에만 누워 있었으나 두 명의 순례자를 만나 기적적으로 치유되고, 후에는 초인적인 힘을 지닌 전사가 된다.

동시에 말하는 일에 모종의 책임감을 느끼는 것인지도 모른다. 아니면 그의 목에 걸려 있던 말들이 거의 자동으로 튀어나오는 것일 수도 있다. 혹은 어쩌면, 그가 이야기를 하는 건 눈에 띄지 않고 말해지지 않은 채 남아 있기를 바라는 어떤 다른 진실을 보호하기 위해서일 수도 있다. 물론 관심의 대상이 되는 기쁨 또한 무시할 수 없다. 베라는 그런 상황에는 익숙하다. 평생 동안 그래 왔기 때문이다. 그는 어디에 있건 늘 관심의 한가운데에 자리 잡는 인물이었다. 하지만 이런 기쁨은 생각보다 단순한 게 아니다.

나는 리딩스 서점 세인트 킬다 지점에서 열리는 회고록 출간기념회에 간다. 로버트가 질문을 하고 있고, 베라는 그 질문에 공손히 대답하고 있다. 자신의 단골 레퍼토리에 해당하는 이야기나 통찰들을 재차 선보일 때마다 따발총처럼 말을 쏟아붓는 사람들이 있는데, 베라는 그런 식으로 말하지 않는다. 나는 실내를 둘러보는 베라를 알아차린다. 마치 누군가가 거기 있기를 기대하는 것 같다. 이 자리에 없는 누군가를. 베라는 살아남기 위해 잡초를 먹어야 하는 "홀로코스트 다이어트"라는 게 있다고 무표정한 얼굴로 언급한다. 사람들이 후련하다는 듯 웃음을 터뜨린다. 쾌락을 부인하고 건강에 집착하는 제1세계의 헛소리를 맹비난하는 베라의 말에는 언제까지라도 귀를 기울일 수 있을 것 같

고통을 말하지 않는 법

다. 베라는 어린 시절에 굶주렸던 사람으로서 스스로에
게 배고픔을 강요하는 문화를 후려치고, 해충 같은 너
희 민족의 존재는 완전히 씻어 내야 한다는 말을 들었
던 사람으로서 청결한 삶에 집착하는 이들을 후려치고,
역사적 재앙을 겪어온 사람으로서 '자기 극복'이라는
유사 신화를 후려친다. 서점 뒤쪽까지 사람이 가득 차
있다. "이제 됐나요?" 베라는 로버트에게 묻는다. 저 의
자에서 벗어나고 싶은 모양이다.

　　　회고록의 첫 문장은 이렇다. "밖에 나온 우리는
세인트 킬다의 프린스 오브 웨일즈 호텔 뒤쪽에 새로 생
긴 어느 카페에서 살해에 대해 이야기하는 중이다." 살
해란 유대인들과 제2차 세계 대전을, 우리란 로버트와
베라를 말한다. 그로부터 수년 전—그때는 회고록이 계
획되기 전이었다—세인트 킬다에 있던 또 다른 카페의
직사각형 테이블에는 다섯 명의 여자가 앉아 있었다. 녹
색과 검은색의 장신구를 착용한 베라는 어깨에 두른 숄
아래로 가벼워 보이는 검은색 원피스를 입고 있었는데,
거기에는 아주 가느다란 파스타 면발 같은 끈이 달려 있
었다. 베라는 멋져 보이는 것 이상의 어떤 분위기를 풍
겼지만 엘리자베스 테일러나 자 자 가보 같은 느낌은 아
니었다. 그는 그때 예순아홉 살이었는데 화장이 조금도
뭉치거나 칙칙해 보이지 않았다. "그렇게 멋들어진 숄
을 어디서 구하셨어요?" 사람들은 물었다. "우리 동네

알디 슈퍼마켓에서요. 모유 수유를 하는 엄마들한테 정말 좋은 숄이에요." 베라는 대답했다. 다음번에 내가 그 숄을 볼 때는 제인이 그것을 두르고 있을 것이다. 제인은 베라의 절친한 친구이자 ABC 방송국에서 함께 일했던 동료였는데, 베라는 그곳에서 처음에는 메이크업 아티스트로, 그 뒤에는 프로듀서로 일했다.

그날 다른 사람들이 무엇을 입고 있었는지는 떠오르지 않지만—눈을 감으면 컬러로 떠오르는 사람은 오직 베라뿐이다—내가 기침을 해서 잠시 정적을 만들어 냈던 순간은 확실히 기억난다. 그건 멜버른의 한여름에 한 달 동안이나 이어지게 될 폐렴 발병의 서곡이었다. 베테랑 흡연자답게 기침을 종종 하던 베라는 그때 이렇게 말했다. "오늘은 정말 나보다 기침을 많이 하네요." 그 말은 거의 명예 훈장처럼—나는 이렇게 기침을 계속하면서도 드러눕지 않았고, 나와서 돌아다니고 있고, 살아가고 있다!—느껴졌는데, 특히 내가 베라의 전설적인 지구력에 대한 여러 일화를 들은 직후였기 때문에 그 느낌은 더욱 강렬하게 다가왔다. 베라는 ABC 방송국에서 해고된 뒤 바이런 베이로 이사했는데, 거기 살던 한 친구는 내게 이런 내용이 담긴 편지를 쓴 적이 있다. "금요일에 베라랑 엄청난 밤을 보냈어. 베라는 내가 완전히 취할 때까지 술을 마셨고 담배도 계속 피웠어. 우린 베라가 선곡한 멋진 음악들에 맞춰 저녁이 다

고통을 말하지 않는 법

가도록 춤을 췄어." 다른 사람보다 오래 버티는 베라의 이런 능력—편지를 쓴 그 친구도 술이 약한 것과는 거리가 멀었는데 말이다—을 그날 그 자리에 있던 모두에게 확실히 각인시켜 준 사람은 소피였다. 그날은 내가 소피를 처음으로 만나는 자리였다. "베라는 항상, 매일같이 술을 마시고 담배를 피우면서도 거뜬했어요." 소피가 말했다. "아직도 그럴 수 있고요. 피곤하다고 말은 해요. 입으로는 그러는데요. 그래도 술을 마시고, 담배를 피우고, 늦게까지 깨어 있으면서도 거뜬하더라고요." 소피는 폴란드인이 아니고 프랑스인이지만, 젊었을 때 폴란드에 살았고 베라와 폴란드어로 이야기를 나눈다. 그들은 아주 오래전 멜버른에서 열렸던 어느 파티에서 만났다고 한다. 그때 그들은 얼마나 젊었을까. 멀리서 본 베라는 라틴아메리카인처럼 보였다고 한다. 그들은 이야기를 나누기 시작했다. 어디서 왔어요? 폴란드요. 어느 도시에 살았는데요? 바르샤바요. 바르샤바 외곽 어디요? 거리 이름은요? 소피는 베라를 만난 이야기를 지금껏 백만 번은 했을 것 같지만, 그럼에도 그 이야기에서 펑 하고 터지는 것 같은 부분을 내게도 잊지 않고 들려준다.

　　"두 분이 같은 거리에 사셨다는 건가요?" 내가 물었다.

　　"그보다 더해요. 같은 건물이었거든요."

모유 수유용 숄을 걸친 제인은 그날 아침 세인트 킬다의 어느 길모퉁이에 있던 그 카페에는 없었지만, 베라의 회고록이 출간된 다음 해에 열린 멜버른 유대인 작가 축제에 참석한다. 제인은 첫째 줄에, 그 왼쪽에는 소피가 앉게 될 것이고, 그 세션에는 "베라 바소프스키가 들려주는 있는 그대로의 이야기(작가 마리아 투마킨에게 말하다)"라는 제목이 붙을 것이다. 그 제목과 안내문을 작성한 사람은 나다. 축제 기획자들에게 베라의 대담 상대가 되게 해 달라고 로비를 한 것도 나다. "제발, 저를 선정해 주세요. 저는 베라의 이야기를 알아요. 아주 자세히 알아요. 너무 많이 안다고요."

카페에서 베라의 휴대폰은 계속 울린다. 베라를 만나고, 그에게 저녁을 만들어 주고, 그를 누군가에게 소개하고 싶어 하는 사람들이다. "베라한테는 사람들을 한데 모으고 그 사람들이 계속 연락을 유지하게 만드는 재능이 있어요." 소피는 말했다. 나는 소피에게 내가 베라에 대한 글을 쓰고 있는 이유를 말해 주었다. 홀로코스트에 관한 증언들은 언제부턴가 안전해 보이는 공간으로 들어섰는데, 베라와 그의 이야기 속에 있는 무언가가 그 공간을 다시금 위험하게 만들어 주기 때문이라고 말이다. 위험한 것이 옳게 느껴진다고, 나는 말했다. 소피는 내 말뜻을 알아들었다. 그러고는 눈빛으로 내게 행운을 빌어 주었다.

고통을 말하지 않는 법

베라의 회고록에서 오스트레일리아를 배경으로
하는 부분에 나오는 인물 가운데 그의 가족이 아닌 사
람은 대개 미르카 모라나 헤이즐 호크 같은 타입, 즉 유
명인이다. 얀도 폴란드에서는 유명인이었다. 소피는 유
명인이 아니다. 소피는 자신이 책에서 생략된 것에 대
해 상처받은 것 같지는 않지만, 확실히는 모르겠다. 그
들의 우정은 오랫동안 튼튼하게 이어져 온 것이다. 어
쩐지 부드럽고 젊게 느껴지는 우정이기도 하다. 출간
기념회에 온 사람들이 회고록을 사려고 줄을 서 있는
동안, 소피와 나는 그 회고록의 거의 모든 부분이 별로
라고 평한 「오스트레일리안」의 서평가 이야기를 한다.
말도 안 되는 서평이었다. 그 여자 서평가는 베라를 완
전히 오해하고 있었다. 소피와 나는 이 회고록이 마음
에 든다. 특히 폴란드 시절을 다룬 부분은 익숙한 느낌
을 주는 수사를 되풀이하는 작업들보다 훨씬 많은 일을
해내는 데 성공한다. 거기에는 다음과 같은 것들이 등
장한다. 폴란드에서 보낸 목가적인 어린 시절, 범상치
않은 아이, 앞으로 닥쳐올 일을 전혀 모르는 또 하나의
(폴란드에 동화된) 유대인 가족, 전쟁, 처음에는 소련
군 병사들이, 그다음에는 독일군 병사들이 르비우로 행
진해 들어오던 일, 게토, 독일군의 '작전'들, 끝나 버린
어린 시절, 사방에 널린 죽음, 두려움, 굶주림, 생존, 배
신, 더 많은 죽음, 온 세상을 뒤덮은 개기 일식…… 전쟁

이 끝나도 끝나지 않을 그 일식. 그리고 이 모든 내용 속에는 다음과 같은 것들이 함께 담겨 있다. 불쾌한 진실을 폭로하는 베라의 유머와 에둘러 말하는 화법을 향한 경멸. 자기 자신을 실제의 자신과는 거리가 먼 무언가로(롤모델이나 현명한 사람으로) 만드는 일에 대한 거부. 삶을 다루는 그의 침범할 수 없는 재능. 그리고 삶을 향한 욕망.

바소프스키와 힐먼의 책이 수행하는, 아니 그보다는 하지 않는 일을 하나 더 말해 보자. 그 책은 독자로 하여금 베라가 어떤 일들을 겪으며 살아왔는지 알겠다고 납득하며 떠나도록 허락하지 않는다. 비록 그 독자가 책을 꼼꼼히 다 읽었고, 그 자신도 어린애 주먹만 한 해묵은 상처 때문에 괴로워한 적이 있었다고 해도 말이다. 샤를로트 델보[61]는 「오 당신, 안다는 자여Vous qui savez」라는 시에서 안다는 것의 문제를 다뤘다. '다뤘다'는 건 무슨 뜻인가. 그의 시가 계속 읽히는 한, 이런 종류의 생존 투쟁을 직접 경험해 보지 않은 사람은 '그게 어떤 건지 알겠다'는 말을 할 수 없도록 만들었다는 뜻이다.

> 오 당신, 안다는 자여 / 당신은 알았는가,
> 어머니가 죽는 걸 보고도 / 당신은 눈물
> 한 방울 흘리지 않을 수도 있다는 걸
> / ……오 당신, 안다는 자여 / 당신은

알았는가, 하루가 1년보다 길고 / 1분이

평생보다 길다는 것을 / …… 당신은

이것을 알았는가 / 당신, 안다는 자는.

"아, 그래요." 나는 소피에게 말한다. "베라에 관한 장이
들어갈 예정이라는, 언젠가 출간될 예정이라는 저의 그
책 말인데요, 그건 이제는 예정이 아니고 진짜로 완전
히 망해 버린 것 같네요. 그럴 만도 하죠."

"아직 끝난 게 아니에요, 마리아." 소피는 말한다.
"어쩌면 마리아가 해야만 하는 말은 지금 이 시점에 훨
씬 더 중요해진 걸지도 몰라요."

우리는 서로를 끌어안는다. 내가 해야만 하는 말
이 뭘까?

베라는 마리아한테 화 안 났어요, 소피가 말한
다. 다시 만난 우리는 주차된 소피의 차에 앉아 있다. 숨
지 말아요. 베라는 유대인 작가 축제에서 그 회고록 얘
기를 하려고 멜버른에 올 거예요. 그쪽 사람들한테 말
해서 베라하고 당신을 붙여 달라고 해요.

소피의 머릿속에 무슨 그림이 있는지는 모르겠

---

61 Charlotte Delbo(1913~1985). 프랑스 작가. 나치에 맞서 지하 저항
운동을 펼치다 붙잡혀 아우슈비츠에 수감되었고, 이때의 경험을
바탕으로 여러 문학 작품을 썼다.

지만, 나는 내 안에 있는 베라와 관련된 것들을 어떻게 해야 할지 알 수가 없다. 그냥 그 일에서 손을 떼야겠다고 생각하던 참이었다. 하지만 그럴 수 없다는 걸 깨닫는 중이다. 그래서 나는 메일 한 통을 쓴다. 그러고는 답장을 받는다. "마리아에게—안녕하세요, 다시 인사드립니다! 멋진 아이디어네요. 어떻게 하면 이 아이디어가 들어갈 공간을 만들 수 있을지 위원회의 다른 분들과 의논해 봐야겠어요……. 최대한 빨리 다시 연락드리겠습니다."

며칠 뒤 위원회는 우리가 들어갈 공간을 만들어 낸다. 당시 내가 쓴 행사 안내문에서 발췌한 한 부분을 여기에 옮겨 본다.

바소프스키의 회고록은…… 당신이 읽게
될 어떤 책과도 닮은 데가 없으며……
가소롭다는 듯 가리지 않고 쏟아지는
블랙 유머…… 살아가는 일과 자신의
삶에 관해 쓰는 일에 주어지는 관습들을
거부한다.

내 부모님—베라의 회고록을 읽으신 그분들은 베라가 직접 하는 말을 듣고 싶어하신다—이 객석에 계시고, 내 딸도 거기 있고, 내 동료이자 친구이며 축제 조직 위원회에 속한 탈리도 거기 있다. 소피와 제인도. 나는 뻣뻣한 대담자보다는 약간 엉망진창인 사람이 되어 볼까 생각한다. 예의 바른 사회를 잘 참아 내지 못하는 베라의 정신을 공유하는 인간이 되면 좋을 것 같아서다. 그러기 위해 나는 아직 존재하지 않는 내 책을, 그 우스운 실패작을 언급해 볼까 하다가 그만둔다. 그건 요점에서 벗어난 일이다. 세션이 시작되기 전, 베라는 이제 슬슬 나이가 느껴진다고 내게 말한다. 피곤하네요, 이 정도가 한계예요. 베라가 말한다. 나는 "여기, 우리의 영웅 베라 바소프스키입니다"라고 말하며 시작하는 대신 회고록의 서두에 등장하는 희극적인 장면을 묘사한다. 베라가 로버트를 향해 큰 소리로 누군가를 비난하는 장면이다. 처음에는 라이크라 운동복을 입고 자전거를 타는 멜버른의 부르주아들을 비난하던 그는 금방 멜버른 사람들 전체를 들먹인다. 불붙인 담배만 보면 집단적인 공포심을 드러내는 인간들. 생존자 회고록의 도입부로 삼기에 더없이 멋진 내용이다. 나는 베라에게 이야기를 넘겨 주고 그가 전쟁 이야기를 어디로 이끌고 가는지 지켜본다. 소피의 두 눈에 눈물이 고여 있는 게 보인다. 나는 의자에 물을 쏟는다. 제인이 일어나 베라에게 박수를 보낸다. 실내 분위기가 아주 조금 짜릿해진다. 당신이 옳았어요, 소피. 나는 세션이 끝나자마자 베라를 내 가족에게 소개한다. 나는 베라가 곧바로 그들의 이름과 얼굴을 잊어버릴 거라는 사실을, 또한 그런 와중에도 내 잘생긴 동반자는 확실히 알아보았다는 사실을 알아챈다.

세상에, 나 좀 봐. 베라의 이야기를 풀어 낼 줄 모르는 내 무능력을 사실상 즐기고 있잖아. 혹시라도 로버트가 바쁘면 내가 그를 대신해서 베라와 투어를 해도 되겠는걸.

헤로도투스가 히스티아이오스에 관해 쓴 이야기를 들어 보라. 히스티아이오스는 기원전 6세기 말 밀레토스를 다스렸던 사람이다. 그는 아리스타고라스와 연락할 일이 생기자 신뢰하던 노예의 머리를 밀고 그 두피에 메시지를 문신으로 새긴 다음, 머리카락이 다시 자라기를 기다려 그를 아리스타고라스에게 보냈다. 이번에는 아리스타고라스가 그 노예의 머리를 밀었고, 그러자 페르시아에 대항해 반란을 일으키라고 권하는 히스티아이오스의 메시지가 드러났다. 아리스타고라스는 그 말에 따랐다고 한다. '숨겨진 글'이라는 뜻을 가진 그리스어 단어 스테가노그래피steganography는 메시지를 암호화하는 기술과는 달리 '메시지 자체를 숨기는 기술'을 뜻한다. 이때 대부분의 메시지는 더 크고 유순해 보이는 다른 텍스트 덩어리 속에 숨어 있다. 비밀 메시지가 존재한다는 사실 자체가 비밀이다. 우리는 그 안에 있는 비밀을 찾아 내야겠다는 생각조차 하지 못한다. 어

고통을 말하지 않는 법

쩌면 '말하기'와 '말하지 않기'는 우리가 생각했던 것과는 조금 다른 행위인지도 모른다. 어쩌면, 어떤 경험을 서사 속에 집어넣고 잠가 두는 건(혹은 그 안에 숨겨 두는 건) 그 경험이 언젠가 다른 부류의 이야기 속에서 드러날 때까지 보존해 두기 위해서일 것이다. 그 경험을 서사 속에 아예 파묻어 버리기 위해서, 다시 말해 그것을 알아보지 못하도록 뒤덮어 버리기 위해서가 아니라.

나는 베라의 회고록을 다시 살펴본다. 내 침대맡 협탁 위에 영원히 놓여 있을 것처럼 보이는 책. 본문에 붙여 놓은 튼튼한 노란색 스티커들은 특정한 내용들이 어디 있는지 알려주는 이정표들이다. 나이트클럽 이야기는 저기, 몇 줄의 문장에 둘러싸여 있고, 이건 베라의 어머니가 자신과 베라를 살리려고 한 일이고, 또 이건 베라의 아버지가 일곱 살 난 베라에게 시킨 일…… 그 빌어먹을 마지막 이야기는 그 책의 뒤표지에 적혀 있다. 일곱 살 난 베라에 관한 이야기를 쓰던 무렵, 나는 작가로서의 나 자신을 지워 버려야 했다. 나는 그 이야기 속에 개입해 베라의 기억을 자꾸만 윤색하고야 마는 내 부주의함을 견딜 수 없었다. 숨조차 함부로 쉴 수 없었다. 그 부분은 오직 베라의 말들로만 쓰여야 했다. 다음에 소개하는 이 작은 이야기는 베라가 내게 들려준 것이다. 베라에 대해 2만 단어가 넘는 글을 쓴 나는 이 이야기를 거의 마지막까지 쓰지 않고 남겨 두었다.

어머니를 돌봐 주던 사람은
삼촌이었는데, 삼촌은 어머니하고 그
짓을 하고 있었어요. 우리는 삼촌이
어머니한테서 성적인 위안을 얻는다는
조건 하에 은신처를 이용할 수 있었던
거예요. 어머니가 내걸었던 조건은
나를 데려오겠다는 거였고요. 안전할
때면 난 밖에서 잠을 잤어요. 그 무렵
난 점점 바퀴벌레들을 사랑하게 됐죠.
어머니가 삼촌하고 관계를 갖는 동안
바퀴벌레들이 밤새도록 내 몸 위를
기어다녔으니까.

그러던 어느 날 아버지가 도착했어요.
이주는 실패했고, 게토는 닫혔죠.
아버지는 갈 곳이 없었어요.
아버지가 줄을 댈 수 있는 사람들은
우리뿐이었어요. 그리고 삼촌은
아버지를 내쫓고 있었죠. 두 사람은
그 중대한 대화를 독일어로 했어요.
이런 말이 들렸어요. "나가Heraus! 나가!
나가라고!" 하지만 지나치게 유대인처럼
생긴 아버지는 은신처를 떠날 수가

없었어요. 나갔다간 살해당했겠죠. 그
무렵엔 우리 모두 독약이 든 주머니를
차고 있었는데, 아버지는 우리가 그
'작은 비상구'를 꼭 가지고 다니기를
바랐어요. 난 그 주머니를 언제나
차고 다녔어요. 약효가 빠른 독약이나
청산가리는 구할 수가 없어서, 우리가
가지고 다니던 건 가루로 된 수면제였죠.
아주 많은 수면제요. 아버지가 사용법을
알려 줬어요. 만약 누군가에게
붙잡혔는데 빠져나갈 방법이 없다면 물
한 잔을 달라고 하라는 거였죠.

그 가루는 정말 양이 많았어요. 분명
아버지는 물 한 잔과 함께 그 절반쯤을
먹은 것 같아요. 우리가 다 같이 숨어
지내던 그 구멍 속에서 사흘이나
혼수상태로 있었거든요. 그러다가
일어나셨어요. 난 아버지가 어떤지 좀
살펴봤어요. 지린내가 나더라고요.
아버지는 나한테 물 한 잔을 달라고
했어요. 난 내가 무슨 일을 하고 있는
건지 정확히 알고 있었어요. 부엌에 가서

물 한 잔을 가지고 다시 은신처로 기어
들어가 아버지한테 드렸죠.

아버지는 나한테 이렇게 말했어요.
이제부터 아빠는 없고 엄마만 있게
될 거라고요. 그리고 이런 말도 했죠.
이제 당신은 없을 거기 때문에, 앞으로,
내가 자란 뒤에, 소르본느에 데리고
가 줄 수 없게 됐다고요. 그러더니
돌아가셨어요. 아버지가 돌아가시니까,
내가 지금까지도 너무나도 싫어하는
삼촌이, 사람을 싫어하면 안 된다는
건 알지만요, 우리를 숨겨 주고 있던
다른 폴란드 사람이랑 같이 아버지
시신을 담요에 감싸더니 지하실에 파
놓은 구멍에다가 묻었어요. 러시아가
르비우를 폭격하기 시작했을 때 우린
지하실에 들어가 숨어야 했는데, 그때
난 내가 아버지 시신 위에 서 있다는 걸
아주 잘 알고 있었어요. 우리 아버지가
자살했을 때는요, 아무도 아무 말도 안
했어요. 그런 일이 있었고 그냥 그런
거였죠. 어머니가 돌아가시던 그날까지,

당신과 나는 둘 다 아무 일도 없었던
척, 모든 게 정상인 척했어요. 정상인 건
정말 하나도 없었는데 말이죠. 이야기는
여기서 끝이에요.

내가 이 일화를 2만 단어짜리 글이 거의 끝나 갈 때까지 쓰지 않고 남겨 두었던 건 그 모든 게 암흑 속으로 서서히 빨려들다가 하얗게 사라지게 만들고 싶어서였다. 나는 독자들의 발밑에 있던 바닥 널을 차서 빼 버리고 싶었다. 앞서 내가 베라에 관해 말해 왔던 모든 것을, 독자들이 그때까지 상상하고 믿게 된 모든 것을 다시 생각하게 만들고 싶었다. 일곱 살 베라에게 무슨 일이 일어났는지 알게 되는 순간, 독자들의 생각은 뒤집힐 터였다. 그게 그 무렵 내가 했던 생각이었다. 그럼 지금은? 지금 모든 걸 다시 생각해야 하는 사람은 다른 누군가가 아닌 나 자신이다. 베라의 삶은 내가 전할 수 있는 부류의 이야기가 아닌데, 어째선지 그 '이야기할 수 없음'이라는 특성이야말로 그 이야기의 본질에 더욱 다가가 있다는 느낌을 받았기 때문이다. 그 특성에 더 주목해야겠다는 생각이 점점 더 커져 간다.

　　연약한 우리 서구인들은 세상이 잊지 않도록 증언을 하려는 도덕적·감정적 충동에 사로잡힌 홀로코스트(및 여러 다른 역사적 비극) 생존자가 제공하는 특정한 이미지를 필요로 해 왔다. 증언을 하려는 생존자들의 충동은 때로는 프리모 레비, 타데우시 보로프스키,[62] 빅터 프랭클이나 비유대인인 샤를로트 델보의 경우처럼 (델보는 출간을 미뤘지만)[63] 전쟁 직후에 곧바로 나타났고, 이후 세상이 자기 귓구멍을 틀어막고 있던 버찌 씨를 빼내고 그들의 목소리를 경청하게 된 뒤로는 좀 더 자주 나타났다. 하지만 꼭 그만큼 강력한 또 다른 충동도 존재한다. 생존자들의 내면에 존재하는 그 또 다른 충동은 그들을 침묵으로 이끌고 간다. 살아남은 당신은 증언과 침묵 양쪽 모두가 오염된 선택지이며 똑같이 절망으로 가득하다는 걸 알게 된다.

당신은 말해야만 한다. 그래야만 당신과 당신의 민족에게 일어났던 그 극악무도한 일을, 세상이 종말하는 순간과도 같았던 그 모습을 그대로 알릴 수 있기 때문이다. 그러지 않고서 어떻게 그런 일을 절대적으로 반대해야 하는 것으로, 앞으로 절대 일어나서는 안 되는 일로 만들 수 있겠는가? 당신은 세상의 기억이 상상할 수 없을 만큼 빨리 사라지는 걸 보게 되고, "아뇨, 그 일은 그런 식으로 일어나지 않았어요"라는 말을 점점 더 많이 듣게 된다. 당신은 말해야만 한다. 왜냐하면 말한다는 행위야말로, 그리고 그렇게 말할 때마다 당신이 구성하고 재구성하게 되는 그 서사야말로 당신을 계속 살아 있게 해 주기 때문이다. 그 서사는 당신이 꼭 붙들

고통을 말하지 않는 법

수 있는 구심점이 되어 주고, 당신의 내면에 난 구멍을 (안타깝지만) 불완전하게나마 덮어 준다. 당신은 말해야만 한다. 당신이 말하지 않으면 그들이 이기기 때문이다. 말하지 않는다면 당신은 싸움을 그만둔 것이다. 포기한 것이다.

동시에, 당신은 말해서는 안 된다. 왜냐하면 그런 대화는 오직 몇 명의 동료 생존자들과 함께일 때만 제대로 이루어질 수 있기 때문이다. 그들과 함께일 때는 말하고 듣는 행위가 그렇게 날카로울 정도로 비현실적인 느낌을 주지 않는다. 또한 마치 제삼자에 관한 이야기를 하는 듯한 느낌도 들지 않는다. 당신은 말해서는 안 된다. 왜냐하면 당신이 아는 것은 언어로 옮길 수 없고, 따라서 전달할 수 없는 것이기 때문이다. 당신이 말할 수 있는 것은 그 전체 경험 가운데 아주 작은 부분에 불과하다. 당신이 그것을 말해 버리면 남들은 그게 전부라고 생각하게 되고, 그렇게 당신은 말하거나 침묵하기를 스스로 택할 수 없는 다른 이들을 배신하게 된

---

62   Tadeusz Borowski(1922~1951). 폴란드 작가. 1942년 데뷔 시집을 출간하고 3개월 뒤 게슈타포에게 체포되어 강제 수용소 생활을 했다. 이 경험을 바탕으로 쓴 단편들이 유명하다.

63   델보는 아우슈비츠 수감 경험을 위주로 한 3부작 회고록을 썼으나, 원고를 묵히고 있다가 1965년에 이르러 첫 번째 책을 출간했다.

다. 당신은 말해서는 안 된다. 왜냐하면 이런 말하기는 사람을 소진시키고 텅 비게 만들기 때문이다. 기억하고 증언하는 일은 너무나도 무거운 부담을 지는 작업이며, 심지어 그 서사 자체도 극심할 정도로 가혹하다. 당신도 그곳으로 몇 번이고 거듭해 돌아가고 싶지는 않을 것이다. 게다가 무엇을 위해 그런단 말인가? 당신은 말해서는 안 된다. 왜냐하면 당신의 삶은 이런 일보다 훨씬 더 크기 때문이다. 당신이 온갖 역경을 이겨 내면서 키워 온 바로 그 삶 말이다. 당신은 말해서는 안 된다. 왜냐하면 이미 그동안 차고 넘칠 만큼 많은 말을 해 왔기 때문이다.

엘리 위젤Elie Wiesel은 1978년 다음과 같은 인터뷰를 했고, 그 대화는 1984년에 나온 「파리 리뷰」에 실려 있다.

질문자 첫 책『나이트La Nuit』를 통해 홀로코스트에 관한 이야기를 쓰게 되기까지 10년을 기다리셨는데요.

위젤 잘못된 언어를 사용하고 싶지 않았습니다. 말들이 그 일을 배반할까 봐 두려웠어요. 그래서 기다렸죠. 결국 쓰기로 한 게 잘한 일인지 잘못한 일인지는, 다시 말해 언어와 침묵 중에서

무엇을 택해야 했던 건지는 아직도
모르겠어요.

(1, 2분쯤 뒤에)

질문자　그 책들을 쓰고 싶지 않았다는
건 무슨 뜻이죠?

위젤　저는 홀로코스트에 관한 책을 쓰고
싶지 않았어요……. 그저 써야만 했던
거죠. 제 의지와는 상관없는 일이었어요.
우리 중 누구도 그런 이야기는 쓰고
싶어 하지 않았습니다. 그러니 생존자가
홀로코스트에 대해 쓴 책을 읽을 때면
언제나 양가감정이 느껴지죠. 생존자는
한편으로는 써야만 한다고 느낍니다.
하지만 다른 한편으로는 이렇게 느끼죠.
이걸 쓰지 않아도 된다면 얼마나 좋을까
하고.

베라는 회고록에서 로버트를 통해 이렇게 말한다.

　"당신이 유대인이고 게토에서 살아남았다면 당
신은 남은 인생 내내 그 이야기를 하게 된다. 당신은 그
것이 중요하다고 믿어야만 한다. 타일 바닥이 프리모

레비를 향해 달려들었을 때, 가엾은 그는 나치가 이루지 못했던 것을, 즉 자신의 죽음을 마주하고 있었다. 왜 그렇게 됐을까? 레비는 믿음을 거두었던 것이다. 로버트가 내게서 듣고 싶어 하는 종류의 이야기가 그 이야기를 듣는 사람에게, 독자에게, 그 누군가에게 어떤 의미를 전해 줄 거라는 믿음을……. 언젠가는 누군가가 내게 이렇게 말할 것이다. '홀로코스트? 그거 영화 제목인가요?' 그리고 프리모 레비처럼 나 역시 내 얼굴을 향해 와락 달려드는 바닥을 보게 될 것이다."

만약 내가 지금과 다른 삶을 살았더라면, 보통 사람들처럼 책을 쓸 수 있었더라면, 나는 베라를 독점했을 것이다.

우선 내 책이 나온다.

그런 다음, 앞선 작업을 존중하는 뜻에서 적절한 간격을 두고서 베라와 로버트가 함께 쓴 회고록이 나오는 것이다.

나는 보통 작가들이 하는 식으로 각 이야기의 조각들을 최고의 충격을 낼 수 있는 자리에 끼워 넣었을 것이다. 독자들이 다른 사람의 삶에 마음을 빼앗기기를 바라면서. 나는 베라의 삶을 보고는 이렇게 생각했을 것이다—그러고는 혼잣말도 하고 큰 소리로도 말했을 것이다—정말 놀라운 이야기잖아. (저것 좀 봐!)

다른 삶 속의 나는 지금의 내가 결국 도달한 곳,

즉 '말하기와 말하지 않기 사이에 있는 공간' 같은 곳은 죽었다 깨어나도 선택하지 않았을 것이다.

"하늘을 날아가는 두루미보다는 손안의 박새가 낫다." 이 말은 영어로는 기묘한 말처럼 들리지만, 러시아어로는 흔한 표현 중 하나다. 거기 등장하는 새들도 러시아에 흔히 사는 새들이다. 러시아인들은 주위를 훨훨 날아다니는 이 새들과 속담들 사이에서 자라난다. 대부분의 문화권은 이 속담의 변형된 버전을 하나씩은 가지고 있다. 참새와 비둘기, 암탉과 독수리, 닭, 거위. 이 속담을 영어로 하면 "손안의 새 한 마리는 숲속의 새 두 마리만큼의 가치가 있다"가 된다. 인간의 삶에 관해 쓰는 사람은 종종 그것이 (다른 사람의 삶이) 자신의 손안에 있기라도 한 것처럼 글을 쓴다. 그러나 그렇지 않다. 인간의 삶은 언제나 숲속의 새 두 마리다. 다시 말해 그것은 포착(타인의 삶을 이야기하는 일을 가리키는 이 단어는 언뜻 보기에는 친절하게 느껴진다)할 수 없고, 완전히 이해(타인의 세계 속으로 깊이 들어가는 일을 가리키는, 마찬가지로 겉으로만 친절한 표현이다)할 수도 없다. 그런데 그 삶이 아동 생존자의 삶이라면? 숲속의 새 네 마리에 가까울 것이다. 아, 정말, 당신은 내가 무슨 말을 하는지 알지 않나. 이번 새가 날아가 버린 건 전적으로 옳은 일이라는 얘기다.

과학자들의 말에 따르면 아동기 기억 상실이라는 게 있다. 아이들이 자신의 초기 기억을 잊어버리는 일을 뜻하는 표현이다. 그 일은 일곱 살을 전후해 일어난다고 한다. 나중에 어른이 되면 그렇게 잊어버렸던 몇몇 순간들이 떠오르기도 하고, 때로는 벌집처럼 작은 구역들로 나뉜 그 시기 전체가 기억나기도 한다(사람들 대부분의 맨 처음 기억은 서너 살 때라고 한다). 그런데 그런 기억들은 조금 독특한 방식으로 저장돼 있다. 아직 일곱 살이 되지 않은 아이가 기억하는 방식으로, 즉 감각으로 기억돼 있는 것이다. 서사가 없는 이 기억들은 신체적이고 감정적이며 본능적인 경향이 있다. "일곱 살이 되면," 폴 발렌트는 내게 말한다. "어른처럼 기억하기 시작하게 됩니다. 머릿속에 있는 특정한 순간으로 돌아가서, 그 순간을 소위 어른의 방식으로 기억하는 거죠." 일곱 살은 자전적인 기억의 시작을 알리는 나이다. 자전적인 기억은 자의식을 비스듬히 떠받친다기보다는 자의식 자체를 조직하고 형성하는 식으로 작동한다. 하지만 정신적 외상이 발생할 경우에는 그 두 가지 방식 모두 전혀 작동하지 않는다.

　　심리학자 비키 고든Vicki Gordon은 어린 시절에 홀로코스트에서 살아남았던 한 남자와 대화를 나눈 이야기를 내게 들려준다. 거물급 의사인 그 남자는 자신의 유아기를 거의 기억하지 못했다. 하지만 정신적 외상으로 남은 일화들만큼은 뚜렷이 기억했다고 한다.

어느 날, 심야 라디오 방송에 다시아 블랙이 나온다. 그는 제2차 세계 대전 때 흰히 공개된 은신처에 머물며 살아남은 여성이다. 그는 아리아인 아이로 위장하고 폴란드인 기독교도 가족과 함께 살았고, 무릎을 꿇은 채 '올바른 신'에게 기도했으며,[64] 그렇게 자신의 새로운 정체성을 너무도 꽉 부여잡은 나머지 한동안 자신의 진짜 이름을 기억하지 못했다고 한다. 그의 부모님은 전쟁 중에 일찌감치 세상을 떠났다. 결국 블랙은 진짜 삼촌과 숙모에게 입양되었고, 그들 세 사람은 오스트레일리아로 오게 되었다. 블랙은 '생존자'라는 말을 좋아하지 않는다. 그가 라디오 진행자에게 설명한 바에 따르면, 그 말에는 "어떤 분위기가 가미돼" 있다. "강인함이라든지, 뭐 그런 특별한 무언가를 담은 듯한 분위기 말이에요. 하지만 사실은 상황이 그렇게 굴러갔던 것뿐이에요. 제 부모님은 생존자가 못 되셨는

---

64   유대교인은 기도할 때 대개 무릎을 꿇지 않는다. 따라서 여기서 '올바른 신'이란 유대교가 아닌 기독교(가톨릭)를 신봉하게 되었다는 뜻으로 볼 수 있다. 그만큼 블랙은 자신을 숨겨 준 가족의 정체성에 몰두한 것이다.

데, 그러면 그분들은 어딘가 부족한 분들이었다는 얘긴
가요?"

제2차 세계 대전을 경험한 아이들은 1980년대가
되어서야 생존자로 여겨지게 되었다. 그전까지는 그 아
이들의 부모들, 즉 전쟁이 끝날 때까지 살아남는 데 성
공한 부모들이 생존자로 여겨졌고, 심지어 그런 인식
조차 뿌리를 내리기까지 한참의 시간이 걸렸다. 그 뒤
1970년대에 2세대 생존자라는 개념이 등장했는데, 이
들은 전쟁이 끝난 뒤 태어난 아이들, 종종 이야기되었
듯 직접 상처를 입은 적이 없었는데도 지울 수 없는 흉
터를 품은 채 살아가는 사람들이었다. 그 자신이 2세대
생존자였던 에바 호프만은 이렇게 말했다. 2세대 생존
자에게 자기 가족의 과거란 "가장 근본적인 정보를 고
도로 압축해 놓은 일종의 작은 알갱이로…… 다른 모든
것은 거기서부터 자라나거나 터져 나오거나 혹은 그 뒤
를 따른다. '그것'을 풀어서 해독하려면 평생이 걸린다."

2세대 생존자들은 그랬다. 한편 아동 생존자들
은—전쟁 중에 살아남은 아이들은—대체로 불안정했
다. 40년 동안 불안정했다. 하지만 사람들은 그들이 전
쟁 중에 일어났던 일들을 제대로 기억하지 못한다고 믿
었고, 따라서 당시 어른들과 똑같이 영구적인 방식으로
전쟁에 사로잡혀 있을 리는 없다고 믿었다. 아이들은
어른들처럼 기억에 붙들리지도 않을 테고, 자신들이 통

과해 왔던 순간들의 실상이나 규모를 알게 되면서 거기에 짓눌리지도 않을 테니까 말이다. 그러나 그것은 잘못된 믿음이었다(이는 명백한 사실이다. 그만큼 많은 이해와 자백이 이루어져 왔다).

라디오에 출연한 다시아 블랙은 당시에 어린 아이가—전쟁이 시작되었을 때 그는 세 살 반이었다—실제로 이해할 수 있었던 것은 무엇이냐는 질문을 받는 중이다. 어른이 된 블랙은 아동 심리학자가 되었다. 따라서 이 질문에는 이중의 목적이 의도되어 있다.

블랙은 대답한다. 아이는 조용히 하는 법을, 게슈타포의 급습 때 숨는 법을, 다른 사람인 척하는 법과 자신을 받아 준 가족의 기분이 상하지 않도록 무엇이든 하는 법을, 부모님에게서 도망친 다음 모든 본능이, 모든 분자 하나하나가, 모든 중력의 조각이 자신을 그분들에게로 다시 끌어당기는 동안 그것을 떨치고 계속 걸어가는 법을 이해하게 된다고. 일찍이 오르페우스가 지하 세계를 떠나면서 할 수 없었던 일을 한 아이가 할 수 있었던 것이다. 자신의 유일한 존재 이유였던 에우리디케가 등뒤에 있는데도 앞만 보고 계속 걸어가는 일.

"그런 아이는 무엇을 기억할 수 있을까요?" 라디오에서 필립 애덤스가 다시아 블랙에게 묻는다.

"홀로코스트의 대부분이죠." 블랙이 대답한다.

"난 내가 살았던 바로 그 어린 시절을 살았고," 어

느 날 베라는 내게 말하고 있었다. "덕분에 내 삶을 두려움 없이 시작할 수 있었어요. 그리고 그랬기 때문에 지금까지 정말로 하고 싶은 대로 여러 가지를 하면서 인생을 살아왔죠."

아이들의 연약함이 '알지 못하고 행동할 수 없음'이 아니라 '알고 있고 행동할 수 있음'에서 비롯된다는 인식. 즉 무능력이 아니라 능력으로부터 온다는 인식. 이런 인식은 우리 사회처럼 아동 보호를 도덕적으로 가장 먼저 필요한 일로 여기는 사회에 많은 도움을 줄 것이다. 물론 아이들의 이런 능력—때때로, 특히 사적이거나 공적인 재앙에 직면했을 때 비범해지는—에는 한계가 있지만, 이런 한계는 종종 우리의 생각과는 다른 방식으로 나타난다.

1942년의 어느 날, 부다페스트 거리에서 트렌치코트를 입은 두 남자가 폴 발렌트와 그의 부모님을 향해 다가왔다. 그 얼마 전이었던 어느 날 밤, 폴과 그의 부모님은 슬로바키아에서 헝가리로 국경을 넘어왔다. 당시 네 살이었던 폴은 아버지 어깨 위에서 목말을 타고 있었다. 무리에 있던 다른 사람들은 보이지 않았지만, 폴의 귀에는 멀리서 개들이 짖을 때마다 잠잠해지곤 하던 속삭임이 들려왔다. 그때 폴은 자기 아버지가 사업을 몰수당했다는 것, 그리고 자기 나라에서 유대인들이—여기에는 폴의 대가족 구성원 대부분이 포함

고통을 말하지 않는 법

됐다―강제 수용소로 이송되고 있다는 것은 몰랐지만, 자신들이 지금 걸어가는 길에 '생사가' 달려 있다는 것만큼은 확실히 알고 있었다. 그로부터 60년 뒤 그가 써낸 회고록 『두 마음 사이에서In Two Minds』에는 이런 구절이 있다. "(그때) 아무 소리도 내지 말아야 한다는 건 그냥 알았다. 생각하지도 느끼지도 않는 방법 역시 알게 되었다." 이후 폴은 부다페스트에서 새로운 정체성을, 즉 기독교인이자 (몇 세대를 거슬러 올라가면) 헝가리인이라는 정체성을 절대로 남에게 성기를 보여서는 안 된다는 경고[65]와 함께 주입받았고, 그때 그는 자신이 가진 모든 것을 바치면서 그 정체성에 매달리는 법을 알게 되었다. "실수를 했다가는 상상도 할 수 없는 결과가 뒤따르리라는 걸 뼛속 깊이 깨달았다. 나는 겨우 네 살이었고, 이후 3년 동안 단 한 번의 실수도 하지 않았다."

트렌치코트를 입은 두 남자. 화창한 날. 부모님은 폴에게 잠시 기다리라고 했다. "이 두 신사분"과 함께 "아이스크림을 사러" 갔다가 10분 뒤에 돌아오겠다는 것이었다. 그들은 10분 뒤에도, 열흘 뒤에도 돌아오지 않았다. 그때 거리를 걸어가던 부모님은 몸을 돌려 아들을 쳐다보지도, 그에게 어떤 신호나 눈빛을 보내지

---

65 유대인은 할례를 받기 때문에 성기가 노출되면 정체가 발각될 수 있었다.

도 않았다. (이런 이야기 중에 끝이 좋은 사례는 몇이나 될까? 0.1퍼센트? 이 이야기는 끝이 좋았다. 폴의 엄마와 아빠는 체포되어 슬로바키아로 송환된 다음 아우슈비츠로 가는 가축 운반용 화차에 태워졌는데, 아직 자유의 몸이었던 친척 한 명이 경비원들을 매수한 덕분에 마지막 순간에 기차에서 내렸다. 몇 달 뒤 그들은 폴을 찾아냈고, 아리아인인 척 행동하면서 함께 전쟁에서 살아남았다. 여기서 끝이 좋다는 건 그 이후에 일어난 일들은 고려하지 않은 표현이다. 세 사람이 다시 만났을 때 어머니가 보였던 그 "갈망하면서도 측은해하던, 그러면서도 냉담해 보이던" 눈빛, 그 뒤 한창때였던 시기에 암으로 세상을 떠난 아버지, 그리고 어른이 된 폴 자신의 만사에 진력이 난 듯한 무심함—정신과 의사들이 책에서 다루기 좋아하는 그 감정적인 마비 상태—등등. 그럼에도 발렌트 가족은 호프만의 잊기 힘든 표현을 빌리면 "전쟁을 좋게" 겪었다. 그들은 "육체적 고문이나 모욕보다는 오직 발각될 거라는 두려움에만 쫓겨다녔던" 사람들이었다.)

발렌트는 자신의 회고록에서 또 다른 순간에 대해 이야기한다. 이제 50대에 들어선 그는 세 아이의 아버지이며, 유명한 정신과 의사이자 작가이고, 멜버른에 있는 홀로코스트 아동 생존자 단체의 설립자이다. 어느 날 그는 아들과 함께 헝가리에 있다. 전쟁 이후로 헝가

리로 돌아오는 여행은 세 번째다. 그는 바로 그 전 해에
도 딸과 함께 여기 왔었고, 슬로바키아에도 갔었으며,
가족의 은신처였던 집을 찾아냈고(그 집은 여전히 남
아 있었다), 대부분의 친척이 살해되었던 아우슈비츠에
도 갔었다. 이번에는 아들과 함께 옛 은신처를 다시 찾
은 그는 조금 다른 충동에 압도된다. '그 거리를 찾아내
고 싶다.' 그냥 가게 놔둬야 한다는 걸, 아무 말도 하지
말아야 한다는 걸 알았기 때문에 사라져 가는 네 사람
의 모습을 가만히 지켜보기만 했던 그 장소를. 그는 그
거리의 이름을 알지 못한다. 남아 있는 거라곤 모자와
트렌치코트 차림으로 부모님에게 말을 걸던 두 남자의
이미지뿐이다. 어느 상점 진열창 안의 책 한 권이 우연
히 그의 눈에 들어온다. 책 제목이 보이는데, 거기 포함
된 이름 하나가 그 안의 무언가를 건드린다. 그의 부모
님은 그 이름이 들어간 거리에 대해 많은 이야기를 했
었다. 그는 확인해 본다. 그 거리는 실제로 존재하고, 그
들이 살았던 것으로 짐작되는 장소에서 정말로 가깝다.

　　발렌트는 서둘러 그 거리로 달려간다. 그러면서
그때 너는 아이였지 어른이 아니었다고 스스로에게 일
러 준다. 몸을 웅크렸다가, 긴장을 풀고, 자기 몸이 기억
을 떠올리도록 내버려둔다. 확인한다. 예전에 이 거리
끝에는 유명한 아이스크림 가게가 있었다.

　　분명 부모님은 그 가게를 떠올리고는 아이스크

림이라는 말을 생각해 냈을 것이다.

그는 그곳으로 가서 쪼그리고 앉는다. 혼자 남겨졌던 일이 기억나고, 돌아보지 않던 어머니가 기억나고, 내가 뭘 잘못했을까 하고 생각했던 일이 기억난다. 그러다가 그는 알게 된다. "어머니는 돌아볼 수 없었을 것이다. 왜냐하면, 돌아봤다가는, 어머니가 미소를 짓든 울음을 터뜨리든 내가 어머니를 따라 달려갔을 테니까." 그의 인생에서 가장 거대했던 배신은 알고 보니 가장 순수한 사랑에서 나온 행동이었다. 그는 그제야 알게 된다. 그렇게나 많은 것을 알고 있었고 단 한 번도 실수하지 않았던 그 아이는 정작 가장 중요한 것을 반세기나 지나고 나서야 알게 되었다는 사실을.

아이는 조용히 하는 법을 알 수 있고, 국경을 넘어 어둠에 덮인 나라로 걸어 들어가는 일이 생사가 걸린 일이라는 걸 알아차릴 수도 있다. 절대 본명을 말하며 찍소리를 내거나 남에게 알몸을 보여서는 안 된다는 것도 알 수 있다. 하지만 아마도, 아이는 저 멀리 걸어가 버리는 어머니가 자신들의 목숨을 구하는 중이라는 사실은 알 수 없을 것이다. 아마도 오직 어른만이 이것을 알 수 있을 것이다.

그러다가 전쟁이 끝난다. 당신의 삶은 더 이상 그들의 것이 아니다. 그러면, 그다음에는 뭘까. '아동 생존자였다가 정신과 의사가 된' 또 다른 인물인 로버트 크

고통을 말하지 않는 법

렐은 살아남은 자의 삶이 다음과 같은 도전에 마주하게 된다고 말했다. "살아남았다는 사실로부터 어떻게 살아남을 것인가." 그런데 '살아남았다는 사실로부터 살아남는' 작업을 시도하는 사람 가운데 일부가 이런 상황에 맞닥뜨리게 된다면 어떨까. 한때 악에 노출되었던 아이가 다시금 아이 같은 기분을 느끼게 되는 상황 말이다. 아이 같은 기분을 느낀다는 것, 만약 그것이 '독립된 존재로서 자신의 영역을 지켜야 한다는 부담을 (아직은) 통째로 지지 않아도 괜찮다'는 뜻이라면, 우리는 정신적 외상을 갖게 된 아이들이 '다시금' 아이 같은 기분을 느끼기를 열띤 마음으로 바라야 할까? 그 아이들이 다시 '아이 같은 기분'을 느끼면서 오히려 취약해지더라도, 그래도 우리는 그들에게 그걸 가져다주기 위해—마치 그 기분이 인간에게서 빼앗을 수 없는 천부적인 자질이기라도 한 것처럼—싸워야 할까? 누군가가 '아이 같은 기분'을 부정하는(혹은 그것을 느끼지 못하는) 모습을 보인다면, 우리는 그 모습을 세상이 그에게 새겨 놓은 심각한 결함으로 여겨야 할까?

"우리가 은신에 들어갔을 때," 베라는 내게 말한다. "난 아이이기를 멈췄어요. 나 자신의 생명, 나 자신의 존재를 위해 책임을 져야 한다는 걸 이해했죠."

─전쟁이 끝난 뒤에 한 번이라도 자신이 아이

같다는 기분을 느껴본 적 있어요?

—아뇨.

—그럼 그 기분은 완전히 사라진 건가요?

—그런 것 같네요.

20세기 폴란드 시인으로 미워시에 이어 두 번째로 노벨 문학상을 수상한 비스와바 쉼보르스카Wisława Szymborska의 시 중에 「자기 절단Autotomia」이라는 작품이 있다. 자기 절단이란 동물이 자기방어를 위해 몸의 일부를 잘라내는 것으로, 이 시에서 해삼이 하는 행동과 같다.

위험에 처한 해삼은 자기 몸을 둘로
자른다.
하나의 자아를 배고픈 세계에 버려 두고
다른 자아와 함께 도망친다.

한쪽 부분은 구원, 희망이다. 다른 쪽 부분에는 구원이 미치지 않는다. 한쪽 부분을 죽게 놔두는 건 다른 쪽 부분이 자신을 재구성해 다시 살아 있는 '전체'로 자라날 수 있게 하기 위해서다. 생존자는 해삼과 같다. 그 말은 생존이 죽음의 반대말이 아니라는 뜻이다. 생존이란 어떤 의미에서는 삶보다 죽음에 훨씬 가까울 수도 있다. 전쟁—베라가 겪은 전쟁을 말한다—으로부터 수년이 지난 뒤, 샤를로트 델보의 친구이자 동료 생존자였던 마도는 델보에게 이렇게 말하곤 했다. "난 아우슈비츠에서 죽었는데 아무도 그 사실을 몰라." 그리고 델보 자신은 다음과 같이 쓰곤 했다. "사람이 그곳에서 살아 나온다는 게 가능한 일인가? 아니. 그건 불가능했다."

생존자는 살아 있는 동시에 죽은 상태로 지내는 법을 배운다. 그중 아동 생존자는 특수한 종류의 생존자로, 그들은 이중적인 태도에 있어서는 전문가다. 특히 베라처럼 은신해 살아남은 아이들은 그 자체로 하나의 범주를 이룬다고 할 수 있다.

전쟁으로부터 반세기가 지난 뒤, 비키 고든은 은신해 살아남은 아동 생존자들—고든 자신의 부모님 역시 여기에 속했다—을 인터뷰하면서 어떤 '차단의 감각'을 알아챘다. 그가 인터뷰한 사람 중 많은 수는 수시로 사무적인 태도를 드러냈다. 어떤 건조함, 다시 말해 '심리적 깊이'의 부재 같은 것도 느껴졌다. 가끔 인터뷰 상대가 아이로서의 자기 자신을 바라볼 때면—연민 가득한 어른이 아이를, 자신이면서 자신이 아닌 그 아이를 바라보면서 힘겨운 감정을 느낄 때면—여러 감정이 터져 나왔지만, 그건 아이가 아닌 어른의 감정이었다. 은신해 있는 아이들은 조용하고 보이지 않는 존재로 계속 머물러 있음으로써 살아남는다. 어떤 도움도 요청하지 않음으로써, 울지 않음으로써, 절대 울지 않음으로

써. 어떤 감정이든 느끼게 되면 그간 비축해 두었던 심
리적 강인함이 곧장 고갈되어 버릴 수 있었다. 훤히 드
러나 있는 은신처에서 가짜 정체성을 두른 상태로 고통
이나 두려움을 표현했다가는 유대인이라는 사실이 탄
로 날 수 있었다. 자신을 억누르지 못하면 발각될 수 있
었다. 한번은 마침내 녹음기가 꺼지자 한 아동 생존자
가 고든에게 말했다. "저한테서 뭘 원하시는지는 알겠
는데, 하루 종일 여기 앉아 계셔도 그걸 얻어 가실 순 없
을 거예요."

"바이런 베이에 손금을 보러 갔었거든요." 베라가
스카이프로 내게 말한다. "거기 점쟁이가 그러는데 나
같은 형질은 처음 본대요. 보호해 주는 힘이 너무도 강
하다면서."

베라가 ABC 방송국에서 나온 뒤에 결국 바이런
베이에 살게 된 건 그의 아들이 거기 살았기 때문이었
다. 지금은 고인이 된 아들이라고 해야겠다. 50대였던
그의 아들은 사우나에서 갑작스러운 심장 발작으로 사
망했다.

"내 아들은 비범한 놈이었어요." 베라는 말한다.
"열여덟 살에 우리를 거부했죠. 자기는 우리 냉장고랑
차 같은 데엔 관심 없다고, 문명이 없는 곳으로 가서 살
겠다면서요. 우리랑은 완전히 달랐죠. 난 ABC 방송국에
서 정리 해고를 당하고 나서 불교를 공부하기 시작했는

고통을 말하지 않는 법

데, 그리고 나니까 아들이 좀 더 이해되더라고요." 정리해고. 베라가 살면서 겪어야 했던 다른 일에 비하면 사소하게 들리는 말일지도 모르겠다.

하지만 그 일은 사소하지 않았다. 당신은 자신이 특별하다고 느끼면서 삶을 시작한다. 너무나 똑똑하고 어른스러워서 아버지가 소르본느에 데려가 주겠다고 말하는 그런 아이로. 물론 지금은 안 된다. 전쟁 중이니까. 하지만 르비우를 점령한 소련군 병사들조차 당신의 피아노 연주를 들으면 이 아이를 모스크바에 보내서 음악을 배우게 하고 싶다는 생각을 갖게 된다. 당신은 그 정도로 재능 있고, 아름답기도 하지만, 그러다가 자신이 아무것도 아니라는 걸 알게 된다. 그 깨달음은 말 그대로다. 그 이상 분명할 수 없다. 하지만 당신은 그렇게 자아가 말소된 상태에서 빠져나와 스스로를 재구축하고, 그 과정에서 자신이 두 배로 특별하다고, 불사조 같은 존재라고 굳게 믿게 된다. 그러다가 결국 더 이상 여기서 일하지 않으셔도 됩니다라는 말을 듣게 되는 것이다. 당신의 귀에는 당신은 아무것도 아니에요로 들리는 그 말을.

"난 여기저기 돌아다니면서 제발 나를 이해해 달라고, 난 끔찍한 삶을 살았었다고 말하는 사람이 아니에요. 난 그런 사람이 아닙니다. 어떤 삶은 그냥 이렇게 흘러가는 거예요. 다른 삶은 또 다르게 흘러가겠죠." 우

울한 기분이 때때로 베라를 덮치는 건 사실이고, 그럴
때면 베라의 어느 유대인 친구는 이렇게 말한다. "베라,
현관 앞에 나치가 와 있지 않은 걸 행복이라고 여겨요."
베라는 그 상황을 떠올려 보고는 행복을 느낀다. 무언
가에 빠져 허우적거리고, 지난 일을 곱씹고, 끙끙거리
고, 훌쩍훌쩍 울고…… 이런 일들은 베라에게는 어울리
지 않는다. 앞으로 나아가고, 다음으로 넘어가고, 살아
가고, 그 살아감 속에서 사랑할 수 있는 것이라면 뭐든
사랑하고, 열중하고, 기뻐하고…… 이런 것들이 베라에
게 어울리는 움직임이다.

   "난 그런 어린 시절을 보냈어요. 친한 친구라곤
하나도 없었죠. 굉장히 솔직했고요. 이미 그때부터 어
리석은 무언가를 보면 조금도 참질 못했어요. 결코 평
범한 아이는 아니었죠. 열일곱, 열여덟 살 때는 남자들,
젊은 남자들한테 엄청나게 인기가 많았어요. 그 남자들
은 알았던 거죠. 내가 다른 사람들하고 너무 다르다는
걸, 그리고 그런 나랑 어울리는 건 무척 가치 있는 일이
라는 걸."

      그런 어린 시절을 보냈다는 건 이런 것들을 알
게 된다는 뜻이다: 보장할 수 있는 건 아무것도 없으며,
그 일은 다시 일어날 수도 있다. 사람들은 훈련받은 앵무
새처럼 그런 일은 다시는 없을 것이다! 다시는! 이라며 거
듭해 외치지만, 만약 당신이 베라와 겪어 왔던 것과 비

고통을 말하지 않는 법

슷한 삶을 살게 된다면 그런 말들에 담긴 허위를 깨닫게 될 것이다. 앵무새처럼 같은 말을 외치던 사람들은 다시는 없을 거라던 그런 일이 다시 일어나는 순간 허를 찔릴 것이다. 불행에 압도당할 것이다. 그들이 그 상황을 따라잡을 무렵에는…… 그 일을 멈추기에는 이미 너무 늦어 있을 것이다. 베라는 오스트레일리아의 유력 인사들—바르샤바에서 알고 지냈던 사람들과 마찬가지로 "최고의 인물들"이자 "엘리트들"—의 이름을 흘리는 걸 즐기곤 한다. 그리고 그 이름들은 그저 오스트레일리아의 프티 부르주아에 대한 베라의 거부감을 상징하거나, 오늘날의 베라가 전후 바르샤바에서 구축했던 자아를 배반하지 않았음을 증명해 주는 것 이상의 역할을 맡고 있다. 그 이름들에는 실질적인 목적이 있다. 필요하다면 그들이 베라를 보호해 줄 수 있을 것이다. 적어도 그들 중 몇몇은 베라를 안전하게 지켜 줄 만한 위치에 있을 것이다. 베라는 여전히 사람들이 자신을 두고 야단법석을 떨게끔 만들곤 한다. 그 야단법석을 부추기기 위해 베라가 특별히 어떤 일을 하는 것 같지는 않다. 그냥 베라가 지닌 힘 안에 그런 능력이 포함돼 있을 뿐이다.

"마치 유대인들의 하느님이 베라한테 살아남으라는 지상 명령을 내린 것 같아요." 소피는 말한다. "베라의 다른 많은 능력들은 전부 거기서부터 나오는 것 같고요."

베라와 내가 이야기를 나누는 동안, 내 책이 어
딘가로 미끄러지고, 시간을 질질 끌고, 종유석들이 자
랄 지경이 되고, 완성에 가까워지는 대신 더 멀리 미끄
러져 가는 동안, 아동 성 학대에 제도적으로 대응하기
위한 왕립 위원회가 설립되고 속도가 붙는다. 잔인하고
교묘하게, 처벌을 피해 가며, 가깝게는 몇 년 전까지 장
기간에 걸쳐 학대당한 아이들의 사례가 매일 자세히 보
고된다. 우리는 텔레비전 뉴스에서 이 아이/어른들의
모습을 얼핏 보게 된다. 과거에 갉아 먹힌 것처럼 보이
는 그들은 "고통은 금속 배수관 안쪽에 스는 녹처럼 쌓
여요"라고 말하고 있다. 내가 사는 도시의 거리를 걸을
때, 나는 어른의 몸을 겉에다 두른 채 숨어 있는 학대당
한 아이들을 떠올린다. 그런 상상을 멈출 수가 없다. 통
계를 확인해 보고 싶지는 않다. 틀림없이 충격적일 테
니까. 정도가 좀 심한 날에는 보고서를 차례로 읽는 동
안 내 아이들이 성폭력 피해를 입는 모습이 떠오른다.
그러면 내 입은 굳게 닫히고, 학대로 파괴된 안전과 자
아와 영혼과 가족을 되찾자는 사람들이 내놓는 온갖 이
야기는 바닷속에서 오줌을 누는 일처럼 느껴진다. "어
떤 사람들은 성적인 학대를 '영혼의 살해'라고 부릅니
다. 그건 한 사람의 가치와 존엄을 정말로 파괴해 버리
는 일이거든요." 폴 발렌트가 내게 말한다. "세대 간에

고통을 말하지 않는 법

애정이 생겨나는 걸 방해하기도 하고요."

　　　왜 아동 성폭력은 어린이가 중심인 세상에서 이
토록 고질적으로 발생하는가. 그리고 그 폭력은 평생,
아니 그 이상의 시간 동안 어떤 영향을 끼치게 되는가.
'심각한 아동 인권 침해'라는 법적인 언어도, '인간 정
신의 파괴'라는 저널리즘의 언어도, '아동의 심리 사회
적·성적·정신적 발달에 가해지는 손상'이라는 치료상
의 언어도 그 질문에 우리를 가까이 데려다주지는 못한
다. 순수함…… '아이들'을 규정하는 특징이 순수함이라
고, 정신적 외상이 아이들에게서 빼앗아 가는 게 바로
그 순수함이라고 이야기한다는 건…… 나는 오스트레일
리아 철학자인 조앤 포크너Joanne Faulkner가 순수함을 대
하는 방식이 마음에 든다. 포크너는 순수함에 관해서
는 세 가지 커다란 문제가 있다고 말한다. 첫 번째 문제,
'순수함'은 자기중심적인 어른들 자신을 위한 판타지
다. 두 번째, 순수함은 어른들이 더 이상 그것을 지니고
있지 않다고 여겨지는 아이들을 포기하게 만드는 원인
이 된다. 마지막으로 그것은 아이들이 윤리적인 삶, 시
민으로서의 삶에 동참하지 못하게 막는다.

　　　한편 순수함에 대한 베라의 견해는 회고록에 다
음과 같이 실려 있다. "현대의 심리학자들은 아이들이
보통 죽음을 일시적이고 되돌릴 수 있는 것으로 여긴다
고, 아이의 의식은 죽음의 영속성을 다룰 준비가 되어

있지 않다고 말한다. 하지만 르비우 게토의 아이들은 그렇지 않다. 우리는 아침에는 살아 있던 사람이 오후가 되면 죽을 수 있다는 걸 안다."

다음과 같은 디트리히 본회퍼의 말은 드라이클리닝한 정장을 입고 다니는 사람이라면 누구든 인용할 수 있을 것이다. "한 사회의 도덕성은 그 사회가 아이들에게 무엇을 해 주는지를 보면 알 수 있다." 논란의 여지가 없는 이야기다. 하지만 어린 시절에 극악무도하고 견딜 수 없는 일들을 목격하고 견뎌야만 했던 어른들은? 그들은 무엇을 받아야 할까? 모든 만원 열차 속에, 중간쯤 되는 규모의 모든 직장 속에 그들이 있다. 어른의 몸 안에 들어가 있는 아동 생존자들. 만약 그들이 자신을 증명하는 일에 관심이 있다면, 오, 우리한테 여러분을 위한 일자리가 있어요—친애하는 생존자 여러분, 부디 기억의 수호자가, 목격자가, 지칠 줄 모르고 진실을 말하는 사람이, 도덕적인 피뢰침이 되어 주세요. 그래 주시지 않겠어요? 나머지 사람들이 그 일을 잊어버리거나 일어난 적이 없다고 상상하도록 놔두지 말아 주세요. 이 공공 광장 저쪽에서 원을 그리며 걸어 주시겠어요?

"그게 당신들이 우리한테 하려는 일인가요?" 『태어나지 않은 아이를 위한 기도』를 쓴 임레 케르테스(그는 제2차 세계 대전이 시작됐을 때 아홉 살이었다)는 이렇게 말한다. "어떻게 해야 그런 상황에서 살아남으

고통을 말하지 않는 법

면서 또 그걸 이해까지 할 수 있을까요?"

나는 아이가 학대당할 수 있는 모든 방법으로 학대를 당했던, 그리고 그 사실을 왕립 위원회에서 증언했던 J라는 여성과 이야기를 나눈다. 그는 너무나 강인하며 너무나 많은 상처를 받았다. 그가 살았던 삶만 말하는 게 아니라 그라는 사람 자체가 그렇다는 뜻이다. J는 증언한 것을 후회한다고 말한다. 증언 이후로 어쨌든 지금까지는 아무런 변화도 일어나지 않았는데, 상처는 커다랗게 벌어져 있고, 사방으로 피를 흘리고 있는 그 상처를 두 번째로 감당하는 일은 처음보다 더 힘들다는 것이다. 그는 마음을 추스르려고 엄청나게 노력했다. 특히 최근까지 자기 어머니의 과거에 대해 아무것도 몰랐던 자신의 아이들을 위해서 말이다. 이제 J는 자신이 다시 처음부터 아파하게 될지, 그러면서 주위 사람들도 아프게 만드는게 아닐지 궁금해하고 있다. 게다가 그런 부당한 일을 심지어 아무런 대가도 없이 다시 겪다니, 대체 그런 상황을 누가 원하겠는가? 우리가 나누는 대화 도중에는—나는 질문을 거듭함으로써 그를 고문하고 있는 걸까? 멈춰야 할까? 아니면 계속하는 게 나을까?—무슨 일인가가 일어났다 사라져 버리는 순간이 있다. 나는 그게 무엇인지 알지 못한다. 하루인가 이틀 뒤, J로부터 메일이 온다. "안녕하세요, 마리아, 그냥 말씀드리고 싶어서요. 우리가 나누던 잡담 마지막에 그러셨죠. '어떻게 생각하세요, 만약 누군가가 당신은 너무도 오랫동안 그 짐을 지고 있었군요, 라고 말했다면……' 제가 기억하는 단어가 좀 다를 수는 있지만, 그 얘길 하시는 동안에 제 머릿속은 완전히 미친 듯한 어떤 시간 속으로 빨려 들어가 버렸거든요……. 설명하긴 어렵지만, 어쨌든, 와…… 그 '짐'이라는 말은 저를 정말 고통스럽게 했어요."

'짐'이라는 말은 J의 메일을 읽는 나 역시 고통스럽게 한다. '짐'은 다른 단어들을 데려온다. '무게', '지고 있다', '들어 올린다', '내려놓는다', '소진'. 이것들은 '증언', '목격자', '듣기', '말하기', '우리가 잊지 않도록', '이야기', '전달' 같은 친숙한 단어들에 덧붙는 단어들이다.

짐을 중앙에 두기. 그러면 몸도—몸 전체가—중앙을 향해 움직인다. 나는 생각한다. 젠장, 그게 우리가 실제로 하는 일 아니야? 우리, 그러니까 작가들 말이다. 우리는 그 짐을 약간 덜어 준다. 그 짐의 한 귀퉁이를 들고 어느 정도 같이 날라 주는 것이다. 우리는 묻지 않으면서 묻는다. "어떻게 하면 그게 좀 가벼워질까요?" 우리는 묻는다. "어떻게 해야 당신이 조금 쉬실 수 있을까요?" 우리는 웃음물총새[66]가 아니라 절뚝거리는 말이나 당나귀에 가깝다.

베라는 자신이 "해결되지 않은, 걸어 다니는 정신적 외상"이라고 반복해 말하기를 좋아하는데, 나는

고통을 말하지 않는 법

그가 특히 "해결되지 않은"이라는 말을 아주 좋아한다는 걸 알 수 있다.

•

베라는 르비우를 다시 찾아간다. 런던에 사는 베라의 손자 파니도 함께 간다. 몇 달 뒤 우리는 스카이프로 이야기를 나눈다. "그 여행은 너무 오래전에 다녀와서 잊어버렸지 뭐예요." 베라는 말한다.

처음에는 바르샤바로, 그 다음에는 루비우로. "르비우는 놀라운 도시예요." 베라가 말한다. "마리아도가 본 적 있다고 했죠? 아닌가? 어쨌든 르비우에 갔는데 게토 안에서 우리가 머물렀던 곳의 주소를 찾아낸 거예요. 그래서 그리로 갔죠. 나만 빼고 다들 사진을 많이 찍더라고요. 나는 사진을 안 찍으니까. 그 사람들, 아직도 나한테 사진을 한 장도 안 보내 줬네요. 그리고 우리가 전쟁 전에 살았던 아파트 구역의 위치도 내가 알아냈어요. 그 건물이 아직도 남아 있더라고요. 자, 르비우는 그랬네요. 날씨는 아주 좋았고요."

---

66   사람의 웃음소리를 닮은 소리로 우는 새로 주로 오스트레일리아와 뉴기니섬에 서식한다. 일반적으로 긍정적인 마음가짐, 낙천주의, 희망을 상징한다.

스카이프가 칙칙거린다. 우리는 접속을 끊었다 재접속한 다음 영상을 끈다.

"유대인 기록 보관소로 가는 길이었는데, 그 순간 홀로코스트 이후로는 처음으로 내 눈에 눈물이 고였다 면 믿겠어요? 내가 평생 울지를 못했잖아요. 그런데 이 눈물은 괜찮았어요. 뭔가 정화해 주는 것 같았거든요. 기록 보관소 사람들한테 내 부모님하고 조부모님 이름 이랑 기타 등등을 댔는데, 몇 주는 걸리겠다 싶었거든 요. 그런데 금요일에—우리는 토요일에 떠나기로 되어 있었는데—우리한테 전화가 왔어요. '30분 내로 오세 요.' 그 여자가 그러더라고요. '그러면 거기 가시는 길을 안내해 드리겠습니다.' 거기라는 건 그 은신처였어요. 그리고 그 망할 택시 기사는 무슨 엄청난 회의라도 연 것처럼 시끄럽게 떠들어 댔고요. 그 지역 전체가 새로 꾸며졌다고 그러더라고요. 그리고 우리가 숨어 있던 그 집은, 창문이 벽돌로 막혀 있기는 했는데 아직도 그 자 리에 있더라고요. 그걸 봤어요. 그랬네요. 그런 다음에 우린 베를린으로 갔어요. 베를린은 또 전혀 다른 일 때 문이었어요. 다니엘 바렌보임이 지휘하는 공연이 매진 됐는데 나한테 표가 생겼거든요. 표를 구해 준 사람이 나보고 바렌보임을 만나 보라고 제안하지 뭐예요. 그래 서 내가 그랬죠. '대체 뭐 하려요? 무대 뒤로 가서 악수 하라고요?' 그런 건 별 의미가 없잖아요."

고통을 말하지 않는 법

르비우에 계시는 건 힘들었나요? 어른이 되고는 처음으로 다시 가신 건데요. "정신적 외상 때문에 힘들 수도 있겠다고 생각했는데요." 베라는 말한다. "그렇지 않더라고요. 어려운 거라곤 하나도 없었어요. 식당들도 멋졌고, 커피도 훌륭했고요. 전쟁 전과 지금의 유대인 인구수에 차이가 있다는 게 유일한 문제랄까요. 자기야, 그게 내가 말해 줄 수 있는 전부예요. 르비우는 옛날 부터 지식인의 도시였어요. 큰 대학도 있고요. 우리가 갔을 때는 작가 축제가 열리고 있었어요. 그 축제에 온 어떤 작가를 만났는데 그 사람이 나하고 사랑에 빠졌지 뭐예요. 르비우에서 태어나고 미국에 사는 사람이에요. 그 사람이 나한테 자기가 쓴 책을 줬는데 너무 멋진 사인이 들어 있었어요. 그게 다였어요. 좀 신속했죠. 빨랐어요. 그랬네요."

그랬다. 2011—2012—2013—2014—2015—2016—2017—등등. 2018.[67]

---

67   이 책의 원고는 2018년에 완성되었다.

같은 강에 두 번 들어갈 수는 없다

2.

우린 공원에서 소련 백과사전을 읽고 있었
어. 스탈린이 살아 있던 시절에 나온 사전이
었지. 너희 어머니가 가지고 계시던 책 말이
야. '만국의 아버지'는 다양한 재능을 갖고
있었지만, 심지어 위대한 과학자이기도 했
던 모양이야. 그는 자신이 분투하고 노력했
던 모든 일에 재능을 타고난 것 같았는데, 그
건 어쩔 수 없는 운명 같은 거였나 봐. 우리
는 웃고 있었어. 우리의 이 말도 안 되는 나
라와 그 말도 안 되는 역사. 말도 안 되기로
는 사상 최악이었던. 환한 대낮이었고, 사방
에 사람들이 가득했지. 그들이 우리를 둘러
쌌어. 그들 중 한 명이 반지를 끼고 있었나
봐. 그 뒤로 몇 주 동안 시가 전차나 무궤도
전차에서 반지 낀 남자 손이 보일 때면 움찔
하곤 했거든. 우리 부모님은 서로에게 이런
말을 건넸는데, 어쩌면 나보고 들으라고 그
러셨던 것 같기도 해. "이래서 우리가 이 일
을 하고 있는 거예요."

좋아, 그 일에 관해선 내가 확실하게 기억하고 있거든. 유대인 여자애 두 명이 1960년대에 나온 두꺼운 철학 사전 한 권을 가지고 공원으로 산책을 갔어. 그 사전에는 우스꽝스러운 내용이 많아서, 걔들은 나무 그늘에서 그걸 보고 웃으면서 시간을 보낼 생각이었지. 한참 즐겁게 떠들고 있는데 두 명인가 세 명쯤 되는, 젊은데 정신은 썩 맑지 않은 것 같은 인간쓰레기들이 다가오는 거야. 아마 여자애들 웃음소리가 그 인간쓰레기들 마음에 들지 않았든지, 슬라브 사람처럼 보이지 않는 그 여자애들의 외모가 취향이 아니었든지 그랬던 모양이야. 둘 다였을 가능성이 높지. 그 쓰레기들이 우리랑 어떤 '이념적' 논쟁을 했을 수도 있는데…… 그 부분은 기억이 안 나. 내가 기억하는 건, 정말 뼈아프게 떠오르는 건, 그 자식들이 내 앞에서 네 머리를 때렸을 때 들었던 무력감이야. 내가 아무것도 아니라는 느낌. 그리고 집에 오는 길에 네가 했던 말도 기억해. "이 일 덕분에 조국에 대한 향수를 아주 싹 다 떨쳐 버릴 수 있겠어." 신기하게도, 네가 숨스카야 거리 어디쯤에

고통을 말하지 않는 법

서 이 말을 했는지 정확하게 기억나. 바로 페
트로우스키 거리와 만나는 교차점에서였지.

3.

가끔은, 학교가 끝나면 우린 그냥 작별 인사를 할 수가 없었어. 그래서 노예들이나 입을 것 같던 그 멍청한 교복을 입고 체르니셰우스카야 거리에 있는 나무 아래 서 있었지. 교복 동복의 갈색은 마치 [빈 칸을 채우시오]. 마치 진흙 속 깊숙한 곳에서 초콜릿 스펀지케이크를 파먹고 있는 지렁이들 같았지. 썩어 가는 지렁이들. 우리가 그 나무 아래 몇 시간이나 서 있었다고 말하고 싶지만, 시간 감각은 나이에 따라 다르고 어쩌고 저쩌고, 맥락에 따라 다르고 어쩌고, 세 배로 어쩌고 저쩌고라며. 어쨌든 그건 몇 시간같이 느껴졌어. 아니면 우린 작별 인사를 하고 잽싸게 집으로 가서—다른 가족들이랑 같이 쓰던 너희 집이 그 나무에서는 더 가까웠고, 우리 집은 서점을 지나서 더 걸어가야 했었지, 아카뎀크니가 서점 말이야, 너희 어머니께서 일하시던—곧바로 서로에게 전화를 걸기도 했지. 이제 난 전화 통화를 할 때면 그 통화를 견뎌 보려고 일부러 혼자 웃긴 표정을 짓게 돼. 얼굴을 보고 얘기하든지 메일을 쓰든지, 난 그 둘 중 하나가 좋은 사람이야. 시공간적으로 완전히 함께 존재하든지 아니면 완전히 분리돼 있는 게 좋아.

고통을 말하지 않는 법

4.

네 열여섯 번째 생일. 내가 준 꽃들, 네 키만 했던가, 어쩌면 더 컸던 것 같네. 끌어안고 깔깔 웃었지. 우리 그때 이런 말을 했잖아, 그 꽃들이 "술 취한 올림픽 수영 선수들" 같아 보인다고. 잔인한 낙천주의—이런 표현 들어본 적 있니?

5.

니나 세르게에우나, 무능한 선생, 아, 그래도 그 검은 곱슬머리하고 눈은 대단했지. 옷도 잘 입었고 말야. 웃지 마. 근데 너무 못된 년 이었지. 내가 네 옆자리에 못 앉게 하려고 아 예 작정을 했었잖아. 수업하러 들어올 때마 다 나를 아무도 안 앉는 맨 마지막 줄로 보내 고 그랬다고. 나중엔 그게 무슨 의식처럼 돼 버렸지. 그리고 너, 너는 나한테 화가 났었 지, 그 여자한테가 아니고 말이야, 안 그래? 넌 일이 그렇게 시끄러워지고 극적으로 변 해 가는 꼴이 별로였고, 내가 하고 있던 반항 도 점점 우스워져 간다고 생각했잖아. 그때 난 정확히 뭘 상대로 싸우고 있었던 걸까? 날 추동했던 게 뭐였는진 모르겠어. 어쨌든 난 포기할 생각은 없었거든. 영원히 그렇게 계속할 생각이었어. 스스로 시시포스가 되 기로 한 사람처럼. 1주일에 두 번, 네 책상 옆 에 두 발로 버티고 서서, 그 여자의 지겹다는 듯한 목소리가 날 불러내길 기다리면서 말 이야. 난 계속할 생각이었어. 누가 죽든지, 학교가 끝나든지, 그 여자가 포기하든지, 아 니면 내가 정신을 잃을 때까지.

고통을 말하지 않는 법

니나 세르게에우나가 누구지? 혹시 우리 영
어 선생님 아니었니? 별로 기억나는 게 없
네. 이유는 잘 모르겠지만, 그때 영어 선생님
들이 다들 그렇게 잘 차려입긴 했어. 젊고 도
도한 여자들이었지. 매니큐어도 눈부시게
바르고 다니는. 어쨌든 최소한 그 여자는 영
어는 할 줄 알았잖아.

6.

가끔은, 학교가 끝나면 우린 그냥 작별 인사를 할 수가 없었어. 아니면 얼른 작별 인사를 하고 잽싸게 집으로 가서 곧바로 서로에게 전화를 걸기도 했지. 너도 계단 한 층을 오르고, 나도 계단 한 층을 오르고, '제압'해야 하는 언니는 너한테도 한 명, 나한테도 한 명. 부모님들은 직장에 있어서 몇 시간은 지나야 집에 왔지. 언니들만 제끼면 됐어. 최고 좋은 상황은 언니들이 복잡하게 얽힌 연애 관계 때문에 바빠지는 거였지. 이제 난 저녁에 전화벨이 울리면 "누가 죽었나?" 하고 생각하는 사람 중 한 명이 돼 버렸단다.

네가 인터넷 여기저기를 뒤져 가며 나를 찾아보고 나서 나한테 전화했던 게 몇 년도였더라? 2003년? 2005년이었나? 그 시절 떠돌아다니며 지냈던 열 군데쯤 되는 임대 아파트 중 하나였을 텐데, 정확히 어디였는지는 기억이 안 나는데, 네가 그리로 전화를 했더라. 그때는 나한테 휴대 전화가 없었지. 성인이 된 이후로는 전화기를 딱 네 대 써봤어. 첫 번째 컴퓨터는…… 그건 2008년에 장만했었네. 흉하고, 거대하고, 둥그런 눈알 같은 모니터가 달려 있었지. 진짜 고물. 근데 그게 있어서 너무 행복했었어. 그때 내가 집에서 너한테 어떻게 편지를 썼었는지 기억나니? USB 디스크에 편지를 저장한 다음에 인터넷 카페로 달려가서 보내곤 했지.

7.

요전날 아버지가 나한테 학술 기사 한 편을 보내 주셨
는데, 어느 문학 연구자가 '우리의 (너의, 그리고 나의)'
'(다른 무엇도 아닌) 우정을' 논하는 기사였어. 그 연구
자는 내가 "거대한 감정들"을 "부끄러워하지 않고 끌어
안는다"고 칭찬하더라. 그 행간에 담긴 메시지는 이거
야 (비난하는 어조는 아니었어): '이 사람은 앵글로색
슨인들과는 정말 다르다.' 그 연구자는 내 "감정적 강렬
함"의 예를 여러 가지 들면서 그것들이 내 유년기와 청
소년기의 시공간을 드러내 준다고 쓰고 있었어. 내 세
번째 책에서 몇 단락을 인용했더라고. 맥 빠지게 주절
거린 끔찍한 부분들이었는데. 지금 내가 잘난 척하는
걸까? 그런 것 같네. 문득 궁금해진 게 있어. 화가가 자
신이 옛날에 그림을 그려 놓은 캔버스를 무심코 보게
될 때도 이런 식으로 두 눈이 화끈거릴까.

고통을 말하지 않는 법

8.

지금 훑어보고 있는데, 네가 처음 몇 년 동안 쓴 편지들은 다 있네. 1990년, 1991년, 1992년 그때 말이야. 그 뒤로는 한 통도 없어. 네가 나한테 편지 쓰는 걸 그만뒀었나 봐? 모든 걸 그만뒀었나? 네가 모든 게 끝났다는 결론을 내렸던 때가 그때였니? 난 기억해. 그 말. 우리가 가진 거라곤 과거뿐이고 그걸로는 충분하지 않아라는 말.

고통을 말하지 않는 법

"마리나 츠베타예바[68]의 일기 어딘가에서 찾아낸 거야. 그냥 들어 봐.

　'사랑한다는 것―그것은 한 사람을 신이 그에게 의도했던 대로, 즉 그의 부모가 만들어 내는 데 실패한 모습으로 바라보는 것이다.

　사랑하지 않는다는 것―그것은 한 사람을 그의 부모가 만들어 낸 모습으로 바라보는 것이다.

　사랑이 식는다는 것―그것은 그 사람 대신에 테이블이, 의자가 보이는 것이다.'"

68

Marina Tsvetaeva(1892~1941).
20세기 러시아 시문학에서 위대한
업적을 남긴 시인. 1941년에 남편과
딸이 간첩 혐의로 체포되고 남편이
처형당하자 스스로 목숨을 끊었다.

9.

(우리는 절친한 친구였다.) 나는 우리 이야기를 썼다. 우리가 공원 벤치에 앉아서 오래된 소련 백과사전을 무릎에 올려놓고 있었던 이야기를 썼다. 19년이 지난 뒤에도 이걸 고스란히 함께 기억하고 있는 우리에 대해 썼다.

"아닌데." 사샤는 말한다. "우릴 괴롭혔던 남자들은 세 명뿐이었어. 그중 한 명이 네 머리를 때린 거야."

"숫자를 세 배로 착각하고 머리를 맞은 것도 잊어버리다니 난 어떻게 이럴 수가 있지?"

"이해가 안 되네." 사샤는 말한다.

나는 그날에 대해, 디데이에 대해, 그러니까 달콤한 열여섯 번째 생일, 네가 성년이 된 날에 대해 이렇게 썼다.

그 애에게 이런 꽃 백 송이를 줄 수 있었더라면, 그 애를 꽃으로 된 숲으로 둘러쌀 수 있었더라면 그렇게 했을 텐데.

나는 우리를 공적인 기록으로 남겨 두었다. 이게 원래 내가 하려고 했던 일인지는 모르겠지만.

같은 강에 두 번 들어갈 수는 없다

10

CNN 라이브, 스튜어트 루니가 래리 킹에게

래리, 그 방에서의 장면이 상상이 안 갈 거예요. 미하일 고르바초프가 걸어 들어와서 굉장히 느긋해 보이는 모습으로 테이블에 앉았고, 그 앞에는 종이 몇 장이 든 단순한 디자인의 녹색 서류철이 놓여 있었어요. 그 종이들이 그 사람이 발표할 연설문, 그리고 서명해서 권력을 양도할 서류들이었죠…….지금 제 손에 들려 있는 게〔카메라를 향해 들어 올려 보여 준다〕그 사람이 소련 지도자 직에서 물러나는 데 사용했던 펜이에요. 그 사람이 연설을 마치고 나서 서명을 해야 되는데 펜이 안 나오는 거예요. 그 테이블 옆에 CNN 회장인 톰 존슨이 서 있었는데, 톰이 미하일 고르바초프한테 이 펜을 줬죠. 고르바초프는 서명을 마쳤고요. 톰은 그 펜을 다시 달라고 했죠. 그리고 그걸 제가 여기 가져와서 시청자분들한테 보여 드릴 수 있도록 허락해 준 거예요, 래리.

"안녕, 사라져 가는 친구야……. 매일 너는 조금씩 더 멀어지고, 나는 내 주위의 온갖 하찮은 개소리들에 빠져 죽어 가고 있어. 내가 너를, 내가 가진 유일한 진짜를 잃어 가는 것 같아 무서워. 나 무서워, 듣고 있어? 물론 듣고 있겠지. 내가 부를 때면 넌 언제나 들어주잖아. 만약 네가 못 들었다면, 그건 그분께서 어마어마하게 잔인한 분이라는 뜻이겠지. 그분은 내가 널 못 본 지 14개월이나 된 걸로는 충분치 않으신 걸까? 그런데, 제일 무서운 게 뭔지 알아? 내가 너 없이 살아가는 일에 익숙해지고 있다는 거야. 처음 몇 달 동안은 그냥 울기만 했어. 도저히 견딜 수가 없을 것 같았어. '시간이 치유해 준다'는 말은 너무 잔인한 농담처럼 들려. 난 시간이 나를 치유해 주길 바라지 않아……. 알았어, 이런 얘기는 그만할게, 하지만…… 마지막으로 하나만 더 말할게. 날 그냥 아프게 놔둬 줘."

(우편 요금이 올라서 봉투에는 똑같이 생긴 세 장의 우표가 추가로 붙어 있다. 녹색과 회색으로 하프와 깃털이 그려진 우표다.)

11.

우리 4학년 때 담임이었던 라리사 페트로우나 선생님은 나무 뒤에서 담배를 피우곤 했어. 혼자 살았고. 선생님이 숨는 것과 담배를 피우는 것, 숨어서 담배를 피우는 것이 내가 그분에게서 유일하게 흥미롭다고 느낀 점이었어. 그 착색된 손가락, 비밀스러운 연기에 절어 있던 치아…… 그런 게 뭐 그렇게 흥미로웠던 걸까? 만약 선생님이 교실에서 담배를 피웠다거나, 뭐 그런 거였다면 꽤 흥미로웠겠지만 말이야. 선생님은 키가 작았고, 머리는 짧았고, 깡마른 몸매였어. 대수랑 기하학을 가르쳤는데, 나는 전자는 잘했지만 후자는 꽝이었어(머릿속에서 3차원 형태를 회전시키라고요? 이건 불가능해요 Ciò non è possibile! 죄송해요!). 나는 라리사 페트로우나 선생님 반 학생 중에서는 처음으로 저쪽 기슭까지 헤엄쳐 간 애였어.

너희 언니가 졸업식에 왔었잖아. 기억나는지 모르겠는데 학교에 찾아와서 내 목에 진주 목걸이를 걸어 주고 '오토' 카탈로그 한 권을 선물로 줬어(그때 독일의 패션 브랜드 카탈로그들은 정말 멋졌는데). 난 우리 언니의 웨딩드레스로 만든 치마에 수수한 흰색 재킷, 검은색 상의를 입고 있었어. 너희 언니가 걸어 준 진주 목걸이도 하고. 엄마는 내가 감동적일 정도로 순수해 보인다고, 지나치게 꾸미고 차려입은 우리 반 여자애들 사이에서 유일하게 청순해 보인다고 했어. 졸업식 자체는…… 우울, 우울, 또 우울했어. (존경하고 사랑하는) 라리사 페트로우나 선생님은 (완전히 맛이 갈 때까지) 엄청 마시고는 새벽 4시에 마무리를 하자면서 우리 모두를 제르진스키 광장으로 끌고 갔지 뭐야. 선생님은 거기서 완전히 아무 뜻도 없는 말들을 늘어놨고, 그다음엔 다들 화가 나고 졸려서 각자 갈 길을 갔어.

12.

(우리는 절친한 친구였다. 나는 우리 이야기를 참회하는 스타일로도 써 봤다…….)

우크라이나에 있는 내 어린 시절 친구들을 못 본 지 거의 20년이 되어 간다. 그들에게, 특히 그날 열여섯 살이 되었던 내 가장 친한 친구에게 어쩌고저쩌고…… 거의 무엇과 다름없었는가 하면 어쩌고저쩌고…… 내가 그러기까지는 19년이나 걸렸고 어쩌고저쩌고 그리고 나는 무엇을 쓰기 위해 그곳으로 돌아가고 있었느냐면 어쩌고저쩌고…….

전에 했던 어떤 강연에서, 나는 그곳으로 되돌아갈 수 있는 사람이 되기 위해 당시 열두 살이었던 내 딸을 "인간 방패"로 이용했다고 말한 적이 있다. 나는 "너에게 되돌아간다"고는 말하지 않았다.

고통을 말하지 않는 법

13.

디나 루비나[69]는 이민을 떠난 지 수년 뒤에 모스크바의 어느 서점에 잠깐 들렀대. "끔찍한 충격이었어요. 모든 책이 이미 쓰인 뒤라는 걸 깨달았거든요. 전부 출간돼 있었어요. 이미 책들이 너무 많아서 뭔가 더 쓸 필요가 전혀 없었죠. 무언가를 쓰기로 마음먹으려면 독자를 위해 전쟁을 치를 준비가 되어 있어야 했어요. 물러서지 않을 준비가 되어 있어야 했죠." 우리는 같은 날 루비나의 인터뷰를 지켜봤지. 나는 여기(거기)서, 너는 거기(여기)서.

69

Dina Rubina(1953~). 타슈켄트에서 태어난 유대인이었던 그는 소련에서 작가로 활동하다 1990년 이스라엘로 이주했다.

14.

우리는 절친한 친구였지. 난 우리 이야기를, 그리고 어떻게 우리 사이가 끝에 다다랐다고 (나와 네가) 생각하게 되었는가에 관한 이야기를 썼어. 그렇지만 그 글을 쓰기 한 달 전에는 베를린 장벽이 무너져 내렸고, 그로부터 1년하고 조금 더 지난 뒤에는 우리나라가 '붕괴했고'(그 표현은 소위 공인들이 그에 관한 이야기를 할 때 사용하는 단어였지), 그때부터는 '떠난 사람들'과 '뒤에 남은 사람들'은 절대 겸상을 하지 않는다는 말도 예전처럼 절대적으로 느껴지지는 않게 됐지. 그러고 나서 19년이 지난 2008년, 우린 서로를 다시 만났어. 만나기 전에 너는 말했지. "그러지 말자. 그럴 필요도, 의미도 없잖아." 난 말했어. "나한테 한 시간만 내 줘."

너에게 부라사츠키이 내리막길에 있는 내 모교인 하르키우 주립 문화 아카데미 앞에서 만나자고 했지. 30분 일찍 거기 도착한 나는 먼저 학장실로 갔어. 눈물이 났고 두 손이 떨리더라. 그래도 간신히 마음을 추스르고 거의 차분해져서(적어도 그때 난 그렇게 생각했어) 나올 수 있었어. 그다음에는 시내를 돌았지. 쾌활한 이탈리아 친구 마리나가 합류했고, 우리는 개척자 궁전을 급습했고, 거기서 사진을 찍었고, 카페에 들어가 아이스크림을 먹었고, 너와 마리나가 직접 서명한 각자의 책을 주고받았고, 지저분한 미니버스를 타고 도시 반대쪽으로 가서 케이크를 곁들여 차를 마셨지, 마치 꿈속에서처럼…… 굽이 10센티미터나 되는 내 우스꽝스러운 부츠는 분명 시내를 오래 걸어 다니는 용도로 만들어진 건 아니었는데…… 그 부츠를 신은 건 내 평생을 통틀어 서너 번 정도일 거고 그 이상은 절대 아니야! 부츠는 조심스럽게 묶어 놓은 실에 매달린 채로 아직도 창고에 걸려 있어(그래야 손으로 만든 장식이 들어간 몸통에 주름이 생기지 않는다나, 맙소사).

고통을 말하지 않는 법

그다음 날 밤에는 잠이 안 와서 남의 집 부엌
에서 (내가 어디서 누구랑 사는지는 기억하
지?) 거의 담배 한 갑을 다 피워 없앴지 뭐니
(1주일 치 일용할 양식이었는데! 젠장!).

15.

난 새로운 삶을 살면서 사람들을 만나게 될 테고 그들은 (질문을 한다거나 해서) 너에 대해 알게 될 거야. 그때마다 난 깜짝 놀라며 당혹스러워하겠지. '도대체 어떻게……?'

고통을 말하지 않는 법

16.

2008년에 찍은 그 사진들은 내가 지웠어. 네 사진은 기꺼이 잘라 내서 보관하려고 했지만 그건 불길한 행동이잖아. 내가 도저히 못 보겠는 건 내 얼굴이야. 그 무렵의 고통으로 일그러져 있는 내 얼굴.

17.

"안녕, 친구야. 다시 추워졌어. 바깥은 영하 5도 정도고 실내는 영상 15도, 그 이상으로는 올라가질 않아. 주방이랑 욕실은 영상 10도고. 옷을 벗고 목욕한다는 건 영웅이나 이룰 만한 위업이야. 바깥이 영하 10도까지 떨어지면 실내는 12도, 주방은 8도가 될 거야. 그러면 샤워 젤 용기를 탁탁 쳐서 내용물을 손바닥에 짜낸 다음 입김을 불어서 따뜻하게 만들어야 해. 이 집은 따뜻해지게 할 수가 없어. 주방 바닥 아래에 높이가 1미터쯤 되는 공간이 있는데, 거기로 외풍이 엄청 들어오거든. 그 공간은 바위랑 자갈로 채워져야 하는데 텅 빈 채로 남겨져 버렸어. 난 결국 작은 요령을 하나 떠올렸어. 뼛속까지 얼어붙을 정도로 추울 때는 주방으로 가서 10분이나 15분 정도 있는 거야. 그러다가 다시 방의 '따스함' 속으로 돌아오면 엄청 위안을 받게 돼. 그 차이가 사람을 깜짝 놀라게 만들지 뭐야. 그 따스함은 아주 오랫동안은 아니지만 어느 정도는 지속돼. 난 오랫동안 죽음을 겁내지 않고 지내 왔어. 정기적으로 두려움을 전해 오는 우리 엄마와는 다르지. 엄마가 그럴 때면 참을 수가 없어. 내가 느끼는 두려움은 여기서 보내는 시간이 아무런 의미도 없다는 두려움이야. 말하자면, 지금까지 여기서 대체 뭘 한 거지? 그런 거."

고통을 말하지 않는 법

18.

내 아들은 금요일 밤마다 자기 아빠한테 가. 그 애가 돌아오지 않으면 어쩌지? 난 정말로 그런 생각을 해. 5년 동안 금요일마다 그랬지. 나는 술도 마셔 보고, 잠도 자 보고, 일도 해 보고, 걷기도 해 봤어. 그 애는 월요일에 돌아와서 수요일이나 목요일쯤 되면 마침내 평온해져. 하지만 금요일은 군대처럼 밀고 들어오지.

고통을 말하지 않는 법

최악의 요일은 토요일이야. 온갖 두려움과 걱정이 머리 위에서 눈덩이처럼 떨어져 내리거든. 그렇게 된 지 벌써 10년이나 됐어. 이번 토요일에는 하루 종일 침대에 누워 있었는데 머리조차 못 감았어. 중간에 한 번 일어나서 주방으로 터덜터덜 걸어가긴 했구나. 이쪽저쪽으로 몸을 휘청거리면서, 차를 좀 마시려고 말이야. 온종일 전쟁 영화만 봤어. 그래도 난 '세몰리나 오트밀 죽 한 사발'보다는 '속이 빈 대나무'가 된 듯한 기분을 느끼는 쪽이 더 나은 것 같아.

19.

네가 베라 파블로바Vera Pavlova라는 시인을 추천했잖아. 그 시인의 (출간되고 영어로 번역된) 노트를 보면—

"독자: 그럼 제가 마치 다른 누군가한테 보내는 편지 한 통을 읽은 것 같은 기분을 느끼길 바라시는 건가요?

시인: 저는 당신이 이런 기분을 느끼셨으면 해요. 마치 다른 누군가가 당신한테 보내는 편지를 제가 읽은 다음에 뻔뻔스럽게도 거기서 인용을 하고 있는 듯한 기분을요."

나는 시인 비스와바 쉼보르스카를 추천할게.

같은 강에 두 번 들어갈 수는 없다

20.

"어려울 때 친구가 진짜 친구다." 이건 유아기 때 받아들이고 전前인지적으로 이해하게 되는 말이야. 너도 그랬지? 머릿속에 벽돌처럼 박혀 있는 말이잖아. "고양이는 자기가 먹은 게 누구 고기인지 안다"[70]라는 말이랑 같이. 그리고 어떤 사람에 대해 확신이 서지 않을 때는 그 사람을 "높은 산 속으로" 데려가라는 (V. S. 비소츠키[71]의) 말도 있지. 그리고 산에서 내려오면 잊지 말고 "소금 1파운드"를 끝까지 함께 먹어 봐. 그건 사람들이, 그러니까 인민 동지들이 해 줬던 조언이야.[72] 그런데 그때 먹으라는 게 이를테면 곡식 알갱이나 수명을 늘려 준다는 수영[73]이 아니고 어째서—하얀 독약과도 같은—소금이었을까, 한번 생각해 봐. 그건 그렇고,

70

러시아 속담. '죄를 지은 사람은 다른 사람이 고발하지 않아도 양심의 가책 때문에 말이나 행동을 통해 스스로의 죄를 드러내게 된다'는 뜻이다.

71

Vladimir Semyonovich Vysotsky(1938~1980). 음악가이자 작가, 배우. 체제 친화적이지 않은 작품 활동을 하면서 동료 예술가 및 대중으로부터 많은 사랑을 받았다.

72

한 번에 아주 조금씩밖에 먹을 수 없는 소금 1파운드를 끝까지 함께 먹을 만큼 오랜 시간을 같이 보내며 절친한 친구가 되어 보라는 뜻이다.

73

마디풀과의 식용 채소로 신맛이 나는 녹색 잎을 먹는다.

고통을 말하지 않는 법

혹시 네가 확인하고 싶어 하는 그 사람이 귀찮아하면서 내향적으로 행동하더라도, 그건 괜찮아. 네가 막 추락하려 할 때 그 사람이 "신음 소리를"(V.S. 비소츠키) 내면서도 네 팔다리를 붙들고 꽉 잡아 주기만 한다면 말이야. 그리고 만약 산에 올라가지 않을 거라면 게릴라 병사들과 함께 숲속으로 들어가면 돼(스베틀라나 알렉시예비치에 따르면, 우리가 말할 줄 아는 유일한 언어는 전쟁의 언어래). 내 인생을 걸 만큼 이 사람을 신뢰해도 될까? 그건 그의 심리를 실험해 보면 알게 되겠지. 그런데 그게 정상적인 방법일까? 뭐, 어느 쪽이건 나한테는 너무 늦은 얘기지만 말이야. 소금의 중량에 대한 얘길 다시 이어가 볼게. 내게 필요한 소금은 딱 한 알이야. 그거면 돼(확실히 몇몇 사람들은 남들보다 빨리, 금방 파악할 수 있거든). 그런데 만약 B가 집에 와서 "나 방금 어떤 상점 점원하고 친해졌어"라고 행복하게 선언한다면(그 애들은 서로 두 번 다시 만나지 않을 텐데 말이야), 그럴 때 나는 그 애에게 아무 말도 하지 않는 게 좋을까? 그게 제일 나은 선택일까?

어젯밤에 내가 꾼 꿈 얘기를 해 줄게. 우리는 강에서 수영하고 있어. 굉장히 더러운 강이야. 아마 불결한 걸로 유명한 나일강이었던 것 같아……. 우리가 막 힘이 다 떨어지려는데 텅 빈 보트 한 척이 우리 쪽으로 떠내려오는 거야. 우리는 그 보트를 쓰기로 해. 그러다 붙잡히면 사람들 손에 죽을 거라는 걸 알지만 말이야. 우리가 조용히 배를 타고 가는데 도둑들이 우리를 쫓아오기 시작해. 확실한 게 하나 있는데, 너랑 내가 아주 노를 잘 젓는 편은 아니라는 거야. 그자들은 점점 가까워지지. 나는 "우린 이륙한다!" 하고 소리치고는 빠르게 하늘로 떠오르기 시작해. 넌 잠시 망설이다가 나를 따라오지. 그리고 이제 우리는 하늘을 날고 있어. 그 높이에서 아주 오랫동안 계속 날아갈 수는 없지만 말이야. 전속력으로 날아오는 비행기 한 대를 본 나는 점프를 해서 그 안으로 날아 들어가. 너도 똑같이 하기를 바라면서…… 하지만 넌 박자를 놓치더니 곤두박질치기 시작해. 그 도둑들이 우리를 기다리고 있는 곳으로. 난 비행기 문으로 머리를 내밀고 안절부절못하며 소리치지. "올라와! 날아서 올라와야 돼!" 나

고통을 말하지 않는 법

는 소리를 지르면서 깨어나. 새벽 3시에.

21.

우크라이나에 대한 SMM[74]은 다음과 같은 사항들에 관한 최신 정보를 매일 제공한다. 정전 위반 행위 / 포격 상황 및 민간인 사상자 / 병기 철수 상황 / 안전지대에 배치된 무장 전투 차량과 대공 병기 / 물 공급 중단 상황 / 지뢰 및 지뢰 위험 신호, 부비트랩과 UXO[75]에 관한 정보.

인터넷에서 무료로 읽어볼 수 있다. 아무런 승인 절차도 필요 없다.

74

특별 감시 임무Special Monitoring Mission의 약자. 유럽 안보 협력 기구는 동부 우크라이나 지역에서 러시아와 우크라이나의 분쟁이 본격화한 2014년에 이 특별 감시단을 파견했다. 감시단은 러시아의 침공이 본격화한 2022년 3월에 철수했으며, 업데이트 역시 중단되었다.

75

Unexploded ordnance의 약자. 불발탄을 뜻한다.

어젯밤에는 친구네 집에서 잤어. 친구가 멀리 갈 일이 있었는데 아들들을 봐 줄 사람이 없었거든. 밤중에 끔찍한 폭풍이 시작됐어. 천둥도 쳤고 번개가 수직으로 내리꽂히더라. 잠을 잘 수가 없었는데, 그러다 새벽 3시가 지나니까 우박이 쏟아지는 거야. 친구의 여덟 살짜리 둘째 스타스는 체념한 목소리로 말했어. "우리 폭격당하고 있는 거예요?" (그 가엾은 아이는 케이블 텔레비전의 피해자야☺) 열 살인 블라드는 그 말을 용납해 주질 않더라. "누가 우릴 폭격하라고 명령을 내렸다면 우린 지금쯤 이미 끝장났을 거야."

22.

10세 이하 어린이 축구팀들의 축구 경기가 로드 보호 지역[76]에서 열렸어. "난 인간 방패다!"—이건 센터백을 맡고 있던 내 아들이 특정인을 염두에 두지는 않고 한 말이야.

76

오스트레일리아에서 보호 지역Reserve은 공원과 비슷한 의미로 쓰이기도 한다. 로드 보호 지역 역시 지역민들을 위한 공원에 해당하는 장소다. 이 표현은 앞선 21번 챕터가 선보이는 안전 구역 개념과 기묘한 방식으로 공명한다.

고통을 말하지 않는 법

23.

그날 다른 사람들이 우리랑 같이 있었던 기억이 없어. 그냥 우리 둘만 만난 줄 알았는데. 우리가 만나기 전에 네가 문자를 보냈어. "생일 축하해. 다시는 만나지 말자." 생일에 관해서라면 우린 전에도 그랬던 적이 있잖아, 아닌가?

고통을 말하지 않는 법

2005년 이전의 네 편지랑 사진들 전부를 잃어버렸어. 이사를 하다가 사진 앨범들이 든 가방 하나가 없어져 버렸거든. 마치 일부러 그런 것처럼. 과거 전체가 내게서 단숨에 잘려 나간 것처럼.

24.

자말라의 〈1944〉, 534점.[77] 혹시 너도 보고 있니?

77

2016년 유로비전 송 콘테스트에서
우크라이나 대표 자말라가 우승한
일을 가리킨다. 〈1944〉의 가사는
1940년대 소련의 이오시프 스탈린이
크림 타타르족을 강제 이주시킨 일을
배경으로 하고 있다.

25.

안녕. 바지가 나한테 장갑처럼 딱 맞네(인
증샷 첨부했어). 무한한 감사를 보내. 게다
가, 와!!! 너무 세련되고 고급스러워. 이 바지
가—네가!—무찌를 수 없는 우리의 조국처
럼 드넓어 보일 수도 있었던 내 엉덩이를 군
살이 하나도 없어 보이게 해 주잖아. 네덜란
드를 떠받치는 벨기에와 독일처럼 우아하게
양쪽에서 받쳐 준달까.

새해 덕담 고마워. 딱 한 가지 살짝 '걸리는' 게 있긴 한데…… "온 땅에 퍼져 있는 사랑 가운데 한 조각"은 내 취향이 아닌 것 같아. 난 무언가 되게 드문 것, 마술에 가까운 게 필요하고, 게다가 한 조각만 필요한 것도 아니거든.

26.

75년 전부터—75년은 우리 어머니의 나이, 우리 어머니의 평생과 같아—지금까지 얼마나 많은 일이 일어났는지, 얼마나 많은 포위 공격이 더 발생했는지 너한테 말할 필요는 없을 거야. 그런데 그 일들은 아직도 그 자리에 머무르고 있어. 바로 어제 일어난 일처럼 느껴진단 뜻이 아니야. 뭐랄까, 마치 우리에게 그 일에서 멀어질 수 있을 만큼 충분한 시간이 주어졌던 적이 단 한 번도 없었다는 듯한 느낌(있었을 리가 있겠니?).

유튜브에 있는 관련 영상은 다 봤어. 거기에 사로잡혀 버렸어. 정신적으로뿐 아니라 육체적으로도 말이야. 그 여러 영상 중 하나에서는 사람들이 땅에 떨어져 얼어붙은 참새를 두고 싸우고 있었어. 그 싸움의 '승리자'가 된 여자는 병에 걸린 자기 아들에게 주려고 참새 수프를 만들었대.

27.

기차가, 마치 사람들이 서로를 놓아 줄 수 없
다는 걸 예상이라도 한 것처럼 느리게 움직
이기 시작했을 때, 너랑 나는 서로의 옷자락
을 꽉 움켜쥐고는―기억나니?―있는 힘껏
눈을 감았지. 그때 우리가 마치 물에 빠져 죽
어 가는 사람들처럼 행동했다면, 그건 우리
가 정말로 물에 빠져 죽어가고 있었기

때문이야. 다시 만날 때까지 얼마나 오래 걸렸는지 알게 된 지금, 난 우리가 서로를 놓아준 적이 있었다는 게 놀라울 뿐이야. 그때 난 마스카라를 잔뜩 칠하고 있었어.

네가 떠나던 날…… 내 열여섯 번째 생일……
네가 내게 준 노란 장미 꽃다발…… 우린 그
장미 가운데 한 송이를 가르시나에 있던 아
파트의 네가 살던 동 입구 옆 눈밭에 기념으
로 꽂아 놓았지. 기차가 움직이자 난 너를 배
웅하던 사람들과 모르는 사람들을 배웅하던
모르는 사람들, 그 모두가 보는 앞에서 철로
를 따라 달려갔어.

가지 마 라고 소리를 지르면서 달렸지. 정신 없고 끔찍한 달리기였어. 미친 사람 같았겠지. 그러다 어떤 사람이 날 플랫폼으로 다시 데려갔고, 우리 셋은 결국 너희 집에 가서 네가 날 위해 남기고 간 그레벤스치코프[78]의 음반들과 '꼬마 과학자의 화학 실험실' 세트를 챙겼지.

78

Boris Grebenshchikov(1953~).
1972년에 결성한 록/포크 밴드
아쿠아리움Aquarium을 통해 소련
시절부터 활동해 온 러시아 음악가.
체제에 순응하지 않는 음악 활동을
해 온 그는 현대 러시아 밴드 음악의
창시자 중 한 명으로 꼽힌다.

누군가가 그걸 칠하라고 했거든. 그걸 칠하
고 나면 너무 심하게 울지는 않게 될 거라면
서 말이야. 너는 그때 화장을 안 했었어. 그
다음에 네가 화장한 얼굴로 찍은 사진들을
보면 항상 이상한 느낌이 들지 뭐야. 우린 우
리 같은 유대인 여자애들은

'눈에 띄'거나 '매력적일' 수는 있어도 절대 '자연 미인'이 될 수는 없다는 가르침을 받았지만, 너한테는 자연스러운 아름다움이 있었어. 그 슬라브 여자들, 인간 자작나무 같던 그 여자들한테도 그런 게 있었지. 하지만 우리한텐 없었어. 너만 빼고.

그 노란 장미는 아파트의

네가 살던 동 입구 바깥에서 밤을 보냈어.
'네가' 살던 동 말이야.

28.

그날 다른 사람들은 전혀 기억이 안 나. 그냥 너랑 나 둘만 있었을 수는 없다는 거 아는데.

　"이민이란 내장이 튀어나와 길 위에 펼쳐지는 거나 마찬가지예요. 할복자살 같은 거죠." 우리는 같은 날 디나 루비나의 인터뷰를 본다. 너는/나는 거기 (여기)서.

29.

우리는 절친한 친구였다. 나는 우리 얘기를 썼다. 이렇게. "죽지 않아 줘서 고마워. 하지만 이건 개인적인 편지 속에서 오직 너에게만 하는 말이야."

30.

너는 결국 이 시를 읽게 됐을까?

"그것은 도와주는 일이 드물다

가구를 옮기거나

짐을 들어 올리거나

꽉 끼는 신발을 신고 몇 마일을 가는 것

같은

힘든 일을 할 때는.

고기를 썰어야 하거나

서류의 빈칸을 채워야 할 때도

보통은 뒤로 물러난다."[79]

79

비스와바 쉼보르스카의 시 「영혼에
관한 몇 마디」의 일부다. 첫 행의
'그것'은 영혼을 뜻한다.

31.

"그게 어떻게 작동하는 건지 설명해 줄게. (안녕, 꼬마 친구야.) 서른다섯 살 된 어떤 여자가 있다고 치자. 그 여자의 자신에 대한 의식을 열다섯 살로 되돌리는 거야. 사람들이 그러는데, 그러면 그 열다섯 살짜리는 그다음 20년 동안의 자기 인생을 '기억'할 수 있대. 좋아, 그리 훌륭하게 설명한 건 아니지만 무슨 말인지 알겠니? 대충은? 어쨌든 난 나 자신을 스물다섯 살로 만들어서 지난 9년 동안의 내 인생을 '기억'하기로 마음먹었어. 그래서 기다란 복도를 걸어갔지. 사방에 연기가 가득했고 저 앞 어딘가에 빛이 보였어. 마침내 무언가가 날 확 밀어내는 느낌이 들더니, 갑자기 어떤 방 안에 있게 됐어 (속이 들여다보이는 연기에 온통 둘러싸인 채로 말이야). 내 안에선 내가 이제 곧 모든 걸 보게 될 거라는 느낌이 솟아올랐어, 그리고⋯⋯ 자, 너도 이걸 해 봐, 알겠지? 너랑 내가 다시금 같은 방 안에 있게 되는지 확인해 볼 거지? 참, 그리고 내 끔찍한 글씨는 용서해 줘 (글씨처럼 안 보일 수도 있겠지만). 지금 침대에 늘어져 있거든. 결국 참 멍청한 편지가 되고 말았네. 그래도 괜찮지, 그치?"

32.

우리가 만나기 전에 너는 말했지. "우리 다시는 서로 만나지 말자. 그럴 필요 없잖아. 의미도 없고." 난 말했어. "나한테 한 시간만 내줘." 그건 한 시간이라는 뜻이 아니었어. 네 삶의 남은 시간 전부라는 뜻이었지.

감사의 말

감당할 수 없이 감사한 마음을 표현하고자 할 때 러시아어로는 '깊이 숙여 절한다'고 합니다. 머리가 발가락에 닿을 만큼 감사하다는 거죠. 그 말은 '낮게 숙여 절한다'고도 번역할 수 있는데, 몸을 앞으로, 그리고 아래로 최대한 굽히는 행동이기 때문입니다. 러시아어에서와는 달리 영어의 '낮게 숙여 절한다'에는 말에는 굴종한다는 함의가 살짝 들어 있기는 하지만요.

제 글의 소재가 되는 삶과 세상을 살아가시는 여러분께 깊이 숙여 절합니다. 책의 어떤 장, 어떤 문장에 등장하셨든 상관없이요. 여러분 모두의 이름을 여기에 한 문장으로 숨 가쁘게 나열하진 않겠습니다. 몇몇 분들의 이름은 바뀌었거나, 성 없이 이름만 쓰였거나, 안전을 위해 완전히 지워졌으니, 몇몇 이름만 늘어놓으면 온당하게 느껴지지 않을 겁니다. 저는 여러분 가운데 어떤 분들을 수년간 따라다녔고, 여러분이 쓴 일기를 읽었고, 최악의 시간들에 대해 질문을 던졌습니다(물론 최고의 시간들에 대해서도 충분한 이야기를 나누었기를, 저는 바랍니다). 우리는 이야기를 나누고 또 나누고 또 나눴고, 그런 다음엔 제가 이 책을 쓰는 데 너무 오랜 시간이 걸렸죠. 그러는 바람에 제가 하고 있던 이 작업을 여전히 기억하고 계셨던 분들조차 한 번쯤은 확신하게 되셨을 겁니다. 결국 이 책이 출간되진 않을 거라고요. 그 점에 대해 깊이 숙여 절하며 사과드립니다.

　　　　　　　　고통을 말하지 않는 법

저는 이 책을 쓰기 위해 조사를 하는 동안 놀라운 대화를 여러 번 나눴고, 그 내용 대부분을 책에 담으려고 노력해 왔습니다. 저를 현명히 안내해 주셨던 여러분께서 이 책 속에 있는 자신을 알아보시기를, 그리고 여러분이 나눠 주고 보여 주신 것들을 향한 저의 존경과 감사를 느껴 주시기를 바라 마지않습니다.

저의 편집자인 샘 쿠니. 당신과 「더 리프티드 브로우The Lifted Brow」, 그리고 이제는 브로우 북스에 계신 협력자 및 동료분들이야말로 오스트레일리아 출판계의 미래라고 말하고 싶습니다. 물론 여러분은 지금까지만 해도 어마어마한 선물이지만요. 여러분의 출판사에서 현재까지는 나이가 가장 많은 저자로 자리매김하게되어 떨리네요. 저의 영국 편집자인 자크 테스타드에게 감사드립니다. 흰색 바탕에 푸른색 글자로 된 표지를 입은 제 책을 보게 된 건 너무나도 들뜨는 일입니다. 당신은 겨우 5년 만에(!) 비범한 무언가를 만들어 내셨습니다. 저의 미국 편집자인 트랜짓 북스의 애덤 Z. 레비와 애슐리 넬슨 레비. 여러분은 미국에서 저와 제 작업을 향해 열릴 거라고는 한 번도 생각해 본 적 없는 여러 개의 문을 열두 명의 거인들처럼 활짝 열어젖혀 주셨고, 그러기에 앞서 이 책을 모든 면에서 완전히 이해해 주셨습니다. 어떻게 그렇게 할 수 있었는지는 묻지 않을게요. 그저 감사합니다.

저의 글을 읽어 준 친구들, 멜린다 하비, 엘레나 새비지, 조 정코, 저의 딸이기도 한 빌리 투마르킨, 그리고 예전에 한동안 제 책의 발행인이 되어 주려 하셨던 조디 윌리엄슨(그런데 우선 제 작업이 늦어졌고, 거기다 당신 역시 자기 책을 쓰는 일로 돌아가야 하셨죠), 제 글을…… 읽어 주신 데 대해 크나큰 감사를 드립니다. 제게 줄 수 있는 가장 커다란 도움을 주셨습니다.

커티스 브라운의 제 담당 에이전트 클레어 포스터에게 감사드립니다. 어떤 작가들은 다른 작가들에 비해 쓸모없는 클라이언트인데(제 작품은 TV 시리즈화가 진행 중이라거나 그런 일은 없으니까요), 그럼에도 처음부터 끝까지 내내 제 편에 서서 솔직하고 현명하고 명석한 모습을 보여 주셨죠. 또 일이 엉망이 되면 저를 구해 줄 준비도 돼 있으셨고요. 저는 늘 일을 엉망으로 만들잖아요.

저는 2013년부터 2014년까지 시드니 마이어 창작 지원금을 받았고, 또 언젠가는 빅토리아 창작 지원금도 받았습니다. 돈이 없으면 책을 쓸 수가 없죠. 특히 시드니 마이어 지원금은 믿을 수 없는 집행유예와도 같았습니다. 2년 동안 돈 걱정을 안 해도 되다니, 믿기시나요?

존경하는 레이먼드 게이타, 감사합니다. 제가 한 명의 작가이자 생각하는 사람으로 살아갈 수 있도록,

고통을 말하지 않는 법

이 세상에서 존엄을 유지하며 살아남을 수 있도록 만들어 준 여러 능력, 저는 그 능력의 너무도 많은 부분을 당신에게 빚지고 있습니다.

저의 친구들인 알렉산드라 아넨스카, 제시카 리틀, 니나 퍼디, 뎁 앤더슨, 아네타 포드칼리카, 새러 오도넬, 카티아 마골리스, 페리 밸런타인, 젠 부크, 조 케이스, 에밀리 포터. 여러분의 우정에 감사드립니다. 여러분 같은 친구가 없다면 세상 만물이 (여기에는 책들도 포함됩니다) 무슨 소용일까요?

저는 2016년에 멜버른대학교의 문예 창작 과정에서 일을 시작했습니다. 그보다 더 훌륭한 분들과 일해 본 적은 없었습니다. 이게 좀 막연한 표현 같긴 하네요. 제가 무슨 명단에 쓰여 있는 이름들을 하나씩 지우고 있는 것처럼 들릴 거라는 거 알아요. 그럼 이건 어떨까요. 모두가 '진짜'들이라고요. 친절하고, 재능 있고, 웃기고, 헌신적인 데다가, 괴롭힘도, 성적인 착취도, 수동 공격도, 관료주의도 없고, 모두들 죽어라 열심히 일하고, 그러면서도 관대하고, 대단히 공평하게 책임을 지는 관계가 유지되고 있다고요. 동료 여러분, 감사합니다. 부탁인데 절대 변하지 말아 주시길!

제 놀라운 가족에게. 저를 참아 주셔서 고마워요. 빌리, 미겔, 저의 부모님인 마리안과 스베틀라나, 그리고 리사 이모님께 감사드립니다. 참는 것을 넘어 너무도 많은 일을 해 주기까지 한 찰리에게도 감사드립니다.

　　(결혼은 안 했지만) 내 남편이자 편집자인 크리스천에게. 작가들이 자기들에게 중요한 사람들에게 감사의 말을 할 때는 질척거리는 경향이 있죠. 지나치게 사적인 데다가 어딘가 으스대는 이야기가 나오고, 그러면서 바이올린 연주가 막 흐르고 그러잖아요. 전 '간접 수치'라고 불러야 할 것 같은 그런 부분이 나오면 항상 시선을 돌리게 되고, 그래서 다른 사람들이 쓴 감사의 말도 그렇게 많이 읽지는 않아요. 크리스천, 요점이 뭐냐면, 당신은 천재적인 작가이자 천재적인 편집자이고, 지금까지 내게 너무도 많은 걸 주었고, 이 책의 표지에는 당신 이름도 들어갔으면 좋겠다는 거예요. (당신은 이 의견에 전적으로 반대하고 있고 이 문장도 빼 버리려고 할 텐데, 그런 실랑이는 영 보기 안 좋을 것 같네요…….) 앞으로 세상 속을 어떻게 흘러 다니든, 어떻게 비틀비틀 나아가든, 내게 이 책은 지금도, 앞으로도 나 혼자만의 책이 아니라 우리의 책일 거예요.

암실문고는 서로 다른 색깔의 어둠을 하나씩 담아
서가에 꽂아 두는 작업입니다.

코펜하겐 삼부작
　　어린 시절
　　청춘
　　의존
토베 디틀레우센 지음, 서제인 옮김

야생의 심장 가까이
별의 시간
아구아 비바
클라리시 리스펙토르 지음, 민승남 옮김

태풍의 계절
페르난다 멜초르 지음, 엄지영 옮김

주디스 헌의 외로운 열정
브라이언 무어 지음, 고유경 옮김

목구멍 속의 유령
데리언 니 그리파 지음, 서제인 옮김